古典文獻研究輯刊

二編

潘美月・杜潔祥 主編

第14冊

王先謙《荀子集解》研究

黃聖旻 著

國家圖書館出版品預行編目資料

王先謙《荀子集解》研究／黃聖旻著 -- 初版 -- 台北縣永和市：
花木蘭文化出版社，2006〔民95〕

目4+178面；19×26公分（古典文獻研究輯刊 二編；第14冊）

ISBN：986-7128-34-6（精裝）

1.（清）王先謙－學術思想 2. 荀子－研究與考訂

121.271 95003643

古典文獻研究輯刊
初 編 第十四冊 ISBN：986-7128-34-6

王先謙《荀子集解》研究

作　　者　黃聖旻
主　　編　潘美月　杜潔祥
企劃出版　北京大學文化資源研究中心
出　　版　花木蘭文化出版社
發 行 所　花木蘭文化出版社
發 行 人　高小娟
聯絡地址　台北縣永和市中正路五九五號七樓之三
　　　　　電話：02-2923-1455／傳眞：02-2923-1452
電子信箱　sut81518@ms59.hinet.net
初　　版　2006年3月
定　　價　二編20冊（精裝）新台幣31,000元

王先謙《荀子集解》研究

黃聖旻　著

作者簡介

黃聖旻，臺灣省臺南縣人，1969年生，畢業於國立成功大學中文系，國立成功大學中文研究所碩士，現就讀於國立成功大學中文研究所博士班。

曾任教於實踐大學（高雄校區）、和春技術學院、東方技術學院、樹人醫專等校，目前擔任中華醫事學院專任講師。

著有碩士論文《王先謙荀子集解研究》，單篇論文〈屈原的伊卡羅斯情結〉、〈略論敦煌的結社活動〉、〈秩序情結與荀韓關係〉、〈論荀學的兩度黑暗期〉、〈湘學與晚清學術思潮的轉變〉、〈漢元帝所用非醇儒論〉、〈荀子注通假字研究〉、〈光影交戾的多重鏡相——論《古都》的存在意識〉、〈山水畫的形神理論〉、〈論船山詩論中的「勢」〉等。

提　　要

王先謙的《荀子集解》，付梓於光緒十七年，是清代諸子復興時期流傳下來的重要著作，今日仍為研荀學者案頭必備的書目，也是最被廣泛引據的門徑，其著眼處自然在無形中影響著後學的研究方向。本論文的寫作目的，便企圖透過對此書的分析來梳理荀學的學術脈絡。

因此本文的研究路徑，取決於呈現學術風貌所需的幾個斷面，其包括學術流變的外緣環境、學術內部體系的構架，以及作者治學態度對學術本身的扭差，希望藉由這三個方向的羅織，映照出王氏荀學的概貌。然而法或差可呈現王書大旨，卻無從得知其定位與價值，故而尚須借助荀學內部三大體系；即荀書與荀子本人的考釋、荀學的前源與流承及荀子學說的還原與再構，來檢驗《集解》的成就與貢獻。

全書共分六章：第一章是緒論，大旨在說明本書的題旨、路徑、以及目標。第二章以討論王氏的生平與受學為主軸，以見出其治學態度。第三章則在論述荀學的歷史脈動，以期突顯《集解》在承先啟後上的定位。第四章探討《集解》本身的校釋價值，第五章論述《集解》對荀學內部體系構架之助益，這兩章皆是著眼於內部成就的分析上。第六章則是結論，在檢視上述諸章所呈顯的斷面後，本章則企圖加以一一拼湊成形，以期端現王氏荀學在學術史上的定位。

目錄

第一章 前 言

第一節 題 旨

本書命題爲「王先謙《荀子集解》研究」，乃是針對《荀子集解》一書進行探析的論著。王氏《集解》是目前學界廣泛運用的一本荀書教材，甚而被譽爲是「研《荀》者的案頭必備之物。」〔註1〕，然而在荀學體系大備的今日，如此一本重要的著作，竟不曾有專論來定位它的價值，這也算是荀學領域的遺珠吧！也因此，觸發了筆者研究《集解》的原始動機。

自光緒十七年王氏《集解》付梓之後，其賅備的內容便成爲諸家研《荀》者啓示後學入徑的堂奧，每每於書中備極譽揚。較早期如梁啓超先生便指出「現行荀子注釋書，無出其右。」〔註2〕，程發軔先生也說道：「今之研讀荀子者，莫不奉(《荀子集解》)爲軌範也。」〔註3〕；韋政通先生以其年代久遠，不及羅備今日雲蒸霞蔚的校釋著作，是以略感憾失，但仍譽之爲「荀學一大功臣」〔註4〕。至於廖名春先生，更是極力褒讚，以爲此書乃「可與劉向校、楊遂〔註5〕注並稱的傑作。」〔註6〕，足見此書歷久彌新的價值，在荀學史上，是絕不容置疑的。

然而上述諸家，雖是給予王氏《集解》極高的評價，卻並未正視《集解》內涵的特質。在筆者所蒐羅的相關資料中，只有鮑國順先生曾對此書作過較爲詳細

〔註1〕引自廖名春《荀子新探·緒論》，頁6。
〔註2〕引自《國學研讀法三種·要籍解題及其讀法》，頁48。
〔註3〕引自《國學概論·下·清代考證學》，頁396。
〔註4〕引自《國學導讀叢編·荀子導讀》頁163。
〔註5〕楊遂，當爲楊倞之誤。
〔註6〕同註1。

的分析：

……是書共有如下四項特點。

第一：列考證：……此一部分（考證上下）加上書末所附的劉向敘錄，對於我們了解荀子其人其書，及其學術貢獻，實有莫大的助益，也是本書最大的特色。

第二：存古注。……保留楊注，不僅有存古之功，更能使我們易於從事比較研究。

第三：擇善本。……互相參訂，擇善而從，故最是善本。

第四：集眾說。……諸家之說，如有是非異同，則或加抉擇裁定，或別出己意以重釋之〔註 7〕。

雖是綱目式的概說，然箇中關節的把握，可謂一針見血。惜先生畢竟志不在此，未能作更深入的探究，但對後學而言，卻是彌足珍貴的入門要領。本文雖是自宏觀角度鳥瞰《集解》的學術價值，然而在撰寫的過程，卻不免深受鮑先生的影響，這也是求全之餘，不得不然的結果，不敢掠美，謹向鮑先生致上深切的謝意。

雖名爲「王先謙《荀子集解》研究」，本文待決的問題，卻不僅是《集解》本身的剖析，這一切，更需扣緊在荀學的範疇內談，也就是透顯王氏《集解》對荀學的貢獻何在，如此一來，荀學的界定便成了題旨中迫切需要交待的前提，並影響到文章本身的路徑。

一般在研究所謂的荀子學說時，往往是根據「範疇」來談，也就是將荀學體系概分爲幾個子目，再加以逐一析論：如陳大齊先生分類爲十個子目〔註 8〕，劉子靜先生概分爲九目〔註 9〕，姜尚賢先生細分爲十一個範疇〔註 10〕等；後學者再依據這些子目加以比附精論，或是綜合說解、或是深入鑽研。這種研究法乍看之下羅織縝密，可謂「全盡」，然而這只是把荀學架空來說，無法見出荀學有其承先啓後的意義，雖然在建構上分析細密，但對學術面貌的完整建立則尚嫌不足。因此，荀學的「範疇」，更需著眼在其源遠流長的學術體脈上才是；而既然論其承傳，如何更精準地體察荀學的定位，自是必然待決的難題。

〔註 7〕引自《荀子學說析論．附錄》頁 193～196。

〔註 8〕陳大齊先生將之分論爲自然論、心理論、性惡論、道論、辨說論、知慮論、名論、禮論、政治論、道德論等十個範疇，詳見《荀子學說》。

〔註 9〕劉子靜先生概分爲宇宙論、對人的觀念（即今之人學），論學、論禮、論樂、名學、辯學、政治思想、主會國家之起源（即今之國家論）等九目，詳見《荀子哲學綱要》。

〔註 10〕姜尚賢先生則分有哲學、宗教、政治、法律、經濟、社會、教育、軍事、科學、文學、音樂等十一個思想範疇，詳見《荀子思想體系．本論》。

有關這個議題，期盼去達成「無偏無陂」的境界，絕非易事，正如譚宇權先生在其《荀子學說評論》一書中所提的，構成研究荀的障礙有三：

一、以理想主義的原儒觀點，論荀子學說。

二、凡不能以兼容並包的心態談荀子者，也構成研究荀學的障礙。

三、歷代的傳抄錯誤〔註11〕。

而此三個障礙所造成的偏失，並不僅僅限於負面的評價，同樣也適用於肯定荀學的人身上。今人對荀學的觀感往往呈兩極化，這種偏見各取所需的結果，我們所看見的，只是學者眼中的荀子，而非荀學大貌。同時筆者認爲，荀學所遭遇的最大困境，更在中國學人普遍存在的排他性上！正因爲「排他」，所以容不下「異端」，歷史上見證，中國人對本國文化中異端派系的容忍，往往遠遜於我們對異國文化的兼賅，所以我們容許基督教義的紮根，而同樣是「兼愛」主義的墨學，卻找不到他的出路。荀學也是這個命運。

因此，個人以爲，今日的「荀學體系」，至少必須包涵三大總綱：第一，是荀書及荀子本人的考釋。此一範疇前清學人雖然頗有建樹，但仍需今人的承繼，畢竟訓詁考證是一切學術的源頭，不正確的資料如何能建構出體大思精的學術呢？第二，是荀學的前源及其流承，如此才能體察荀子思想本身的成形，是樹立在時代命脈的需求上；後人又是在什麼樣的需求下對荀學進行了補正或扭曲。釐清了以上的命題以後，最後才能談到荀子學說體系的還原與再構。本文對王氏《集解》的檢驗，也將就此三大方向著手。

第二節　路　徑

前節已述及，本文的撰寫，大抵在鳥瞰《集解》的學術價值，因此，逐條爬梳王氏案語，歸納結論的作法，筆者並未採用，因爲此法雖可綿密地鋪陳出王氏荀學的血肉，卻易有「見樹不見林」的缺陷，同時也使得文章本身猶如一道算學的證明題，枯燥地演繹出一個僵化的答案，這種外科手術似的工程，斷非筆者所樂見。

捨棄上法，本文的研究路徑，取決於呈現學術風貌所必須的幾個斷面，其中包括學術流變的外緣環境、學術內部體系的構架，以及作者治學態度對學術本身的狃差，所以，本文的研究路徑，便依據這三方面來進行，如此或可一窺王氏荀學的概貌。不過，在路徑進行的同時，此法雖可呈現王書的大旨，卻無從得知其定位與價

〔註11〕見譚宇權先生《荀子學說評論·論解讀荀子的方法》。

値，故而吾人尚需借助構成荀學的三大體系，來檢驗《集解》的成就，與對荀學的貢獻。此一檢驗手續，將一併呈現在最後的章節中，以體現王氏荀學在承先啓後上的價值。

因此，本文的進行方式如下。

第一章是緒論。首先要說明的是文章的題旨及動機，其次則是路徑，以便解釋所採行的研究方法以及章節的概要，最後再加以說明，在文章構架的侷限下，本文所欲完成的目標以及內在限制。

第二章主旨在析論王氏的治學態度。欲剝析此一命題，必須自兩方面入手，一是生平，一是著作。在生平方面，筆者的著眼點，在於釐清成見。我們知道，當前的學術界，是由自戊戌、五四以降的學運份子的支裔形成中堅，因此，在熟讀梁氏《清代學術概論》的學者眼中，往往只知有公羊、西潮，而不知有國粹、復古，只知有康梁譚夏，而不知其他，或者則並目爲陳腐守舊，無足觀也；以至迄今所有的清代學術思想史中，自戴震以後竟無一翻脫梁啓超的品題，彷彿除了公羊家外，清末的知識份子便無足觀了。王先謙爲當時湘學的兩大門柱之一，學行都頗爲人景仰，然而迄今沒沒無聞者，則在得罪康梁。王先謙的《荀子集解》、《尚書孔傳參正》、《漢書補注》等書，無一不是淹貫群籍、洵爲雅正的經典著述，而梁氏《清代學術概論》竟無一提及，今人亦因此目王學爲迂腐，連同其著述亦輕輕放過。故而今日欲深入王學，此一膜翳是務必先行翦除的障礙。在著作方面，王氏等身的著述，其成書方法及取材特質對其成就的限制，固是必然的範疇，然而吾人更側重其於學術使命的完成與否，因而在此將以表列分析的方式，透顯其學術與時代脈動的結合，以及此種結合下所形成的不足。最後以一個小節，來詮解作者本身的治學心態：一方面，子學的復甦，固是促使王氏著力於諸子的外緣因素；另一方面，王氏的受學，對於其時代取向及學術的焦點，亦造成了些許轉移。如此一來，《集解》的成書，在受限於作者本身的治學態度下所可能形成的狃差，便成爲此一章節中所企圖呈現的成果。

第三章的內容是歷代荀學的演變。此一章節，筆者企圖藉由荀學歷史命運的起伏，反射《集解》的地位。故在第一節中，吾人將抒論荀子在魏晉以前影響深遠的情況；第二節企圖透過本位主義，觀照荀子地位在中唐時期的轉變，並預後宋儒的非荀。第三節起始，則鋪展宋明荀學在學術的偏鋒走向下所形成的扭曲—不僅荀子本人受到非理性的蔑視，連荀書都難逃被束之高閣的命運—以彰顯清代荀學的復甦，就荀學史而言，實有其振衰起弊的絕對價値。在第四節中，則將約略論述荀學在清代所獲致的多方成就，是肇端於清儒本身自覺性地反叛宋明的心結下，迺得以間接受益；同時也因爲這種標竿立異的走向，清代荀學的成就因此受到了限制，不免有所漏失。此種論述方式所企圖呈現的，是學術承傳的外緣環境，同時吾人也可藉以在最後章節中檢驗王氏荀學在荀學的流承上佔有的突出地位。

第四章討論《集解》的校釋價值。此章和下一章大旨都在整理王氏成就。荀學歷經千年的沒落以後，不僅學術本身不見容於主流，連原典都在長期的冷落下，變得殘破訛誤，益以明人喜削荀書以求「合道」，迄清，眞正能保有原貌的版本已不多見，更晃論解讀上的舛錯百出了。想來清代荀學之所以側重考釋的理由，固然是基於清世考據學風的影響，事實上也可說是荀學本身迫切的需求吧？因此筆者將就校勘、版本、考證、訓詁等三個面向說明前儒在此上的成就，以及王氏對前儒成果的承繼與創發，藉以突顯王氏荀學在總結清代學術成果上的地位。

第五章探討的是王氏《集解》對荀學理論體系的貢獻。由於王氏並沒有其他與荀學相關的著作存在，欲以全書計五九八條的案語，來成就王氏本身的荀學體系，就不能淺視《集解》在王氏著作間所佔有的引導地位。因此，本章首要釐清的，是歷代荀學統系的建構成果及疏謬，其次才是呈現王氏《集解》的觸手，以及內在的包袱。藉由四、五兩章的論述，或能差可呈現王氏荀學的內在構架。

第六章是結論。總結《集解》的成就，並預期未來歷史地位。二到五章中，本文所分別呈現的斷面，在此章中將被拼湊成形，以期能映照王氏的成就，是否眞能暗合時代的需求，揹負起自我的使命，或是有其疏漏。並藉以定位王氏荀學的在荀學史上的貢獻。故而在第一節中，筆者將就外緣因素，檢驗王氏荀學在荀學史上的地位，恰可符應其所處的關鍵地位及成書義法的存古取向對荀學資料的保存；第二節則在呈現王氏荀學對荀書內部體系架構上的奠基，不論是荀書的校詁，亦或學理的爬梳，都有其繼往開來的歷史意義。

上述六個章節的走向，都是扣緊在學術史的範疇內來宏觀王氏荀學的價值，而此一路線，也正是本文所期盼呈現的旨趣。

第三節　目　標

本文採行的路徑，捨棄了較爲精確的分析方式，而改用鳥瞰式的作法，是因爲本文企圖呈現的，並不限於王書本身的大旨，更希望能藉由學術史觀的鳥瞰，突破荀學的未來路，並阻止歷史的重演。

在決定了「王先謙《荀子集解》研究」這個範疇之後，緊接著的工作，除了爬梳原書之外，自然必需廣泛地蒐羅相關資料，然而成果相當令人吃驚，荀學的研究在過去十幾年間竟然幾成停擺狀態，進入九〇年代之後，有關荀書的專書更是屈指可數，莫非荀學的堂奧已為前人發掘殆盡，後學已經沒有發揮的空間了嗎？更令人吃驚的是，就在這寥寥幾本書中，兩岸竟不約而同地推出強烈抨荀的著作，措辭之駭人，可說是清末公羊家以來僅見的。

這兩本論著，一本是來自彼岸的《荀子新論》，為方爾加先生在 1993 年所出版的新書。方爾加先生以為，荀子為儒學灌入了尊君思想及務實主義精神，這種改造斲傷了儒學原本富有的人文內涵，形成規制的、扼殺人性的儒家教條，因此他認為，譚嗣同先生的「二千年之學，荀學也，皆鄉愿也。」(《仁學》)「實為天下第一高見。」〔註 12〕；另一本書則是劉道中先生在 1995 年自費出版的《荀況新研究》。劉道中先生則指出，《荀》書是孫卿子（劉先生並以為此人應即《孟子》書中的「公孫丑」。）所撰寫用來點化荀況入道的教科書，荀況卻錯抄謬誤，造成矛盾百出的窘境，「是一個程度很差的文抄公。」〔註 13〕。幾乎是同一期間，兩岸卻不約而同地推出了嚴厲抨荀的專論，雖然論點甚少新意，但是這種巧合，卻不禁令人聯想到，荀子坎坷的學術命運，是否又將跨入歷史循環的黑暗期呢？事實上，荀子是先秦學術的集大成者，他不僅學富五車，更善於反芻消化，構築出自已的學術體系；尤其難能可貴的是，荀子是一個能正視世界，亟思改革，謀求天下福祉的實踐家，而不僅僅是蠹蟲。如此可敬的一位學者，為什麼學術光環竟是如此黯澹呢？誠然，荀學體系亦有其不能自圓其說之處，但是上述原罪性質的抨擊卻早已超出學術本能的批判，而近於宗教式的排軋，這種學術趨向的形成，箇中關節，實在値得吾輩省思。

為免重蹈歷史覆轍，是故本文企圖結合筆者對荀學命運的駁正，採用學術史觀的鳥瞰，並以此一觀點來定位王氏荀學的意義，如此一來，自不能兼及分析法的精密要求，似乎有焦點模糊的疑慮。這也是本文在寫作時，一個較大的限制。

〔註 12〕見《荀子新論》，頁 164。
〔註 13〕見《荀況新研究》，頁 144。

第二章　王氏的生平與學術

歷史的洪流，是由一個個的「個人」所匯集成的，學術思潮亦然。乍看之下，在斷代或學派的陰影裡，反射出來的個人特質，不過是學派的一個縮影，然而細辨卻可清晰肇見每個學者不同的氣質，並且這種個體性格投射的結果，也會對學術本身造成些許的轉移，因此，在析論王氏荀學之前，著者本人的深層意識，自也是吾人詮釋時的一大依據。以下章節中，將探討王氏的生平、學術淵源、著作成就，以尋繹王氏荀學詮述的可能方向，並作為以下諸章中，吾人定位王氏荀學的礎石。

第一節　生平及受學

一、桐城淵源

王先謙，字益吾，號葵園，湖南長沙人，生於道光二十二年，逝世於民國六年，享年七十六歲。

王氏生長於一累世書香的門第。始祖王霑於明正德年間便已仕宦於朝，官岳州府通判；入清後，其太高祖亦於乾隆年間進士，此後雖際遇不同，然世代皆戮力向學，至其父王錫光時，仍以授學為業。家學淵源，故道光二十五年時，王先謙時年僅四歲，便已入家塾從大兄王先和向學，六歲時並已學為詩文，可見日後王氏之所以能遍治經史子集者，實有得於幼年基礎的紮實。

咸豐十一年時，因長兄、次兄相繼過世，父親亦傷感不起，故入軍中營生，為嚮導營書記，此時正值太平天國為禍之時，從軍成為士子一展長才的另類途徑，雖說是迫於「零涕視飯甑，已滿萊蕪塵。」(〈出門述懷〉)〔註1〕的窘境，倒也是私心

〔註 1〕本章引詩皆出自王氏門人蘇輿撰集之《虛受堂詩存》。

所願。入伍後，王先謙隸屬於長江水師，隨軍駐於安慶，然隔年旋即辭歸。此舉顯然是迫於無奈，其師周壽昌與胡林翼間的嫌隙，使師徒二人在軍伍中，有志難伸，故其詩中曾不只一次地暗示自己處境的難堪，如〈喜聞〉中，曾語帶玄機作豔羡狀：「唐虞眞盛世，從不諱共驩。」；〈薦牘無名楊嘯雲以詩見慰次韻〉中忿言：「啞啞昏鴉如解意，不來巢幕盡投林。」……等，詩中即景寫情，所身受的不平排擠，卻不言自喻，足見王氏的苦處，也難怪其「甘入煙波伍老漁」了〔註 2〕。不過儘管他初次從軍便遭逢挫折，但私心中，壯志雄心仍舊蠢蠢欲動。同治二年，王氏爲梁洪勝延入湖北軍爲幕賓，其時王先謙對其壯志難伸的處境正有未甘，意欲「坐俟鍾期出」（〈遣興四首〉），故乃隨之入軍，期能一展所學，爲棟梁材，然而同治三年，官軍潰敗於天門之後，王先謙顯然受到極大的衝擊〔註 3〕，而移營時觸目所及的亂象，亦使其對本身的原始志向作了一番省思。天門一敗後，移營蘄水的王先謙看到的是「官兵縱馬食民穀，可憐終日汗扶犁，原野青青爲誰熟？」（〈老翁行〉）的景象，壯志因而成灰，益以老母在堂，故迺於七月返鄉應試，結束了其鬱抑不得志的少年時代。

此段軍旅生涯，給王先謙很大的影響。就某種意義而言，湘軍於同治年間的中興，不僅是內亂平定的中興而已，也是學術上的中興，錢穆的《國史大綱》指出：

> 曾國藩雖在軍中，隱然以一身任天下之重。網羅人才，提倡風氣，注意學術文化，而幕府賓僚之盛，冠絕一時。（頁 675）

曾國藩確是個人材，於軍中仍不忘護持學術，恢復受太平軍蹂躪凋弊的傳統文化，如此一來，知識份子不僅意識同流，復能得顯派長才，乃使仕人寖潤氣節，爲之驅馳效死，在所不惜。

曾國藩所主張的學術，並不同於乾嘉百餘年風靡一時的考據學，乃造立古文義法，主張因文見道，並以孔孟韓歐程朱之道統自任的「古文桐城派」。此派肇發於方苞，其篤尊宋學，又好文辭，在劉大櫆的附和下，創爲古文義法，並以歐陽修「因文見道」自任，姚鼐繼從之後，更自成一家學。在乾嘉大老以漢學相礪，天下靡然

〔註 2〕引自〈自黃州南返登岳陽樓〉一詩。
王氏在此所受的不平排擠，是起因於周壽昌與胡林翼的嫌係，周壽昌是王先謙的業師，胡林翼則爲其營旅長官，故而二者的扞格，也連坐了王先謙慘遭排擠的命運。

〔註 3〕王氏於湖北軍中身陷苦戰，親眼目睹了「去時有全隊，歸來復輿尸。」（〈苦戰〉）的慘烈戰況，在「兼旬鼓未衰」的情況下，竟然「援兵盡兒嬉」（〈苦戰〉），此情此景，難怪王先謙在〈自賊中潰圍竄至天門〉一詩中，是如此地悲憤而無奈：

望斷援兵至　宵來始突圍
水緣吳漢馬　繒綴董京衣
倚樹捫心痛　看雲掩淚歸
天門好山色　猶得弄煙霏

風從時，其以宋學爲任，獨樹一幟，雖無風行草偃之姿，倒也頗有從眾。曾國藩亦善爲文，故極尊桐城，甚而曾將姚鼐置於孔孟聖道傳承之列〔註 4〕。此時正是咸同之際，襲捲學術界的漢學主張已有疲態，政治上則是積弊叢生的亂象。當此之時，乾嘉學固然餘風猶烈，然其餖飣支離，拘泥字句，已無昔日實學的經世抱負，在外國侵陵及太平天國禍亂的情況下，自易激起憂時者心生不滿；且江浙一帶舊爲人文薈萃之地，經太平亂後，耆老凋零，後學無著，青黃不接，文風盪然。是以舊學猶盛，而人心思變之情，正爲新學的溫床。曾國藩的培育人才，倡勵文風，一來於受戰火侵陵的學界注入生氣；二來曾國藩功勳彪炳，許多有志的知識份子感其志節，紛紛群聚門下，征戰之餘，不忘講學互礪，一時古文派竟有與考據學相抗衡之勢。

王先謙入軍旅時，湘軍已征戰有年，從者頗眾，古文派也在戰禍中持續穩定地茁壯著，並已有顯學之姿，王氏此時入軍旅，自然深受桐城古文的影響。咸豐十一年，王先謙初入軍營時，嘗爲〈腐儒行〉一詩，詩中便曾描述其於軍伍中的生活方式是：「朝從隊長血鳴鏑，夕近元戎接談席。」，恰且其師周壽昌，本爲桐城門下，故知王氏與桐城確然有過從游之情。

桐城復盛，與曾氏的功勳有關，桐城師生的義舉，連帶使其學說亦爲時所重。王氏亦然，一來他與周壽昌師生情誼甚篤（先謙甚至娶周姪女爲妻），二來其於軍伍中得聞桐城子弟的行誼，感佩之餘，對桐城學說領會自深，在交接其人時亦濡沫其學，甚而因此對舊學亦有微辭〔註 5〕，可見其受桐城影響，實頗爲深入，於〈述懷三首〉一詩之中，吾人最能得見端倪：

　　六經大文章　星日爛萬祀　頗病箋註家　聚訟生瘡痏　迂儒墨守之
　　古鬼笑不已　吾師陶元亮　讀書不甚解　平情觀大意　凝慮取妙理

〔註 4〕曾國藩曾爲〈聖哲畫像記〉中以爲：

　　文、周、孔、孟，班、馬、左、莊，葛、陸、范、馬，周、程、朱、張，韓、柳、歐、曾，李、杜。蘇、黃，許、鄭、杜、馬，顧、秦、姚、王，三十二人，俎豆馨香，臨之在上，質之在旁。

文中便以姚鼐、王念孫，與孔孟齊列。

〔註 5〕如〈述懷三首〉中，王先謙便直陳其於乾嘉末流的反感：

　　頗病箋註家　聚訟生瘡痏
　　迂儒墨守之　古鬼笑不已

〈腐儒行〉中，王氏亦嘗譏諷謂：

　　君不見　南國腐儒甘困窮　斂手孤吟避朔風
　　　　　　夜深布被冷如鐵　夢見東家鑪火紅

此處的腐儒，指的是孜孜於餖飣之學的乾嘉舊緒。詩中嘲諷這些學者明地是倣效顏回的操守，實際上卻是因循苟且，得過且過，只有在夢中才敢表露其亟於飛黃騰達的慾望。

往籍雖浩博　中有得師旨　乞靈章句間　癡蠅鑽故紙

詩中對漢學者的鑽營字句頗爲不滿，改以義理爲重，所謂「平情觀大意，凝慮取妙理。」，便是此意。

軍旅生涯使王先謙得以領受桐城義理，並在桐城的薰陶下培育了經世的情操，不僅導致王氏日後撰集《續古文辭類纂》之舉，也開拓了他的眼界，使其能出乾嘉餘風，而兼顧義理需求。王氏學術之博，觸角之廣，時人難出其右，其所以能出入漢宋，此時的歷練和交游，實影響匪淺。

然而我們要體認的是，王先謙的確是與桐城諸學者相友，但這並不代表他便也是桐城派的一份子。桐城主張「因文見道」，以爲義理、考據、辭章，三者不可一缺，究其實則著重在所謂的「古文義法」上，眞正於義理考據上的功夫卻是不多。梁啓超先生於《清代學術概論》中便指古文派是：

以文而論，因襲矯揉，無所取材；以學而論，則獎空疏，閼創獲，無益於社會。（頁 120）

論點雖有過議之處，卻非全是虛言，劉大杰於《中國文學發展史》中論古文派較爲中肯，但意見也多疵議：

言義者淺而腐舊，言法者較佳，方苞、劉大櫆、姚鼐是如此，方東樹也是如此。（頁 1180）

可見桐城眞正有所貢獻的，只在章法上；而曾國藩以位高勢重，孳聚而來的，雖有眞正能人，許多卻是趨炎附勢的份子。先謙並非親炙桐城學說，故雖可謂是「有得」，但決非是支傳，這也就是其學何以仍側重乾嘉考據功夫的緣故。至於乾嘉諸老，多不能爲詩文，而先謙獨以詞曹富美冠絕一時者，則桐城的陶冶，抑或爲首功。

二、宦海生涯

返鄉應試的王先謙，此後開始了其順遂的運途。鄉試一舉得中，復於同治四年進士，七年授職編修，八年爲國史館協修。這是其任朝爲官之始。光緒元年大考，爲二等五名，擢補右中允，未幾，復充實錄館協修、文淵閣校理等。此類職任使他得閱諸多宮中珍藏，因而學問愈博，爲往後的修撰群疏奠基。

官階愈高後，參政的王先謙開始表露出個人的政治理念，發揮影響力。光緒五年時，奏請防言路流弊，主張不應越級上奏，以序爵肅政，並藉以防結黨營私之弊，故「言路不可不開，亦不宜太雜。」（〈言路宜防流弊請旨飭諭以肅政體摺疏〉）〔註

〔註 6〕本節所引奏摺皆出自《清王葵園先生先謙自定年譜》一書。

6〕。此言一出，浮論繁多，大抵議其「欲遏抑直言，使成不痛不癢，和同欺飾之世界。」〔註 7〕，更有李宓園的上疏彈劾，幸清廷不予置評。然除非議之外，亦有支持此論者，如王闓運的《湘綺樓日記》便指稱：

京師傳誦王先謙邪說一疏，極爲丁公道地。(《近世人物志》)

眾說之紛紜，正足見此論的深刻撼人。

王氏會有此防言路議，並不令人意外，實此一主張，於光緒二年簡放浙江爲副考官時，便已得見端倪。其時題目中，曾以「序爵所以辨貴賤也，序事所以辨賢也。」一題得士，先謙既是主張謹制度、別分際，以肅政體，對越級奏參自有疵議，恐有挾眾報怨，不盡其實之嫌，及朋黨排私之禍，故奏防言路流弊，實乃其「序爵所以辨貴賤也」此一主張所形成的必然舉動。此一觀點明顯脫胎於荀書〔註 8〕，可見王氏很早便已對荀子的思想有相當的神會。事實上，在王先謙的一生當中，都一直堅持著這種秩序情結，這種信念貫穿了他的一生，甚至於爾後他的力抗康梁、誓與維新份子爲敵，也是這種信念的反射下所產生的必然結果，可見荀學對其影響之深遠。

王先謙的官運十分順遂，至光緒六年時，年僅三十九歲的王先謙，便已得補國子監祭酒一職〔註 9〕。此官旨在育成人材，並推動學風，雖是官職，與一般官吏私黨卻多無利害，隱然有清議之姿，並超然政爭之外，故自古便多由德齒俱尊的耆宿擔任，如荀子，也曾以其卓絕的材識三任祭酒，而王氏年尚不滿四十，便得任此要職，足見其才學之高，實已深受肯定。

〔註 7〕語出自《虛受堂書札．卷一》的〈復某君〉一文。本節所引書信皆出自《虛受堂書札》。

〔註 8〕「序爵所以辨貴賤也」的理論，一直是荀子的社會學的一個重要環節。由於荀子主張「人生不能無群」(〈王制〉)，但若無一個分際，則「兩貴不能相事，兩賤不能相使」(〈王制〉)，如此一來將導致「勢齊則不壹」(〈王制〉)的失序狀態。儒家的學說，很大部分是建立在一種對失序狀況所引發的危機意識(張德勝稱之爲秩序情結)上，而荀子所面對的社會，則更是有史以來的第一個浩劫，故而荀子的主張，迺以恢復秩序爲主要目標，既然「有天有地而上下有差」，故而「養天下之本」，即在「制禮義以分之，使其貧、富、貴、賤之等，足以相兼臨者。」。故而可知先謙此論，當是出自荀書無誤。

〔註 9〕據《歷代職官表》所記載，「國朝」(即清代)官制中，國子監祭酒乃：

滿洲、漢人各一人，初制滿洲三品，漢人四品，順治十六年定均爲從四品。(《歷代職官表．國子監》)

其職掌則在「掌成均之法」：

掌成均之法，以教國子及俊選之士，八旗官學亦隸屬焉。分經義、治事，以課諸生；月有試，季有考，以辨其詣力之勤惰、學業之優劣，而董勸之。(《歷代職官表．國子監》)

故知此官職隸，相當於今日的大學校長。

光緒年間，清廷國勢日壞，先謙既以不惑之年高居祭酒一職，自對時局萬分留心，每每上疏條陳建言，主張多能針對時弊，足以勵精圖治、因時制宜。如於光緒五年間，王氏連上四疏，皆爲強國肅政的建言〔註10〕，清廷亦多允行。故而光緒六年時，復上疏條陳其見解，於八月二十九日呈疏建議防俄未盡事宜，奏以四策爲對應之道，其中「精求船械之利」一項，乃使其與李鴻章心生嫌隙。李氏自太平天國亂後，便爲慈禧所倚重：光緒元年，其奉旨籌建北洋海軍，所保舉的沈葆禎則身膺南洋防務大臣；隔年又薦舉丁日昌爲福州船政局的督辦船政大臣。我們可以這麼說，當時全中國的海防船務，皆盤桓於李氏的肘腋下。然王先謙卻於摺疏中痛斥「今船政辦理多年，兵船一項未收成效，糜帑頗多。」(〈奏會議防俄未盡事宜〉)，這對其時勢如中天的李鴻章來說，如同一記悶棍；十月二十六日，王先謙更上疏奏〈招商局關繫緊要宜加整頓摺〉，指李鴻章、沈葆禎二人受貪商蒙騙，使輪船招商局所購洋輪不僅連年漂沒，所購價值更貴於新船，官員假公濟私，中飽私囊，亦時有耳聞，請清廷嚴懲失職污吏，以期亡羊補牢。此事自旋爲李鴻章駁斥，後雖有劉坤一專摺再奏，然清廷置若罔聞，聽任船務寖微。爾後王先謙遂不再進言，專務刊書，此乃其宦海生涯中的第一次受挫〔註11〕。光緒八年，王先謙之母鮑太夫人過世，王氏歸里服喪之後，更與政治核心疏離。

光緒十年的中法戰爭中，船政辨理上的貪污、偷料，船艦廢舊的疏失，於此役中完全暴露出來。南洋船隊被擊潰，馬尾之戰進行不到一小時，福建水師十一艘船艦全數被擊沈；隔天，馬尾造船廠亦被摧毀，此戰證實了王先謙的劾議，也震驚了國人的耳目〔註12〕。許多沈浸在自強美夢中的人，此時才發現自己想像中的富強前

〔註10〕光緒五年所上四疏，計有：

六月十七日奏〈爲言路宜防流弊請旨飭諭以肅政體〉摺疏。

六月十九日奏〈徐之銘情罪重大請嚴旨查辦〉摺疏。

十二月初九奏〈敬陳管見〉摺疏。

十二月十五日奏〈爲軍政急宜講求，擬請通飭各省，酌定章程，選將練兵，以維大局〉摺疏。

前二疏旨在肅政防弊，後二旨則在敬呈自強之道。

〔註11〕此事詳見《清王葵園先生先謙自定年譜》一書，王氏所記載〈光緒六年庚辰三十九歲〉條。

〔註12〕中法戰爭情形，詳見費正清所編《劍橋中國晚清史・下》第四章〈西北與沿海的軍事挑戰・中法戰爭及其後果〉，及夏家餕《清朝史話》第十二章〈列強宰割下的清朝・慈禧太后與中法戰爭〉的記載。然而二者對李鴻章在此事的角色認定並不相同，夏家餕認爲李鴻章逢迎慈禧亦是禍首，而〈西北與沿海的軍事挑戰〉一文的作者劉廣京及 Smith.Richard.J，則認爲中國在中法陸戰中的勝利（即劉永福的黑旗軍）並不足以倚恃，李鴻章的主張締和，其實是情勢所迫。

景，可能無法實現，然而縱容奸商污吏的李鴻章，卻沒有爲此役的失敗受到任何降處，於是在光緒二十年的甲午戰爭中，更連斥資無算的北洋軍隊，也敗在同處於維新劣勢的日本手中，自強運動算是完全失敗了。

中法戰爭的失敗，也使自認「金戈鐵馬非吾事，便合江湖作散人。」(〈病中〉)的王先謙又自故紙堆中抬起頭來，重新注目當前的世局。光緒十一年，在歷經丁憂時日的沉潛之後，六月十五日，王先謙剛奉旨補授國子監祭酒，二十二日隨即上疏奏請停罷修三海工程，並籲請移此經費賑濟長江大水災民，足見其爲國爲民的襟懷。同年八月初一，王氏奉旨主持江蘇學政，江蘇本爲人才薈萃之處，王先謙得爲江蘇督學，聲名更噪，「幾與黃漱蘭侍郎齊名。」〔註13〕。任內，王氏因鑑於江甯、蘇州兩書局的經費拮拘，故籌設南菁書院，以便彙刊佳作，著名的《皇清經解續編》及《南菁叢書》，便由此局刊刻；同時任內選拔才俊不遺餘力，嘗撰《勸學瑣言》，勸勵後進除了應試，出王游，衍笑與日終外，更應以有用精神，分治經籍，「惟有自勤學業，方是實在受用。」(《勸學瑣言》)，在交替動蕩的世局中，王氏的學政提攜了許多後輩〔註14〕。此時的王先謙，不僅官運亨通，才學之閎富，更名動天下，但隨即以彈劾李蓮英一事，青雲止步〔註15〕。摺疏未蒙上報，迫而回籍，並奏請開缺。

〔註13〕見易宗夔《新世説・卷四》〈自新第十五〉。黃漱蘭侍郎，即黃體芳，其性耿介，時人頗重，光緒十七年，黃體芳六十大壽時，翁同龢曾贈云：

抗疏不矜，乞身非隱；傳經多壽，命酒長坐。

上言其直諫，下言其愛飲，對黃體芳生平神氣的描繪，直有畫龍點睛的神效。在此與王氏齊名者，是因爲黃漱蘭乃南菁書院的創辦人。王先謙設局刻書，廣籌經費，對書院的振興，及地方人材的拔擢，如再造之功，故而二者齊名。

〔註14〕如四大日記中，葉昌熾的《緣督廬日記》便有條陳謂：

王益吾學使歲考，建霞得首列，可謂破格拔人，吾鄉後起庶知嚮學乎。

破格拔人而能得人信服，亦見王氏於拔擢人材上的嚴謹。

〔註15〕彈劾李蓮英一事，固爲其仕途劃上了一休止符，卻也使其聲望更更上一層。近世的四大日記中，如李慈銘的《越縵堂日記》及翁同龢的《翁文恭公日記》對此舉皆有著墨：李氏因見「其言甚激切」，而「爲之憂念」；翁氏則指出此劾疏遭李蓮英擱置，「留中未發」。可見此疏引起的注目，評價上亦多持正面的肯定。但也有於此事上持保留態度者，如《新世説》，〈自新第十五〉中，便有條陳云：

王益吾有才無行，賄結李蓮英，得江蘇督學，選拔才俊，幾與黃漱蘭侍郎齊名。既瓜代，乃深悔階進之由，慮他日名爲李污，具疏嚴劾之，並謂李非眞閹，醜詆備至。孝欽皇后覽奏震怒，王遂以是罷歸，而王之直聲，震於朝野。

並於本文下，另加一按語曰：

王先謙既出京，李嘗語人曰：「吾閱人多，從未見如王氏之狡者。昏暮而乞吾憐，明白而攻吾短，彼謂可以掩其過，吾謂適以彰其醜耳。南人多詐，王其表表者乎。」

以王氏先附閹宦，後力圖自清，猶如過河拆橋，故而以「有才無行」論斷之，其後晚年歷主思賢講舍及嶽麓、城南兩書院，並以著述自娛終老。

王氏於宦海中歷任教育、編修等文職，故雖王氏心懸世局，屢屢條陳建言，但其貢獻大抵仍在文教方面，本人亦以學術自持，迺對仕途毫不戀棧，在爲其師周壽昌結輯《思益堂集》時，曾序云：

> 余以歎先生不早自知其無與於功名，不得壹意於學問之途，以大昌其著述，爲可悲也。

可見王氏並不著意於仕宦，而更重乎學修，故當青雲止步之際，立即回籍，解任歸鄉後便以著述終老爲務。宦海生涯中，王先謙雖不若其他簡放爲父母官的學者般造福鄉梓，然而如編修《皇清經解續編》、《南菁叢書》等鉅著，若非王氏以官務之便彙刻，實難以支應刊書所需的龐大財力物力及人力。王氏官至祭酒，不忘獎掖後進，彙刻先哲經注，其於文教保存上的貢獻，是我們在論斷王氏於學術上的功過之時，必不容抹煞的。

三、與康梁嫌隙

自鴉片戰爭後，受到西方科技文物的震撼，知識階層開始發出要求改革的聲音，此後隨著戰場失利的頻繁，改革逐漸形成一股共識，越來越多的有識之士投入變法改革的行列，提出一套套企圖徹底改變中國體質的辦法來，並且在朝野間蔚爲風潮。近世研究晚清史的學者將之析爲三大運動，即自強運動、變法運動、及革命，此一分析如今已得到大多數人的認同，幾爲的論〔註16〕，王先謙身處於這動盪時代中，儘管已歸隱鄉里，卻也不免被捲入議論的風暴，立場取捨，煞爲費心。在康梁鼓吹民權平等思想之後，向來自處於是非之外的王先謙，卻毅然選擇了抗衡的立場，從此被冠以守舊派的章印，竟至不得翻身。王氏的抗排康梁，雖是基於維護舊秩序的信念，但卻不代表他是力抗西潮的井底之蛙，事實上，若就王氏的生平來論，其言行思考，與郭嵩燾、曾劼剛等人並無二致，與其說他是個傳統的頑固分子，無甯說

雖有但說：「或謂李既銜王，故作是言，以損其譽也。」，然其間非議，則不能掩。由於今日資料中，無從得知王氏是否有勾結中官之舉，此論在吾人所收集的材料中亦屬孤證，又係稗官小說之言，故不予置評。

〔註16〕如汪榮祖的《晚清變法思想論叢》便云：

> 晚清有三大運動，即自強運動、變法運動、與革命活動。

又如張錫勤的洋務派、維新派、以及資產階級革命派（《中國近代思想史》），張越的洋務思潮、變法維新思潮、民主革命思潮（《中國清代思想史》）等，稱謂各異，而其指實一，可見此說應爲定論了。

是洋務派更切合些〔註 17〕。

今人對王氏的印象，多因其反對康梁變法，而目之爲頑冥不化的迂儒，其實不然。王氏從軍之時，曾經收編於湘軍的行列中，而曾國藩所領導的湘軍，不但曾與外籍兵團合作，夾攻太平軍，湘軍本身亦曾立水師、建船廠，購配洋炮、洋槍。咸豐十一年收復安慶後，復在安慶設一軍械所，試造槍炮彈藥〔註 18〕。王氏於咸豐年間初入軍伍，便駐營安慶，必曾目睹新式武器的利害。故日後王氏入朝，亦每每建言朝廷，學習西式科技，以爲自強之道；辭官後更投身於火柴、機械等西式工業中，獲利頗豐，在俞樾窮得無以舉火之時〔註 19〕，王氏早已成爲地方大富，不但能興學刻書，更常常周濟

〔註 17〕如光緒五年，中俄交涉新疆邊境時，當崇厚簽訂伊犁條約，眾議爲喪權辱國之舉，舉國撻伐之際，王氏卻已預見危機，上疏清廷云：

惟俄人陰謀叵測，既不允其所求，彼必多方窺伺；即令懾我國威，兼慮有礙各國通商大局，不至遽啓兵端，而乘間抵隙、虛聲恫嚇，容亦情事所有。（〈奏敬陳管見摺疏〉）

果然光緒六年清廷遣曾紀澤兼任駐俄公使，負責談判改約時，俄軍立即於東北、西北屯軍，甚至令黑海艦隊至黃海示威。種種行逕，早在王氏意料之中。

王氏既早有此遠見，故亦於疏中主張「此時不在專論前事之失，而在深思後患之防。」，迺以四策對之：

一以使臣宜分別撤遣。嚴懲使臣並另遣左宗棠秣馬厲兵，示清廷必不從其所欲的決心，以利交涉。「但令償款稍溢，而國體無傷，此善全之上者也。」（〈奏敬陳管見摺疏〉）

二則東三省宜嚴密備禦。「東三省毘連外域，備禦空虛，急宜早爲籌畫。該處風氣勁悍，患不在無兵，而在無將。」，總在該將軍等，駕馭得當，收其益而不長其驕，方爲盡善。」（〈奏敬陳管見摺疏〉）

三、藩部宜聯絡防維。「俄人生心兼併者久矣，一旦乘虛直入，喀爾喀諸部之密邇強鄰者，必難自爲守禦，藩籬不固，西北皆將震動。」（〈奏敬陳管見摺疏〉）

四、海防船政宜切實經理。「俄人如與我爲難，見陸地有備，或將避實擊虛，以數船由海道來犯，圖遂其恫喝要求之計，各海口固當準備，大沽、北塘、山海關一帶瀕海地方，爲畿輔門户，尤應嚴防。」（〈奏敬陳管見摺疏〉）

鑑諸日後中俄情勢的演變，此四策直是洞燭機先。次年，俄軍果自東北及海上意圖恫嚇，並聯合西北諸藩内亂；至於左宗棠的秣馬厲兵，慌亂了諸強權的陣腳，及曾紀澤的以賠款換取大部分失土的收復，更是王氏的意料中事。而由此四策看來，亦足見其於軍事現代化的強烈要求，以爲唯有力圖自強，才是自保之道，不能徒恃他國之相互牽制。由此例便可知王氏絕非墨守陳規之迂儒，而實是能洞見時機的謀士。

〔註 18〕如李澤厚於《中國近代思想史論》中，引王先謙於〈江西鄉試錄前序〉中稱美科舉的言論指其爲「固頑派」，實此序既爲簡放爲試官前所奏呈予朝廷的，豈有貶抑之理？且戊戌變法失敗後，恢復制藝取士之制，王先謙卻作〈科舉論〉表明其反科舉的心跡，以致勢利份子眾議囂然，若非存念已深，又值解官之際，可以暢所欲言，又何需干犯眾諱？且王氏素與洋務派成員，如郭嵩燾、曾紀澤等人相友，思想亦不可謂不開通，故以「固頑派」議之，似有不盡合理之處。

〔註 19〕見《俞曲園學記》。

後學，可見他的眼光十分周準，嘗謂：「今國之急務在海軍，民之要圖在商業。」（〈復畢永年書〉），再視其任中所上諸疏，也多能洞燭機先、應對時事，可見他絕非墨守成規，對海內外情勢置若罔聞的腐儒。王氏之所以痛詆康梁等變法份子，乃是反對那些「得罪名教之亂臣賊子」（〈與吳生學競書〉），不是反對西學。

在湯志鈞的《戊戌變法人物傳稿》一書中，曾記載王先謙介入變法的始末，大意是：

> 時湖南開南學會，設時務學堂，先謙見其議論新穎，頗爲駭異；然以書院院長之尊，初未遑予相詆……，葉德輝又以學堂教習評語相告，先謙以爲「悖逆連篇累牘，乃知其志在謀逆。」……遂於二十四年戊戌五月邀葉德輝等具呈湘撫陳寶箴……「屏退主張異學之人」……以辭館爲要脅，益與新學爲敵。（卷八）

這些事件都是實情，然而片章取義，眞相反而被湮鬱在這些「實情」中。初王先謙奉畢永年手書，內容於康梁師生醜詆備至，當時王氏於南學會顯然已有耳聞，反而爲其辨護，以爲「屈祠挾妓，可保必無；至篤實開通四字，談何容易？」雖然以爲康梁學術太偏，人品卻有可觀，甚而認爲那些排斥西學的人是犯了中國學人好空疏的毛病：

> 竊謂，中國學人，大病在一空字。理學興，則舍程朱而趨陸王，以程朱務實也；漢學興，則詆漢而尊宋，以漢學苦人也；新學興，又斥西而守中，以西學尤繁重也。至如究心新學，能人所難，宜無病矣。（〈復畢永年書〉）

可見初時未詆新學，是因其以爲康梁師生所鼓吹的是「西學」，迨王氏明白南學會所鼓吹的是民權平等之「西教」時，便力加黜抑，但卻也一再堅持西學的必行：

> 所謂西學者，今日地球大通，各國往來，朝廷不能不講譯學；西人以工商立國，用其貨物，朘我脂膏，我不能禁彼物使不來，又不能禁吾民使不購，則必講求工藝以抵制之……國家以西學導中人，亦是於萬難之中求自全之策。（〈與吳生學競書〉）

故知王先謙絕非今日各本研究晚清書籍上所謂的「固頑份子」。而其所以黜抑康梁的理由，是因爲康梁所主的民權等思想，在其看來，乃是鼓吹「無君無父的邪說」「無異叛逆」。確實康梁等人是基於憂時愛國的情操，而萌生變法的思想，不過講變法而主張在專制體制中令國事依國會群眾議行，這還不叫叛逆嗎？究其實康梁甚至不曾思索過，這種無異變天似的變法行動，對於尚未完全掌權、羽翼未豐的光緒帝而言，根本沒有實力去執行，如此一來，不過是叫慈禧更堅決了奪權的欲望，本來可能在慈禧逝世後步入正軌的政局，也就此成了泡影。王先謙雖力主洋務派論點，但是本質上仍是個儒生，面對康梁及其後學把傳統幾欲刨根、變文法、亂聖言之舉，根本無法忍受，是以仍逕以舊秩序的主張，反對變法維新，這是儒者的使命感，而非是頑冥不化，不知變通的緣故。同時在維新運動失敗後，王先謙卻對「廢制藝」一事因「亂黨倡言」而「復其舊」深感遺憾，並且仍致力於學堂的設立與工商發展，並不因康梁事而黜廢，可見王氏務實的理念。

其實，雖然今日的史家往往因爲王先謙的力拒康梁，而目之爲「固頑派」，然而事實上我們有理由相信，王氏在當時一班墨守舊學、排斥「西學」的腐儒眼中，非但不是傳統學術的守護者，甚至一度還被目爲是康有爲的奧援。當初，王氏在〈復畢永年書〉時，並不附議時人的議論，甚而曾爲康梁辯護，至〈復吳生學競書〉時，才因得悉康梁所事在「西教」而非「西學」，因而予以力詆。當時王先謙曾於復吳生信中自陳：

> 從前學堂之事，外人以爲先謙主持，群相指責，先謙實無所聞知；及見有悖謬實蹟，同人督先謙首列具呈，先謙亦毫無推卻。前後心跡，可以考見。來諭云：蔡與恂先生批陳亭子課卷云『先謙已有悔心』……先謙依然先後一人，並無兩樣面孔、兩樣心腸，果有何事應改應悔乎？

在課卷上批謂王氏之反康梁乃「已有悔心」，可見王氏的行徑竟在學堂師生之間引起了疑議，若非時議如此（主持學堂），當不至令眾人如墜五里霧中。另一個有力的證據則是在《湘綺樓日記》中的記載：

> 康梁師弟私淑郭、王，不意及身而流弊至此。（光緒二十五年正月二十日）

郭指郭嵩燾，其因受清廷遣赴英國，回國後極力稱道英國的富強，在當時多數人仍自命「天朝」時，此舉實是深犯眾諱，日記中記載郭嵩燾時便詬其「大爲清議所賤」、「已中洋毒」；至於王氏或有人指乃康有爲的「太師父」王闓運，然此日記即爲王闓運所著，行文理不當自稱姓氏，且闓運素不談洋務，喜論洋務者，爲郭嵩燾及素與其相善的王先謙，則在闓運眼中，康梁的力倡西教竟是「私淑郭、王」的結果，與今人觀點出入甚大。大概仕人時運不濟，或便如此，因爲力主西學而遭時人「群相指責」的王先謙，到了戊戌六君子爲理想斷頭、舉國震驚後，隨著世局的變遷，復因排拒康梁而「爲世所忌」、「晚年多遭物議」（張舜徽《清儒學記》），眞可說是動輒得咎。

王先謙晚年專務刊書，並力主設立貧民簡易小學堂十數所，嘉惠鄉民，經湘撫岑春蓂上報後，下旨擢陞內閣學士，榮顯非凡。然宣統二年，湘民因年凶米貴群聚於撫衙前，要求解決，岑春蓂卻向群眾開槍，致使群情激憤，放火焚燒公署一案，後由王先謙等當地鄉紳出面調停，並銜名電請下旨撤換巡撫；承辦總督瑞瀓卻向清廷奏報說是王先謙等鄉紳挾私報怨，煽惑百姓致亂，清廷於是議處降調五級。此事使其蒙冤難申，後雖有多人上旨雪冤，清廷卻置若罔聞，使先謙晚年聲譽蒙塵，鬱鬱以終。是以當時王氏雖爲飢民辦了求無愧堂賑荒局，但爲避嫌之故，也轉交他人經營，不與聞財務。特意名爲「求無愧堂」，足見王氏對此冤屈的悲憤。

民國六年時，病逝於涼塘寓所。

第二節　著　作

《清儒學案小傳》在記載葵園學案時，曾有序言云：

> 同光以還，詞曹著述之富，陶冶之宏，稱葵園，無異詞。其督教勤懇，士類至今猶樂道之。……而直節垂聲，遺書傳世。（頁 499）

徐世昌所言應非過譽。王氏生平勤於述學，所編著的書籍不下二十餘種，在當時也算是舉足輕重的大老，學行都頗爲人景仰；然而時至今日，除了《荀子集解》以及《漢書補註》尚小有名氣之外，王先謙顯然是沒沒無聞的。榮顯當時而後世不傳的例子所在多有，此事亦不足爲奇，然而王先謙其餘數十本著作當真都是「災梨禍棗，胡亂印出」〔註 20〕嗎？恐怕還有待商榷。本節中將探討王先謙的著述及其學術成果，以期定位王先謙的學術地位，並從而管窺王氏荀學在其思想理念中的份量。

一、王氏著作表

王氏著述甚豐，種類亦呈現多樣風格，這自與晚清的亂局有莫大關連，是以其著述中雖有乾嘉考據形態，亦有諸子學的內容，以及桐城別裔的印象，更不乏洋務派的西學思想，大抵與時代思潮相去不遠；爲免混淆，茲將其列表明示如下：

年　　代	書　　名	備　　註
光緒五年	東華續錄	只及備乾隆一朝實錄
光緒八年	續古文辭類纂	六年十月，祭酒任內彈劾洋務並李鴻章，不報。迺潛心集結此書，不問政事成書後丁憂回里專事著錄
光緒十年	東華錄	此錄並合續錄爲十朝政史
	天祿琳琅前後編	爲乾嘉兩朝內府藏書目錄
	郡齋讀書志	

〔註 20〕語見容若〈談王先謙〉一文。刊載於《中央日報》，民國四十四年三月十三日。

光緒十四年	皇清經解續編	十二年奏請刊刻歷二年成
	南菁書院叢書	爲經解遺書暨書院生徒之作
光緒十五年	十家四六文鈔	奏參李蓮英，故解官回籍。
光緒十六年	六家詞鈔	
光緒十七年	荀子集解	此乃王氏生平第一本著述。
	世說新語	因明人刪書故校刻復原
	鹽鐵論	亦有自發的補釋別爲一卷
光緒十八年	合校水經注	薈萃群言
光緒廿六年	漢書補注	薈萃群言
	虛受堂文集	由門人陳毅、蘇輿所編
	律賦類纂	與蘇輿合編
光緒廿七年	駢文類纂	
	景教碑文紀事考正	京師被破八國聯軍求償巨款
光緒廿八年	日本源流考	
	虛受堂詩集	由蘇輿所編
光緒三十年	尚書孔傳參正	薈萃群言
宣統元年	莊子集解	芟取舊注各家之長
宣統二年	五洲地理志略附圖	
民國二年	詩三家義集疏	自爲序例
民國四年	後漢書集解	
	元史拾補	
民國五年	外國通鑑	

二、範疇與成就

以上二十七種著作，不僅內容遍及經史子集四部，內容更是淹貫群籍，大致上，我們可依其成書方法及內容性質，區分爲以下五類：

（一）廣蒐各家著作，彙結刊刻者

如《續古文辭類纂》、《東華錄》及《東華續錄》、《皇清經解續編》、《南菁書院叢書》、《十家四六文鈔》、《六家詞鈔》、《律賦類纂》、《駢文類纂》及《元史拾補》等皆屬此類，其作品旨在彙結各家相關資料，爲類書性質的作品。如《續古文辭類纂》輯入乾隆至咸豐間三十九位桐城餘緒之作，被向來自負的王闓運稱美道：「《經解》縱未能抗行芸臺，《類纂》差足以比肩惜抱。」，闓運與曾國藩分主文壇，故而讚語實有深意。再如《東華續錄》爲乾隆朝實錄〔註 21〕，《東華錄》並《續錄》共集結了同治朝以前的十朝政史，《皇清經解續編》則收錄二百零九部《經解》付梓後六十年間的各家解經之書，《南菁書院叢書》復將《經解續編》的遺珠分成八集，王氏與其生蘇輿合編的《律賦類纂》，自爲序例的《駢文類纂》，以及《十家四六文鈔》、《六家詞鈔》等，便是集結師友佳作的文集。

再者如《元史拾補》，則是將時人用以補證《元史》的三本參考資料（即《元朝祕史》、《聖武親征錄》、《元史譯文證補》三書。）相次合輯，以便後學檢索，算是性質較特殊的一本。

此類叢刻，旨在保存文著，故而往往揀擇不精，雖不乏佳作，亦間或流於雜蕪。王先謙對此也頗爲自知，於《續古文辭類纂・序》中，便自陳此舉是：

> ……所得洪纖各不相掩。僕有恆言：文士畢生苦志，身後之名，後來者當共護惜之，苟有可取，勿遽末殺。

看似一派鄉愿，其實不然。王先謙顯然是意識到時將亂世，故而爲搶救可能在戰火中被摧毀、或是流徙佚失的書籍，才開始大力藉由官方刻版，或是民間集資刊印，以求保存。其於《皇清經解續編・序》中中，便隱隱透露此一想法：

> 今距粵東刊經之日，踰六十年，中間寇難迭興，烽警相望……懼彌久散佚，曷以稱聖天子勤學右文至意？

足見其用心。此後歷亂，雖有辛亥變革、軍閥征戰、日本侵略、國共對峙……等災禍，湖南都不曾倖免，然而經王氏著手整理的史料，卻一直完整地被流傳了下來。反觀民國以降，雖然年代距今更近，許多文物卻都失傳了，如姚際恆的《九經通論》，雖然經顧頡剛著手蒐集，然而甫收錄到的《儀禮通論》，卻又在短短五十年間佚散了，直到前年，才由陳祖武先生捎來尋獲的信息。可見文物典籍的流傳，更需要有心人

〔註 21〕《東華續錄》的成書更早於《東華錄》（一在光緒五年，一在光緒十年。），其緣由在於《東華續錄》乃承蔣良麒《東華錄》的體制而作，蔣氏《東華錄》所載內容自開國以降、迄雍正年間爲止，故而王先謙的《東華續錄》乃繼蔣氏體例，續成了乾隆朝《東華續錄》百廿卷，故名爲《續錄》；爾後王氏又繼成了乾隆以降，嘉慶、道光、咸豐、同治等四朝的實錄編纂，同時將蔣氏所載五朝實錄（即天命、天聰、順治、康熙、雍正）的內容加詳，合計九朝政史，共四百十九卷，更名爲《東華錄》，並與《續錄》合觀十朝政錄。此一關節，史家往往混淆，如張舜徽《清儒學記》王先謙條，便誤植爲「《東華錄》二百卷（按：據王氏的自跋文所述，當爲《續錄》百二十卷。），《東華續錄》四百十九卷。」（頁 365），徐世昌亦誤植爲「《東華錄》二百卷，《東華續錄》四百三十卷（按：當爲四百一十九卷。）。」（《清儒學案小傳・卷十九・葵園學案》），今正之。

的著力才行。王氏身處亂世之際，先於史館任職編修，復官至祭酒，因而洞見時局所需，任內利用官職之便，完成了如《經解續編》、《南菁叢書》等鉅著，廣蒐各家著作，正符應了當時的學術情勢，對清中清末的典籍保存，有莫大的貢獻。

（二）重刊著作，而略加以校正者

如《天祿琳琅前後編》、《郡齋讀書志》、《世說新語》、《鹽鐵論》、《合校水經注》、《景教碑文紀事考正》等著作，雖只是重刊之作，其間亦詳加校讎。如《天祿琳琅》前編著錄於《四庫》，但不列於提要中，後編則世無刊本，故而王氏購得舊鈔後，便與湘潭周氏鈔本相校，並將二編一併付梓；《郡齋讀書志》除刊原書二十卷外，並刊有趙氏附志二卷，其取衢、袁二本互校得失，自謂：「於晁氏一家之學，庶幾盡心矣。」（〈序〉）；《世說新語》先以紛欣閣本刊行，後得袁本對勘，故而擇善而從，另補為小識一卷，便於存古；《鹽鐵論》亦別錄有校勘小識一卷，除了己見的補釋之外，還收錄了平日與文友書信論辨的若干心得；《合校水經注》則以官校宋本參合各家諸說讎校；《景教碑文紀事考正》原為楊榮鋕所撰，其中二、三卷與聖經內容相類，王氏不取，然其卷一內容，乃景教的流布傳承，「為言職方者不可少之書」（〈序〉），故予以刊行。

此類作品皆屬子集部，當科舉制藝未廢時，往往乏人問津，王氏既已歸里，乃有閒暇鑽研此道。因此，此類作品與上述的叢書類型不同，叢書往往是王氏以祭酒之尊，或動用官銀，或向民間募錢才籌致刻校的，因此如《經解續編》或《南菁叢書》，都成書於祭酒任內，而此類作品卻都成於歸里之時，也就是純粹的私人雅好了。

由於制藝未廢，此類書籍彼時多乏人問津，甚而傳本亦多所脫誤，故王氏的校勘，實有興學繼廢之功。如《天祿琳琅後編》「世無刊本」，《郡齋讀書志》則傳本有二，「得失互見」（〈序〉），《世說新語》的傳世本為「全失臨川之眞」（〈序〉）的王元美《補本》，《鹽鐵論》雖經盧文弨《拾補》、張敦仁《考證》，而「漏義尚多」，《水經注》則版本甚眾，莫知所從，故以官校宋本參合諸家，「以質海內之好讀是書者」（〈序〉）。此五部校刊有法有據，論斷精審，且於校刊處往往別為一帙：「既不蹈汲古剜補之陋習，亦不類書帕謬種之相仍。」（《世說新語・序》），不致擅改前書，而收存古之效，最是利於後學擇揀，因之今日學者，亦往往改採王氏的版本，作為箋訂研習之用。如余嘉錫先生的《世說新語箋註》，為今日廣泛流傳的《世說》版本，其治世說的依據，也正是王氏局刻的紛欣閣本《世說新語》，而《合校水經注》更被甘鵬雲譽為「集大成」之作，最為「精博」（《國學筆談》，頁 22。）足見王氏的校刊功力，已深為後學所肯定。

此類書籍中，唯《景教碑文紀事考正》是清人作品，王氏於光緒二十七年重刊光緒二十一年付梓的新作，實有其深痛的歷史意義。當時正值庚子拳亂、八國聯軍攻入平津，議定鉅額償金之後，國人自尊慘遭蹂躪，此時王先謙刊刻「於西國文字之遷貿、輿圖之分合、教宗之同異，剖析詳明」(〈序〉) 的卷一，雖是爲「貽博覽君子」(同前)，究其實，卻在圖知己知彼之用，隔年更著成《日本源流考》，其於救亡圖存之渴望，不言自喻。

（三）擷取諸家長處，並間下己意者

如《荀子集解》、《漢書補註》、《尚書孔傳參正》、《莊子集解》、《詩三家義集疏》、《後漢書集解》等著作可列於此，此類書籍由於蒐羅廣備、取捨精斷，王氏本人亦多善解，故成爲其治學的精粹所在。如《荀子集解》自爲序例，引附十五家考訂，再間下己意，於今日最爲善本，「補正楊注凡數百事，可爲蘭陵功臣。」(徐世昌《清儒學案小傳》)「今之研讀荀子者，莫不奉爲軌範也。」(程發軔《國學概論》)；《漢書補註》以顏師古注增引宋儒及清儒八家注疏，內容「淵博平正」，「最便於我們這些初學」(容若〈論王先謙〉)；《尚書孔傳參正》乃以孔傳爲本，參合諸家，並論證己見，皮錫瑞治尚書亦是名家，卻獨稱美王氏《參正》是「兼疏今古文，詳明精確，最爲善本。」(《經學通論》) 此一論評，絕非過譽；《莊子集解》引前儒之治莊者計二十餘家，內容博采精粹，故甚爲簡便，錢穆先生說是「頗費淘洗之功」(《莊子纂箋》)，不過其芟取側重《南華經解》(作者爲宣茂公)，不免亦犯了引儒治莊的缺失〔註 22〕，故近人往往加以補正；《詩三家義集疏》是王氏早年未竟的舊作，辛亥避亂後才加以續成的，其書採齊、魯、韓三家詩舊義，兼及近人的發明箋注，並以己意貫通家防，「自爲序例、精博絕倫。」(徐世昌《清儒學案小傳》)；《後漢書集解》則以惠棟《漢書補注》併章懷太子注及諸家所長，彼時王先謙年事已高，內容不如前述注籍來得博洽，但大抵仍是簡便運用的工具書。另有《釋名疏證補》一書，因不知刻成年月，故不列於表上，然是書以畢沅《疏證》爲底本，復參合成蓉鏡的《補證》、孫詒讓的《札迻》、吳翊寅對《疏證》的《校議》及他與從友的意見加以總集，「因最晚出，所以總集大成，最爲精賅，較之畢氏之書，自然是後來居上了。」(胡楚生《訓詁學大綱》，頁 318)。

此類作品往往博采群籍，再加以精斷善解，故而非通貫群書之人，不能爲也，然而前修未密、後出轉精，不論如何兼賅百家、融會群疏，總不免百密一疏，故而

〔註 22〕宣穎於《南華經解自序》中指出：

莊子之書，與中庸相表裡……惜不及親炙乎聖人者。可見其注莊之立場，實未能逸出宋儒以儒釋莊的侷限。

著籍愈晚，自愈是縝密。王氏生當清末，坐收乾嘉諸儒畢生心血之漁利，且其成名早，更不戀棧仕途，其半生爲學，多成於精氣未竭之時，自比浮沈宦海的一般儒者更能收其功效，是以雖不免有百衲被之虞，然而其間精審詳密，即令是不滿乾嘉學術的宋學流裔，也不得不引爲治學的工具與利器。但是王氏治學的侷限也正在此。其性格謙沖，有得於人處，絕不掠美，故而卷首洋洋列滿了師友的名字，覽卷也多爲前人治學之語，往往條列七八，再加以揀擇曰：「某說是。」，雖便利了後學，卻把自身成就給掩蓋了，還不如法乾嘉諸老作札記形式，更能凸顯己見；再者後學又引用此法次第增補，不知情者以爲是前作未密，如此一來，徒然落人口實。說來這種類似校讎纂輯的成書方法，不過是吃力不討好的功夫，唯便後進罷了。

益吾爲學所以特重校讎的功夫，與其所處的時代，實不無關聯，王氏身爲乾嘉末學、桐城餘緒，又正値清末政情內外交征、學術新潮隱起之時，是以對己身所承，有一分危機意識，深恐其學就此黜廢。故而爲學迺特重於整理、抉發堂奧的功夫，內容更力求簡便，並且要賅備群疏。既能簡便、又能兼賅，正是最利於新進爲學的入門書籍，故而今人雖不滿王學，益吾的集疏卻顯能不備，平心而論，此一功力，非可等閒視之。今人因其「便於初學」而譏爲「疏漏」，未免有失公允。

（四）有關外國史地資料的編纂

有《日本源流考》、《五洲地理志略附圖》及《外國通鑑》三部。《日本源流考》成於光緒二十八年，內容廣錄歷朝傳載，自開國迄甲午戰爭前夕；《五洲地理志略附圖》成於宣統二年，因「汎覽諸志，敘述歧分，譯音互殊，難可推究」（〈序〉），故而加以編彙整理；《外國通鑑》成於民國五年，認爲「當此圖書大集之時，不爲之存其略，亦考古者缺憾事矣。」，故而加以輯錄。此類作品，由於非聞見之知，只是考古集成之作，後人抨擊甚苛，如容若便以爲這類著錄，不過「飣餖成書，還能考出些什麼呢？」「《五洲地理》、《外國通鑑》這種書，豈是埋頭在故紙堆裡的王益吾所宜作所能作？」（〈談王先謙〉），其實王氏的方輿學固不足論，然其考訂功夫卻頗精當，雖說是「活學變爲死學」（《清代學術概論》，頁 92。），亦可供後學索驥之用。

（五）個人詩文著作

即由門生陳毅、蘇輿所合編的《虛受堂文集》，以及蘇輿所編的《虛受堂詩札》二部。

王先謙雖爲湖南「四王」〔註 23〕之一，然而眞正對王學下過過功夫的人卻不多，

〔註 23〕清代的湖南儒者中，以王夫之、王文清、王闓運及王先謙四人爲儒林冠冕，故呼爲四王。此一說法，轉引自張舜徽《清儒學記》，頁 311。

歷來學者往往僅憑己意，便加以妄斷，以致各方品題參差，眾說紛紜，後學莫衷一是。就以個人詩文著作而言，容若於〈談王先謙〉一文中，便將之掊擊得一文不値：

> 王益吾本質上是經生，考訂文章寫的樸實，得要領。他的虛受堂詩文集實在乾枯空洞無足觀……都是用其所短，等於精力的浪費了。

然而張舜徽的意見卻恰好相反：

> 其實先謙功力，終在文辭，樸學非其所長。觀其所撰群書，經則《尚書孔傳參正》，甄錄尚精；史則《漢書補注》，別擇亦謹；子則《荀子集解》，尚不蕪累；集則《續古文辭》，猶未逾矩。其他雖多，自可不作。（《清儒學記》，頁 366）

這種南轅北轍的觀點，正暴露了個人的認識不足。其實王先謙身為桐城餘緒，文辭的質樸練達，自不在話下；至於考訂疏解，更是其畢生的事業，雖然態度保守，然而論斷之精審，早已深為時人及後學所肯定。奈何徒以臆斷黜廢。如張舜徽目為「自可不作」的著述，卻包括了甘鵬雲視為集清儒大成的《合校水經注》，徐世昌譽以序例「精絕博倫」的《詩三家義集疏》，其他著作至今不廢者，亦自必有其價値，前文已有略及，今不詳述；其文辭雖遭容若抨擊，實則審辨王氏的詩文，卻自有一番文士風格。如〈將之永州贈李愼堂〉詩，將有志未伸的困蹇不平，表達得入木三分，起聯四句更是精彩絕倫，可說是質樸有味，與名家作品相較殊不遜色：

> 和氏抱奇石　痛哭荊山間　楚王豈賤玉　凡匠蠅其前
> （《虛受堂詩集・卷二》）

當時王氏初入軍伍，於胡林翼帳下，然胡林翼與其師周荇農嫌隙，並驚動曾國藩調解，故而荇農於軍中始終困頓；此事亦連坐了益吾的進程，迺使益吾在辭歸後憤而作詩諷諭。當軍中窮蹇之時，益吾更曾作詩描述當時的窘境，對景感興，情致宛然：

> 寒逼深春在　舟維永日乘　孤松倚絕壑　飢鷺立層冰　對景憐蕭寂
> 捫心益戰兢　枕邊橫古劍　不敢作龍騰（同上，〈寒逼〉）

這些都是直抒胸臆的佳作，故特能動人心絃。再者王氏的文集中，雖多為酬答、贈序之作，然而書前的六篇論文，及兩篇心得，卻也文理兼賅，其間辭氣流暢、論辨精絕處，如〈書蘇東坡論范增後〉一文，幾令起東坡於地下，怕也無辭以對：

> 史稱（范）增好奇計，吾觀（項）羽坑屠、焚掠、吝賞、矜功，不聞增一言諫止，所謂奇計安在？徒汲汲勸除沛公，以為盡殺天下豪傑，可不施仁義而制海內，則增直庸妄人耳。……而蘇氏因此稱增人傑，且以為高帝所畏，增不去則羽不亡。噫！由羽之道，而無變其所為，增不去，果能不亡耶？（《虛受堂文集・卷三》）

這種理氣充足、練達流暢的筆法，在王書的論辨隨處可見，不論是在力拒康梁學說、或是論述各本家法之時，俱卓然成家，後學鮮能學步，可見所謂「乾枯空洞無足觀」者，未免有失公允。

王氏在鄉里間名望特高，爲人又謙和，大凡求爲序文，爲己增重者，來者不拒，且其爲學特重考訂，文章只爲道器，故而詩文罕有，然觀上述引證，若使王氏勉力爲文，自必能開創另一番氣象來，不致令王壬秋專美於前〔註 24〕。

三、成書義法與得失

王氏的著作廣及四部，內容也多能淵博、精審兼於一身，由於學術態度上的保守，使其治學鮮有臆斷妄語，己見與前人觸牾處，雖不盡棄己見，但也絕不自是其非，態度審慎，故而最利後學。然而也因此被視爲缺乏特見，大抵說來，「淵博平正、無足道也」是人們對王書的印象，因此學人們儘管亦將王書置備雅齋，但卻鮮少留心益吾的成就。

然王氏的學問浩博，卻是不爭的事實，而且內容也頗有可觀之處，雖然他著籍廣被四部，給人多而無當的感覺，但是王氏的成書非常謹愼。說他是「災梨禍棗、胡亂印出」，委實太屈枉他了：一本《合校水經注》，是他「耽此三十年」（〈序〉）的心血，且初時尚不欲付梓，後迺爲友人勸行；《漢書補注》則是他通籍以來便深爲究心的研究成果，卻到「忽忽六旬」、「恐不能更有精進」（〈序〉）才舉付梓人，其他各本亦大抵如此。論爲禍棗災梨，實不無可議。

同時，王氏學術的淵博，也間接顯現在各部著籍的序例上，幾乎各專門家在論及王書時，總不免稱美其「序例精絕」，而此亦非過譽。益吾在序文中，往往詳述各本流承、諸家得失，大抵精當無誤，這些序例亦被蒐錄總輯於《虛受堂文集》中，以致綜覽各卷，竟似是一部分類的學術史，對於後學治辨的訣要，分析得極精透，實有啓迪誘發、正本清源之功。如〈續古文辭類纂序〉析論桐城流承，算得上是一紙桐城源流考；〈尚書孔傳參正序〉精論篇目分合及各家傳本，內容精賅了尚書史的大要，〈荀子集解序〉則暢談各本詮解「並揭荀子箸書之微旨」，廓清了荀學史的脈絡；〈詩三家義集疏序〉亦於三家承傳、義法及各本疏解的優劣得失詳加闡述，可說是卷簡明的詩經學史了。不僅是自著，代序亦不例外，如代彭麗崧作〈曾子輯註序〉，

〔註 24〕「四王」之一的王闓運，字壬秋，與曾國藩分主壇坫，爲清末文家兩支流派的領袖，章炳麟曾推重云：

> 曾國藩能盡俗，王闓運能盡雅。
> 人推典麗渾重，爲晚清第一。

內容便兼賅了曾子學行暨註本得失，代朱君懋作〈行素堂彙刻經學叢書序〉則略論經集編纂的由來始末。大抵經史文藝，王氏都能述其源流、發微抉奧，此一功夫，非是兼通百家、堂廡特大的學者，不能言也。

不過王氏儘管學識淵博，論學亦條理分明，但不可諱言的是，王氏的著作卻往往有百衲糾結之嫌，又多半爲前人的續貂之作，如張舜徽譽爲佳作的四部著作中，《尚書孔傳參正》是續皮鹿門的《今文尚書考證》，並增補以古文義，《漢書補註》乃續其師周壽昌《漢書注校補》而成，《荀子集解》以盧文弨、謝墉合校《箋釋》作爲底本，而《續古文辭類纂》則是師取姚鼐義法加以纂集成書的，四部書籍竟無一出自己身的創意。雖說「前修未密、後出轉精」，然而在年代相去不遠的情形下續成他人的傑作，一方面落人口實，再者資料大抵未能超脫前人太多，能不弄巧反拙，便是功力了，更遑論是超越前作。其實王氏的增補大多是鑑於前作的疏失，論精審不遑多讓，然而今日卻是沒沒無名，理由也正在此：一來前人的光芒掩盡了王氏的特處，二來後人也往往因此否認其經典價值，這實在是很可惜的。

第三節　王氏的治學根基

王氏治學，特別淹博，細緻處亦絲毫不減，不僅堂廡特大，識斷更是精審，實可說是晚清的大家之一，然而卻因爲得罪康梁，以至沒沒無聞，事實上，前節中已述及，王氏的成就，功於後學多矣，而今卻爲學術界所淺視，可見成見之深。爲此，欲澄清王氏荀學的特處，破除固見，其學術背景及取向，也是吾人不可忽視的研究範疇之一，今茲將以析論如下：

一、王氏與漢宋分合

（一）漢宋之爭（經典權威的失去）

在整個清代學術史上，漢宋之爭的影響非常地廣泛，清初三先生的反動理學固是，清末的康章分峙，其癥結也是在此〔註25〕，故而欲探索王氏之學，漢宋分合的影響，亦是吾人管窺的途徑。學術史上漢宋分流的情形，可遠溯自宋儒的自覺，然而眞正的對峙，卻是始於清儒。在鑑於對漢儒學風瑣屑，又缺乏義理的不滿下，宋代儒者普遍存在著一股反動漢學的心態，並且凝結成共識，孕育出新的學閥，與漢儒大張異幟，專務於義理上的抉發，形成了兩種相爲表裡的治學別派，是漢宋區別的開始。其

〔註25〕詳見拙作〈談荀學的兩度黑暗期〉，《雲漢學刊．三》。

實漢宋間最大的差異，是在「尊德性」與「道問學」的心態上，而不是途徑，畢竟這兩種治學是相輔相成的，論義理如何能不通經籍？解經疏又怎能不懂義理？然而爲了與前儒區隔開來，立場上便不免太過墨守。宋儒在「尊德性」的立場上太過堅持，卻使末流竟有「束書不觀」的標榜，大大敗壞了士林風氣，是以清儒便又重持「道問學」的舊路，並對前儒加以撻伐。正是在反動理學末流狂禪心態的需求下，清儒們痛徹地改易了此一虛玄的浮弊，而擷選務實於經世信念的漢學作爲對抗的籌碼，如此一來，漢宋各有流脈，彼此張幟抗權，釀成了學術史上龐大的漢宋對抗。

重拾漢學，清儒豈不是大開起學術倒車來了？其實不然。此時清儒們所奉行的漢學，卻是一種更科學化的考據，運轉此法，迺使清學在典籍考訂上貢獻卓絕，數千年混沌爲之豁然，功不可沒。然而清代的漢學，因爲本身方法的周密性，反而卻嚴重地爲害到一直以來想當然爾的經典權威，並在嚴格的考據法中開啓了疑經的風氣，動搖了「聖人著經」的神聖地位，自閻若璩以降風行的群經辨僞學，代表的正是此一權威失落的現象。初時，顧炎武的標榜考據，是企圖「通經以致用」，通經之所以致用者，是因「孔子刪述六經，即伊尹太公救民水火之心。」（《亭林文集・與人書二》），故而考據經書是爲可直抵聖人本心、並濟世用；如今經書既僞，致用一途便走不通了，唯存纖碎餖飣的考據法門。姑且不論是文字獄的箝制、抑是內在理路的呈現，筆者以爲，從「通經致用」淪爲「純爲考據而考據」，清學轉折、重蹈漢儒覆轍的理由，與辨僞學不無關聯。

經典權威的失去，是清儒正式與遺民學術劃清的開始，自此在清儒眼中，經書不過是可拆可解的七寶樓臺，用來湊置爲自己的考據的資料庫。王氏雖然爲桐城流裔，亦頗重宋學，然而桐城本身並沒有歧出的治學門徑，有的只是文章義法，是以王氏在治學方法上不得不沿用乾嘉考據，而少見義理的發揮，此一侷限對其治學成就，便不免形成了一個缺憾。

（二）合流的趨勢

漢宋本爲治學之兩途，相佐相承，然必欲爭正統的結果，竟至排撻不休。漢學後來分吳、皖兩派，而以戴氏的皖派，持論平正、不必泥古學古說，故而流布天下、形爲顯學；宋學則爲姚鼐所標竿，創爲桐城，意與爭雄，然雖經方東樹著《漢學商兌》，肆力反攻漢學，卻無濟於事，只是令漢宋爭隙益發膠著罷了；畢竟桐城雖標榜宋學，學行卻是著重在古文章法上，於經說無益，自無力動搖漢學的地位。然而漢學至此，也的確是纖碎太過了，於是趁時而起的，是曾國藩漢宋兼采的標榜。曾國藩以爲，漢學、宋學（指朱學），名目雖異，其旨則一，如此一來，勢如水火的漢宋立異，竟被調和了：

> 近世乾嘉之間，諸儒務為浩博，惠定宇、戴東原之流，鉤研古訓，本河間獻王「實事求是」之旨，薄宋賢為空疏。夫所謂「事」者，非「物」乎？「是」者，非「理」乎？「實事就是」，非即朱子所稱「即物窮理」者乎？（《曾文正公文集．書學案小識後》）

曾文正公用以調和漢宋的工具，正在提倡「治禮」。「以禮代理」是由乾嘉年間的凌廷堪所主張，後來並在皖派間流布，一時蔚然成風，漢學在貫注了「禮」學的成分後，似乎有了跳脫餖飣風氣的可能，從而回歸清初「通經以致用」的途徑，但是他卻藉此全面否定宋學，使「禮」與「理」成了漢宋爭隙的另一個焦點。如今曾國藩重提此道，竟成為調和漢宋的工具。曾氏以為治禮必復於古籍，研讀古籍則必得通故訓，是以治禮可通漢學；同時，禮為修己治人之道，正可通宋學精神〔註 26〕，故而曾國藩倡治禮以兼漢宋。

禮學可能對漢宋形成的調和，是因為禮文是因時制宜的運用方法，禮義則是上符天理、下應人道的本體精神，故而治禮可使宋學在體察天心之餘致用於人世，使漢學在研讀古經中照顧到現實，落實兩者虛懸的學術性格，而回歸當前的切務。這種調和，才是能治國救國的調和。很明顯地，凌廷堪是走偏了，沒有試圖調和，卻掀起了對立；但是曾國藩卻連根基都錯了。按他的理論，漢學仍是餖飣治學的工具，只不過對象由經學轉移到禮學；宋學則仍然是虛妄自修的教義，與世道殊不相關。故而曾國藩的調和漢宋，不僅沒有為儒學開出新生命來，更將之逼向了死胡同，在這種調和下，漢宋之間仍然是抵死不相干的，而且漢宋兩徑全都成了又虛又蕩的玄學，在清末動蕩的時局中，完全發揮不了滌淨世風、救亡圖存的功能，也難怪新一代的知識份子在無路可出的窘境下，只好投入西潮的懷抱，另闢蹊徑了。

王氏身為桐城流裔，雖以為必不可引西教以救時，目為叛黨逆賊，然而在這種所謂「調和漢宋」的主觀作祟下，卻也無力解套，故而僅管「談到時局，有時候愁得熱淚交流。」〔註 27〕，又大力鼓吹西學，力陳工商軍務之要圖，一旦著述時，卻仍跨不出乾嘉遺軌，這其實是整個桐城派的現象，而非王氏個人的偏差了。

二、諸子的興起與《集解》

漢學的興起，同時也是諸子學復興的開端。一方面，考據學所形成的疑經風氣，

〔註 26〕詳見陸寶千《清代思想史．晚清理學》頁 424～426。

〔註 27〕詳見容若，〈談王先謙〉一文。

動搖了經學的權威，純爲考據而考據的心態，也促使清儒勇於擴展眼界，探索經學以外的學問；另一方面，清代學術中科學求眞的風氣，使得學者在疏證之時，資料索求無不法古，故而校勘的功夫，遂下及諸子，也從而導引了諸子學風的開展。自戰國以降一直沉寂的諸子學術，卻在文風箝制甚嚴清世學術中活潑了起來，乍看之下，眞是件弔詭的事，然而細審清代學術的特色，則知清廷的縱容，並不令人意外。畢竟此時復甦的諸子，充其量同經書一般，不過是考據學上的實驗材料罷了，卻不致有橫議流行的狀況。

大抵說來，清代的諸子復興，在受限於整個時代的治學風氣下，雖然表面上看來生趣盎然，其實卻是被動的、毫無自主可言，清季諸子學之所以被譽稱爲「復興」，是相對於二千年來的壓抑情況而論，而非眞正有極突出的見識，因此，晚清的諸子學，在受限於學術本身的缺陷下，大抵上產生了如下幾個特色：

1、最初是企圖致用於經書的詮解

清儒在考據學上所下的功力，主要是爲能直抵經典的本意，不至受宋儒的干擾，這種迴向原典的要求，配合以考據上科學求眞的態度，於是資料的索求以存古者優先的態度，便促成了諸子學的興起，如俞樾便指出：

> 西漢經師之餘緒已可寶貴，況諸子又在其前歟？（《諸子評議・序》）

以爲諸子書中「考論經義，不必稱引其文，而古言古義，居然可見。」（同上），可見諸子學最初的復興，其實也只不過是這種心態下的副產品而已。

諸子雖因此重獲重視，但卻非眞正注目其本身的價値。支偉成纂述的《清代樸學大師列傳》，於〈諸子學家列傳〉中列舉了一十三位有功於諸子學的學者，但只有兩位是本傳，其餘都是旁見他條，並非全力於諸子學上。如孫星衍是「深究經史文字音訓之學，旁及諸子百家」（頁 96），汪中因治禮而「溯源於荀卿賈傅」，俞樾的《荀子詩說》更直接地說，其所以詳考荀子引詩者，在於「所引傳文必根牟子以前相承之師說，實爲毛傳之先河。今讀《毛詩》而不知荀義，是數典而忘祖者。」（〈序〉），可見最初，諸子學的興起，不過是基於解經上的考量，淪爲經學的附庸。至於後來亦有人能逸出經學上的致用範疇，而眞正洞見諸子的特處者，卻在諸子學全面開展以後的事了。

2、治學上仍著重於典藉的重現與考訂

令人感慨的是，諸子學復興的第一步，卻是要設法先恢復原書的舊貌。由於歷代以來對子書的不重視，故而唐宋年間，大部分的子書都有了缺佚，傳本往往便已殘破，甚至消失。如《隨巢子》、《我子》、《老萊子》等，全書早已亡佚了，待清人

補綴聊聊數節，才算是勉強保存了支字片語〔註 28〕，後學不致失所憑藉；又如《鄧析》《尹文子》、《呂氏春秋》等，雖然原書尚存，但是重刻和注補的工作，卻直到清中葉以後才有所開展。除此之外，也有原書的流傳狀況尚可，卻因爲韓愈「削荀以合道」的主張，而遭後人波及（此一刪書風氣以明世最盛，迄清餘風猶熾。），迺致傳本已非原貌，迨諸子學復興之時，往往學者欲求一較完整的善本，亦非易事；如《管子》，《漢志》稱八十六篇，迄宋只餘七十六之數，到了清朝，還有方苞進行《刪定管子》這樣的工作，《文中子》、《韓非子》等書也不例外，一至明朝，往往被刪綴成殘，誠可哀也；其中以《荀子》被刪的最嚴重：宋朝有陳之方的《削荀子疵》，明朝則有王訥諫的《刪註荀子》，到了清朝，方苞又進行了一次《刪定荀子》，可以想見後來復原工作會有多麼困難。因此，此期的工作，多自校讎學，以及原書的考釋上切入，尚無力進行義理的抉發。《清代樸學大師列傳・諸子學家列傳》中所列舉的十三位學者，全數進行的都是校釋的功夫，孫星衍的校正《晏子春秋》固然，陳昌齊的《老子正誤》亦是，連王念孫的《讀書雜志》和俞樾的《諸子平議》，做的也是這種校勘的工夫，可見清代諸子學的復興，多只停留在考據的層面上。

3、諸子地位提升

清代諸子學之所以給人如火如荼的錯覺，除了不斷出版的各家校注之外，在議評諸子時的各種稱譽，也是令人誤判的迷障之一。如江瑔的《讀子巵言》中便指出「蓋六經既出於諸子，諸子亦可出於六經」，故而「光明醇正之儒家亦在百家九流之中。」。此類言論在當時當時頗爲盛行，而且還算是較客觀的言論，到了其他必欲在潮流中脫出的學者，立論就更加偏頗了，如曹允源的《復盦類稿》中便以爲：

> 孔子沒，弟子各以所得傳授徒黨，再傳之後，其説不能盡醇，於是有……六家之學，鄒衍、荀卿……之徒，各著書成一家言

竟然將諸子列爲儒門的旁裔，而忽視了學術本身的客觀性；還有些學者將諸子與經義相通的〔註 29〕。這些過猶不及的言論，雖然有助於諸子學的抬頭，但卻有混淆視聽的嫌疑，並且扭曲諸子復興的方向。如此一來，清末的諸子學，一方面在治學方法上跳不出考據學的藩籬，另一方面又陷入將諸子與經義比附的迷思當中，得不到獨立的學術地位，成了清世治諸子學者最大的包袱。

胡適曾經指出：

> 治古書之法有三：（一）校勘，（二）訓詁，（三）貫通。清儒精於校

〔註 28〕這類輯佚，幾乎全出自清朝人馬國翰的手筆，除此之外，還有《公子牟》、《尹佚》、《惠子》、《田子》、《黔婁子》等著作，對保存古代思想，有很大的助益。

〔註 29〕如李祖望〈管子書後〉一文，便以爲管子的思想，與「周官相表裡」。

勘訓詁，於貫通工夫，尚有未逮。（《中國哲學史大綱・上》）

此語一針見血地指出了清儒的盲點。王氏治學咸遵乾嘉遺軌，於此上亦不能免，《荀子集解》在受限於清季學風的影響下，雖然考釋上淵平博正，義理的抉發則尚未獨立，這是王氏荀學的一個基本侷限。

三、王氏與今古對峙

今文經學的復興，是清末學術的一大特色。有關於今文學之所以在清中葉以後大放異彩的理由，一般都認爲是考據學內在的氣質所促成的：一來今文學的文獻資料，大多存在於西漢時期，自是比古文經學的東漢來的更久遠更近古更可靠些〔註30〕，清代治學的法門，所講究的，本就是科學求眞的特質，作爲資料的運用，清人自然是歡迎今文學的復興的；二來在道咸期間，正是清代學術的「蛻分期」〔註31〕，此時學者不欲必鑽營於故紙堆間進行瑣屑的分析，加以正値內外交征之際，亟思奮起，故而同爲漢學範疇、卻力主致用經世的今文家法，對於已經流於瑣屑虛蕩的清學而言，正是一劑救衰起弊的針砭，是以很快地在漢學中形成了新的學閥，更在新知識份子間形爲顯學。這當中赫赫有名的人物，就學術界而言，有王闓運，有廖平，以及皮錫瑞等，而另一群致力於政治改革的理想家們，就是康有爲、梁啓超、譚嗣同等這些參予戊戌變法的學運份子。

今文經在兩千年來的忽視下，大部份都亡佚了，只有《公羊傳》尚存，故而清末捲土重來的今文經學，其實絕大部份就是指公羊學。今日在歷史的誤導下，我們很容易便被公羊學與政治間的關係所蒙蔽，而誇大了他對晚清學術所造成的衝擊。事實上，公羊學不過是清末學派的一支，康有爲等人所代表的經世特色，也只不過是公羊學的一偏罷了。，大部分的公羊學者仍然是持漢學門戶，並以考據法門企圖爲其家法建立一堅實的基礎，即以「微言」求「大義」之謂。如爲常州學派重鎭的劉逢祿，其《公羊何氏釋例》即「用科學的歸納研究法」（《清代學術概論》，頁 122）發皇何休的注釋，龔自珍、魏源則是用考據學以「別闢國土」（同上。頁 125），至於王闓運的《春秋例表》亦著重於注疏整理的功夫，以迄於清末的皮錫瑞，視其《今文尚書考證》，則仍以考據工夫爲主。這些例證證明了公羊學者並無歧出的治學法

〔註30〕是以葉德輝在面對公羊學時，乃憂心忡忡地道：

有漢學之攘宋，必有西漢之攘東漢。吾恐異日必更有以戰國諸子之學攘西漢者矣。（《翼教叢編・與戴宣翹校官書》）

按：此語或有解爲反諸子學者，非也。

〔註31〕此引自梁啓超，《清代學術概論》的分期。

門，只是致用處不同罷了，這或許就是為什麼支偉成的《清代樸學大師列傳》將康梁以外的公羊家仍舊視作「樸學家」的理由吧！故而公羊家在政治上振聾發聵的功績固不可等閒以視，學術上的影響則是未必。

支偉成的《清代樸學大師列傳》，一度欲將王先謙列入「湖南派古今文兼采經學家」，不是沒有道理的，雖然在政治立場上，王先謙是反康梁的，但是王先謙對今文學的立場則絕不可依此類比。先謙為學本以兼賅見長，故鮮有門戶之見，雖然力拒康梁，但與皮錫瑞卻甚善，《尚書孔傳參正》一書，被皮錫瑞譽揚是「兼疏今古文，詳明精確，最為善本。」（《經學歷史》），其餘如《詩三家義集疏》，也往往兼采今文家的意見，再加以去取。時已在戊戌之後，而能不以私怨盡棄公羊學者，足見其門庭之廣大，不必泥於今古漢宋之分。然而這畢竟是王氏晚年的事了，其早歲精力專就諸子學上研讀，故而此一兼容今古的特色，並未影響其《荀子集解》的著述。

四、王氏與湘學

清中葉以前的湘學，雖有王夫之這位大老的存在，但由於他歸隱山林，與世隔絕，以致湘人無從與游，直到晚清才得彰顯，故而對湘學風氣有眞正承先啓後之功的人，迺是講學於嶽麓書院的王文清（1688～1779.AD）及魏源（1794～1857.AD）。

湖南的書院講學風氣，由北宋周敦頤、南宋朱熹、明代王守仁開始，迄清，王先謙在歸田期間，仍致力於開辦學堂，可見私學風氣的興盛，由來已久，而學堂也成為帶動士林風氣的中心，清末康梁變法之議倡動全國的發源處，便即在湖南的思賢講舍上。王文清的著作因屢經兵燹，許多都散佚了，但是講學岳麓十數年之久，學誼早深為時人所肯定。為學特重於禮學及考古，著有《周禮會要》、《儀禮分節句讀》、《宋儒理學考》等義理著作，復有《考古略》、《讀古紀略》等考史的要籍，以及《鋤經文略》、《鋤經餘草》、《鋤經續草》等詁經的作品，門庭極廣，在乾嘉學者間實為難得。

很明顯地，王文清的作品，並不如乾嘉諸學一般，只務力於典籍的考訂，其於義理的抉發暨史學諸作亦能兼賅。這就造成湘學堂廡特大、鮮有門戶之見的理由。當時正是考據學駸駸大盛之際，吳、皖因經師特盛，在師法傳承的侷限下，故而治學上鮮能脫出考據的法門，而王文清以經傳大義教人治經，追原治亂誨人學史，融義理考據的法門為一途，使得湘學特異於乾嘉之外，不獨限於一專門學，爾後時局敗壞，士人對考據的無益世道漸為不滿後，湘鄉更成為清末文風易改的發源處：曾國藩的漢宋兼采固然，公羊經世結合時政，從魏源以迄康梁的改革學統，也是在湘學這種特有的自由風氣下，才能發動他摧陷廓清的功效。

如果說王文清影響的是湘人的治學途徑，魏源則對湘人的風骨有著標竿的作用。魏源對湘學的貢獻，特在學術與時政的結合。由於他曾經參與過鴉片戰役，因此相較於當時仍自矜爲天朝的讀書人而言，對於時局的急迫性，有更爲切身的感受，故而在立言著說上，無不著意於針砭時弊，從而影響了清末學風的改易。在面對乾嘉考據浮蕩之弊侵襲了士人應有的抱負後，魏源疾呼道：

> 今日復古之要，由詁訓、聲音以進於東京典章制度，此齊一變至魯也；由典章制度以進於西漢微言大義，貫經術、政事、文章爲一，此魯一變至道也。(《兩漢經師今古文家法考・敘》)

這是企圖以今文經學替代考據，從而在學術界中舉發其革新的意圖，因此，魏源在解經上多採今文家法，如《書古微》、《詩古微》等；另一方面，其致力於古史學的修訂，則爲激奮其時極斲喪的民心，故而如記述清朝前期文韜武略的《聖武記》，記述元帝國功勳的《元史新編》等，大抵在緬懷前朝強盛的國勢，激起百姓痛定思痛，起而效尤的志氣；至於《四洲志》及《海國圖志》等有關外國輿地的作品，卻大大拓展了國人的眼界，其「師夷長技以制夷」的主張，在當時屢受英法侵陵，甚至攻近京師、民心震盪的情況下，無疑是盞救時的燈塔，此一主張影響所及，如曾國藩等民團在敉定太平天國之時，便興建兵工廠，藉由製造槍炮、輪船等「夷器」來平亂；而康有爲、梁啓超等，則藉由民權平等之「西教」變法以救時。可見魏源對湘學變革上的影響。

綜結上述，湘學的特色，共展現在如下的特徵中，同時也很集中地呈現在王先謙的治學態度裡：

1、專務於考訂整理的功夫

雖然湘學的堂廡特大，並不如吳、皖等地的側重考據，然而考據法門實是整個清代儒者治學時的一大特色，湘人亦不能不習染，只是在缺乏大師的情況下，湘人對考據學的引用，仍偏重於詁經解疏一途，並不似吳皖大師，特能開宗立派、自成章法。王先謙也是如此，若論籍著的精審，時人鮮能不加以稱述，但要論什麼極突出的特見，卻不能字字珠璣，可見湘學在整理精校的功夫，是勝過於其創見的。

2、著重於史籍的研究

從王文清以降，湘學雖不似浙東學派一般，專務於史冊的研究，但卻也是風氣自由的湘鄉學人鮮能不觸及的一環。王先謙的恩師周壽昌，便在史學上鑽研了很大的精力，著有《漢書注校補》、《後漢書注補正》、《三國志注證遺》等，王先謙與周荇農一來是師生關係，又曾娶其姪女爲妻，因此受周氏的影響極深，諸如《漢書補注》、《後漢書集解》等，都是承其餘緒再行增補而成的。

3、西學的引進

魏源「師夷長技以制夷」的說法，在曾國藩對抗太平天國時，起了很大的功效，日後朝官中，如丁日昌、李鴻章、郭嵩燾等人，亦無不持此議以救時弊。王氏為官時，亦往往上疏朝廷，力陳「西學」之必然。〔註32〕，爾後竟有康梁圖行「西教」，並在鄉紳間形成一「新黨」，由此可知湘鄉學風的轉進。

4、輿地的考訂

自魏源後，本國與外國輿地的考訂亦成了知己知彼之要圖，在湘鄉間獨成一專門學，如鄒漢嘉的《湖湘水地記》、《皇輿圖記》等，便是一例。故而王氏於此上亦多所留心，迺有《合校水經注》的成書，晚年更在國勢逼陵的催迫下，著成了如《日本源流考》、《外國通鑑》、《五洲地理志略》等外國史地的考訂，圖能見鑑於他國，而收自強之功。

五、小　結

時人對王氏的評斷，往往受了他反康梁的影響，而目之為迂儒，連帶地亦以其作品為無足觀，如章太炎便以為王氏充其量只能列為「顯貴提倡傳」一項，說不上是經學家或諸子學家（見《清代樸學大師列傳・章太炎先生論訂書》），這也是時下許多學者對王氏的觀感。然而有趣的是，王氏的每一本單一著作，卻往往都在所屬領域當中，成為許多大家所稱道的「善本」，譬如《尚書孔傳參正》一書，便被治《尚書》學特有心得的皮錫瑞譽稱「最為善本」，《荀子集解》則令尊荀最力的章太炎許為唯一可傳之書（見《清代樸學大師列傳・章太炎先生論訂書》），《莊子集解》被錢穆稱道：「頗費淘洗之功」（《莊子纂箋》），《續古文辭類纂》則令素來眼高於頂的文壇首領王闓運以為「差足以比肩惜抱」……等等，不一而足，可見成見之深，甚而掩蓋了王氏一生治學的功績，如何漂去此一迷障，而直接面對王氏荀學的得失，便是以下諸章中，筆者所亟欲解決的問題。

〔註32〕按，此「西學」與「西教」的對立，出自王氏〈與吳生學競書〉中的分野，西學指的是「聲光化電及一切製造礦學」，西教則是指平等、民權等西方政治理想。

第三章　歷代荀學的演變

劉師培先生於《國學發微》中指出：

> 孔子徵三代之禮，訂六經之書，徵文考獻，多識前言往行，凡詩書六藝之文，皆儒之業也；孔子衍心性之傳，明道藝之蘊，成一家之言，集中國理學之大成，凡論語孝經諸書，皆師之業也。蓋述而不作者，爲儒之業；自成一書者，爲師之業。曾子、子思、孟子，皆自成一家言者也，是爲宋學之祖；子夏、荀卿，皆傳六藝之學者也，是爲漢學之祖〔註1〕。

是以，雖「孔墨之後，儒分爲八，墨離爲三。」（《韓非子・顯學》），然眞正能流衍到後世的儒學教派，也只有「師業之宗」的孟子，及「儒業之宗」的荀子而已〔註2〕。

然而，相對於受尊爲「亞聖」的孟子而言，荀子的歷史評價，顯然坎坷得多。大略言之，魏晉以前，孟荀皆列名諸子；而唐宋以降，則明顯有尊孟抑荀的趨勢；明末學界始有爲荀子平反的聲音出現。此後尊荀抑荀兩股聲浪此起彼落，毀譽參半的地位使他迄今仍只是儒門的「別儒」〔註3〕。面對荀學本身奇特的歷史命運，我們顯然必須投注更多心力去了解荀學的起伏，然後才能對王氏荀學在整部荀學史上的地位作出較爲精確的評價。

因此，在正式探討王氏荀學以前，吾人將於本章中，對荀學的歷史軌跡作一番簡要的探索，並根據此一曲線加以斷代分期，使此一路徑的曲折更形清晰，從而作爲判斷王氏荀學歷史定位的礎石。

〔註1〕引自劉師培先生《國學發微》，頁3。

〔註2〕參見徐平章先生《荀子與兩漢儒學》，頁3。

〔註3〕語出熊翰叔先生〈孔子學術淵源及其流衍〉一文，轉引自徐平章先生《荀子與兩漢儒學》，頁8。

第一節　魏晉以前影響深遠

一、荀卿的時譽

戰國迄秦，荀卿的名望想來是相當高的。史遷於《史記・孟荀列傳》中便曾記載：

> 齊襄王時，而荀卿最爲老師；齊尚修列大夫之缺，而荀卿三爲祭酒。

可見德齒之尊，在當時稷下學者中無出其右者；同時《荀子・堯問》中，亦記載了荀卿弟子駁所謂「孫卿不及孔子」的爭議，並加以推崇道：「今之學者，得孫卿之遺言餘教，足以爲天下法式表儀，所存者神，所過者化，觀其善行，孔子弗過。」。是否過譽姑且不論，然而已可知時人往往將荀卿與仲尼並論比較，若非德齒俱尊，如何能耳？劉向《序錄》中更記載道：「蘭陵人喜字爲卿也，蓋以法孫卿也。」蓋向已是西漢時人，去荀之時也有百餘年，而蘭陵人敬荀之風仍然未艾，更可見荀卿在時人心中的地位。或謂荀卿未能見用，但這並不表示荀卿本人的材器短淺，相反地，今日我們所能得見的資料中，卻多是畏忌其才的記載：

> 客說春申君曰：「湯以亳，武王以鎬，皆不過百里以有天下。今孫子，天下賢人也，君籍之以百里之勢，臣竊以爲不便於君。何如？」春申君曰：「善。」於是使謝孫子。（《戰國策・楚策四》）

在此讒客竟將之與湯武並論，時人對其才識的肯定可見一般。其後荀卿去楚之趙，並爲上卿，復有客諫春申君曰：

> 昔伊尹去夏入殷，殷王而夏亡；管仲去魯入齊，魯弱而齊強。夫賢之所在，其君未嘗不尊，國未嘗不榮也。今孫子天下賢人也，君何辭之？（同上）

於是春申君復堅請之。去留取捨之間，所顧忌的，就是荀子那足以震聾發聵的賢名，可見荀卿的才學，實已深爲時人肯定。

荀卿雖是未見大用，然而其弟子李斯、韓非卻聲聞於世—李斯相秦，韓非治術用於秦—這兩位構設秦帝國藍圖的功臣，實深受荀卿的影響。《韓非子》通篇雖是不乏批評諸儒的言談，唯獨對荀卿卻是百般尊重的，〈難三〉有云：「燕王噲賢子之而非孫卿，故身死爲僇。」〔註 4〕，面對燕王噲對荀子的不敬，韓非非常憤慨地咒罵

〔註 4〕此一文獻引發後世極大的爭議。燕王噲讓國時，孟子正於遊齊途中，如此一來荀孟便曾同時了。今人多不認爲二者可能同時，以爲此語乃後人所加妄語，如游國恩〈荀卿考〉、梁啓超〈荀卿與荀子〉、羅根澤〈荀卿考〉等皆持此說；錢穆則獨排眾議，以史遷所謂：「春申君死，而荀卿終老蘭陵。」事不足據，而信韓書，今人廖名春於《荀子新探》一書亦以此史料爲實。由於事涉韓書之眞僞問題，故在此不多加評斷，

他，認為他的死是因他無識人之明的緣故。至於李斯，更不只一次地引用荀卿語來說始皇，甚而當他位極人臣之時，仍念念不忘荀卿的教誨：

> 斯長男由為三川守，諸男皆尚秦公主，女悉嫁秦諸公子。三川守李由告歸咸陽，李斯置酒於家，百官長皆前為壽，門廷車騎以千數。李斯喟然而歎曰：嗟乎！吾聞之荀卿曰：「物禁大盛。」夫斯乃上蔡布衣，閭巷之黔首，上不知其駑下，遂擢至此。當人臣之位無居臣上者，可謂富貴極矣。物極則衰，吾未知所稅駕也。（《史記・李斯列傳》）

可惜他終究沒能及時抽身，欲復「牽黃犬出上蔡東門逐狡兔」已不可得了〔註5〕。

二、《孫卿子》的成書

儘管荀子對漢代諸經的傳承有著莫大的貢獻，孟荀對舉的習性亦早在史遷筆下便得見端倪，可見荀卿的學行深為漢儒敬重的情況，但是最初卻還沒有《荀子》這本書。在《史記・孟荀列傳》記載有關荀卿的著作時，內容只敘述道：荀子生前，「著數萬言而卒」，而不直書以書名卷數（如孟子列傳的「作《孟子》七篇」語，便是直書的文例。），可見史遷之時，荀文是以單篇著作的方式流傳，而非書籍的形式，這對荀文的流傳造成了缺漏佚散、篇章錯置的可能；同時又更逢秦火，雖說荀卿譽滿天下，又身為秦相李斯的業師，也不能免除其文慘遭禁燬的命運。始皇焚書之時，凡是立異言說的各家思想都在箝禁之列，以至漢初學術，唯賴口耳相傳，方得著於簡帛上，因此，其間失漏脫誤，更不能免，荀文因未能逃過此一浩劫，導致本有脫誤可能的荀文更加殘破。這對於日後的解詁及流傳，造成了很大的障礙，今日相關於荀文的諸多爭議，極可能便是發源於此。

到了西漢成帝時，一直以單篇形式流傳的荀書，才在劉向的手中被彙結成書，其〈書錄〉云：

> 所校讎中，孫卿書凡三百二十二篇，以相校，除復重二百九十篇，定著三十二篇。（按：《漢書藝文志》稱《孫卿子》三十三篇，王應麟《漢書藝文志考證》稱凡三百三十三篇，或為筆誤之故耳。）

荀、孫之異，顏師古認為是「避諱」的緣故，然避諱在漢代實尚未形成歷史條件，當為「一音之轉」無疑。比較引人爭議的，還在「除復重二百九十篇」這個舉動上，

唯梁氏〈先秦學術年表〉中既以孟氏之卒年於西元前二八九年，復又認定荀卿於前二九三年時年十五而游學於齊，依此論斷，荀卿與孟子似乎並非不能同時了。故梁氏等「妄語」之謂，實有臆斷之嫌。

〔註 5〕語見《史記・李斯列傳》。

三百二十二篇被刪除了二百九十篇，就書籍的流布而言，實在是不可思議的事，今日三十二篇本的荀書，便已經是數萬言的鉅著了，剩下的二百九十篇竟全是復重之作，在還只能手寫謄錄的年代，誰會花費那麼大的勁力胡抄一氣的？可見這更證明了所謂的「孫卿書」，就是「孫卿文」的意思，劉向把中祕藏書中凡載明荀卿所作的文章全加以蒐羅，再去其重覆之作，才有刪去二百九十篇的可能。

今人往往以爲劉向對荀學的貢獻，不過是在校勘的功夫上，實則劉向根本就是《孫卿書》的主編，從蒐集、校讎、編次、定名，劉向的一貫作業，對《孫卿書》的誕生，實有著催生的功勞，荀書經此整頓，才得以以較完整的面貌出現，並免除荀文因篇章零落而佚失的可能，今日研荀者，眾推劉向爲荀書功臣，實是當之無愧。

三、漢魏的歷史評價

迄至漢代，荀卿的影響益發深遠。雖然表面上看來，漢孝文帝設孟子博士而不列荀子〔註 6〕，似乎有意提高孟子地位，然而我們不得不注意的是，荀子之所以無法列名學官的主因，恐怕應是受李韓二人連坐之故。漢代秦政而起，百姓在思及嬴秦暴政之時，仍不免心存餘悸，身爲李韓二人之師的荀卿，無法列名學官自屬必然。不列學官並不代表荀學本身不受重視，相反地，在這個時代，荀子的地位不僅與孟子相提並論，甚而有超越孟子的傾向。在《史記》一書中，史遷將荀卿與孟子並錄於〈孟荀列傳〉中，不分軒輊，以爲：

> 自孔子卒後，七十子之徒散游諸侯……天下並爭於戰國，儒術既絀焉；然齊魯之閒，學者獨不廢也。於威、宣之際，孟子、荀卿之列，咸遵夫子之業而潤色之，以學顯於當世。（《史記・儒林傳》）

劉向《別錄》雖亦將孟荀並舉〔註 7〕，然而對荀卿的傾慕卻更甚：

> 如人君能用孫卿，庶幾於王，然世終莫能用，而六國之君殘滅，秦國大亂卒以亡。觀孫卿之書，其陳王道甚易行，疾世莫能用其言，悽愴甚可痛也。（〈孫卿新書敍錄〉）

在此劉向讚美他所陳治術是乃王道，用之，「庶幾於王」，與後世所謂的「全是申韓」（朱子語）相較，態度上的差異不言自喻。

〔註 6〕此事只見趙岐《孟子題辭》記載，云：

> 孝文皇帝欲廣遊學之路，論語、孝經、孟子、爾雅皆置博士。

故後世迺有漢世尊孟而不及荀卿的說法，然《後漢書》等史籍中並不見此一記錄，乃爲孤證。

〔註 7〕其於〈孫卿書錄〉中指出，仲尼之後，聖道不張，雖有諸子雜論，然「非先王之法也，皆不循孔氏之術，唯孟軻。孫卿爲能尊仲尼。…」明顯地將二者並舉。

這似乎不僅是劉向個人的觀點，《別錄》中記載云：「董仲舒亦大儒，作書美孫卿。」今雖不傳，然就其思想看來，受荀卿影響頗爲深遠。如「性三品說」〔註8〕，王充便指其乃「覽孫、孟之書」(《論衡．本性》) 後提出的，「作書美孫卿」一事，應非無稽之談。

再看東漢的王充，尊荀的傾向就更加鮮明了。《論衡》一書中不但〈刺孟〉，甚至還〈問孔〉，然而對荀卿卻沒有隻言片語的批評，唯有對「性惡論」說是「未爲得實」(《論衡》) 這樣輕描淡寫的評斷而已。不過王充的原始性格是反儒家的，他的〈刺孟〉和〈問孔〉基本上都在申張他對當時讖緯滲透經學的不滿，在這種情形下，主張自然天的荀子和王充的理念自比孔孟更爲合洽，這或許也是王充對荀子較爲投契的理由吧！

漢時荀卿的地位雖與孟子在伯仲之間，未曾明顯地凌駕其上，然而荀學的影響確乎大於孟學。徐平章先生於《荀子與兩漢儒學．下》〈荀子與兩漢儒學之關聯〉中，便詳盡地剝筍了二者間的密切關係。

大略言之，徐先生將之抽繹成五點：

（1）荀子與兩漢儒學之關涉，植基於聖門六藝之承傳。

（2）荀子與兩漢儒學之系聯，根元於論性及陽儒陰法之時會求索。

（3）荀子與兩漢儒學之關繫，樹本於人事戡天之致用功實。

（4）兩漢儒家諸子大抵荀卿之傳，同屬齊教義外之學。

（5）兩漢儒家諸子率皆出入申韓，染溉於荀子義外之假學。

其書論辯詳要，在此不悉贅述。然而觀乎徐氏言說，則可確知荀學在漢學，甚至整個中國思想史上不可動搖的地位。梁任公云〔註9〕：

> 荀子身雖不見用，而其弟子韓非、李斯等大顯於秦，秦人之政，壹宗非斯，漢世六經家法，強半爲荀子所傳，而傳經諸老師，又多故秦博士，

〔註 8〕董氏論性，雖未直陳三品之論，而實有三品說之雛形，徐平章先生便指出：「如《春秋繁露．實性篇》即嘗言有中民之性，其雖未說明聖人與斗筲者之性。然有中民，必亦有上智、下愚之分，此其非性三品歟？」(引自《荀子與兩漢儒學》，頁139。)

〔註 9〕梁氏於此言下另置一斷語，認爲「此眞孔學之大不幸也。」
可見其責難之深。唯其論斷雖有見地，卻未免太過。其於有宋一代理學諸儒之尊孟則評爲：

> 自昌黎倡之，宋賢和之，孟學似光大矣。然於孟子經世大義無一能言者，出所持論無一不與孟子相反，實則摭荀學吐棄之餘而已。(引自〈讀孟子界說〉一文。)

其以「孟子之學在經世」，故而爲此言論，然經世之學雖爲儒門一貫的基本性格，孟子學說也曾予以關注，然畢竟志不在此，這是不爭的事實，故梁氏出此議論，於宋學實非公道，恐有失之武斷之嫌。

故自漢以後，名雖爲昌明孔學，實則所傳者僅荀學一支派而已。(《中國學術思想變遷之大勢》)

只是傳經之功固然，若因此說是只傳「荀學一支派而已」，則未得其實。

到了曹魏的徐幹，有鑑於漢季的凌夷崩敗，對於荀卿益發推崇，他指出：

昔荀卿生乎戰國之際，而有叡哲之才。祖述堯舜，憲章文武，宗師仲尼，明撥亂之道。然而列國之君以爲迂闊、不達時變，終莫之肯用也。(《中論・審大臣》)

明顯流露出惜才憫遇之意。在〈原序〉中，雖將孟、荀同列亞聖〔註 10〕，文中卻對孟子有所譏刺，而將荀卿與顏回並列。回乃七十子之首，孔子甚而自喟不如，二者並列，言下之意，實更將荀卿地位置諸孟子之上呢！然而此後儒學寖微，六朝玄學昌行，所重者唯老莊釋氏，至於儒門諸子，不在論列，荀學也因此沈寂。

四、荀學對漢魏的深遠影響

荀學何以能在秦漢以降的近千年間倍受尊崇呢？個人以爲，可以自兩個不同的層面來探討。

一是由學術史的角度出發。

李澤厚先生在《中國古代思想史論・荀易庸記要》一文中指出，「荀子可說上承孔孟，下接易庸，旁收諸子，開啓漢儒，是中國思想史從先秦到漢代的一個關鍵。」此語精確地點出了荀學在上古學術史上的地位。如果沒有荀子，在戰國末年迄漢帝國大定的這五六十年間，曾在先秦光芒萬丈的儒家學術，或將因戰亂而失傳。大抵說來，荀子對中國學術的貢獻，很大部分便表現在荀學的特色上。

荀學的第一個特色，在其「道問學」的基本性格上。正因此，荀子在諸經的承傳上，有著卓絕的貢獻，清儒汪中在《荀卿子通論》中，對荀子的傳經作了詳細的考證後指出：「蓋自七十子之徒既歿，漢諸儒未興，中更戰國暴秦之亂，六藝之傳，

〔註 10〕徐氏於《中論・原序》中指出：

予以荀卿子、孟軻懷亞聖之才，著一家之法，繼明聖人之業，……君以爲縱橫之世，乃先聖之所厄困也，豈況吾徒哉？有譏孟軻不度其量，擬聖行道，傳食諸侯。深美顏回、荀卿之行，故絕山谷，幽居研幾，用思深妙，以發疾政。

文中便有揚荀抑孟的況味。宋眞德秀有鑑於此，迺將二者加以比附：

序者稱其深美荀卿之爲人，今觀其所著醇矣，而不能無疵，是亦荀卿之比也。(《文選補遺・卷二十二》，〈法象論序〉)

故知徐氏思想迺近荀而身世亦然，皆遭離亂，無從發揮其才，抑或因此而有此自憐憐人的讚語吧！

賴以不絕者，荀卿也。」以爲諸經承傳，莫不與荀卿相關。事實上，漢初不少著名經生，如浮丘伯、張蒼、申公、賈誼等，都是荀卿的弟子或再傳弟子。是以漢學雖有今古文爭，然於荀卿卻是一致推崇的〔註11〕。

荀學的第二個特色，則在韓愈所謂「時若不醇粹」的地方。李贄認爲此即荀學通達不迂的證明，與孟子的「執定說以騁己見」不同。

關於荀學駁雜的理由，郭沫若於《十批判書》有過較爲完備的解釋：

「荀子的思想相當駁雜，他的壽命長，閱歷多，涉獵廣，著述富，是使其駁雜的一些因素。書非成於一時，文非作於一地，適應環境與時代自然不免有所參差。」（〈荀子批判〉）。明季的傅山更指出，就是這種駁雜，才使得荀子有跳脫前儒的成就：

> 《荀子》三十二篇，不全儒家者言，而習稱爲儒者，不細讀其書也。有儒之一端焉，是其辭之複而嘽者也；但其精摯處則即與儒遠，而近於法家，近於刑名家，非墨而又有近於墨家者言。（《荀子評注》）

這眞是非常大膽新穎的見解。荀子處於紊亂的百家爭鳴時代，諸子學說日新月異，摭取諸家優點，對各家缺點予以各個擊破，以合乎時代競爭的需求，這是學說企圖生存下去的必要進化，也是荀子之所以備受漢儒重視的主因。

再就社會層面來看。

漢唐時帝國形式的封建社會已經成形，交通便利了，人際關係也因此而日漸複雜，層出不窮的商業、工業、及法律等問題並非孔孟的邦域思想所能應付的。而荀子在吸收了諸家思想後，對儒學進行了時代性的進化：不再純粹就人心上求治，而改採禮法兼施、刑賞並濟的方式。此種方式似乎有違儒家的本質，然而在因應的過程中，荀子卻恰如其分地掌握其中的分際—在王霸之間把持著其中微妙的臨界點。

故而在韓李二人將夫子學說扭向歧途，造成秦世的暴政後，漢儒仍不避忌地融

〔註11〕據汪中《荀卿子通論》一書所指，則今古文經皆得受於荀子，除今古文尚書今皆不傳外，餘經莫不然，今以製表如下：

詩：

《毛詩》：子夏—曾申—李克—孟仲子—根牟子—孫卿子—大毛公

《魯詩》：荀子—浮丘子—申公—瑕邱江公

《韓詩》：引荀子說詩凡四十四，「由是言之，韓詩、荀卿子之別子也。」

春秋：

《左氏》：左邱明—曾申—吳起—吳期—鐸椒—虞卿—荀卿—張蒼—賈誼

《穀梁》：（荀子—浮丘子）—申公—瑕邱江公

《禮》、《易》則無今古之爭，然《禮》於荀書章句多有複重，劉向復稱：「荀卿善爲《易》，其義亦見〈非相〉、〈大略〉二篇。」，故知《禮》、《易》亦與荀卿有關。於上所述，則今古文爭議最烈之《詩》與《春秋》，亦皆荀卿之授，故雖今古文之爭甚囂塵上，然於荀卿自是不容疵議的。

會荀卿的學說，呈進於上；如陸賈提出「文武並用」的長久之術，與荀卿的「刑賞並用」可謂異曲同工；而董仲舒「君者不失其群者」，則明顯是脫胎於荀卿善群論的主張。至於楊倞之所以校注荀書，也就是因其乃「王者之師」，「有功於時政」的緣故。事實上，整個漢代治術，雖不明言荀卿，其因循沾染的過程中，確實是融會了秦漢荀學的思想，楊倞言其有功於時政，想必是有鑑於此吧〔註12〕！

第二節　唐五代時期荀子評價的轉變

一、本位主義的形成與荀卿地位的沒落

唐以前，荀卿的地位雖遜色於孔子，同孟軻倒是不分軒輊，直至中唐時，韓愈始將孟子地位抬高，並且更超越了荀子。其時朝野延續了六朝遺風，浸淫佛老，韓愈於是乎標竿儒教，提出了聖聖相傳的道統觀，與佛老抗衡〔註13〕：

> 斯吾所謂道也，非向所謂道也。堯以是傳之舜，舜以是傳之禹，禹以是傳之湯，湯以是傳之文、武、周公，文、武、周公傳之孔子，孔子傳之孟軻，軻之死不得其傳焉。荀與揚也，擇焉而不精，語焉而不詳。(〈原道〉)

〔註12〕漢人對荀書政論思想的重視，並不全是學術上的認同，而當是指實際上的運用而言。故在今日，吾人所得見的漢代典籍中，其所敘述的諸多典章制度，往往便有著荀卿的影子。如《史記》中羅陳了漢代典儀的〈禮書〉、〈樂書〉，內容便幾乎全數照抄了《荀子》的〈禮論〉和〈樂論〉；而《漢書．刑法志》也抄引了一段頗有份量的〈議兵〉。可見在實際運用上，漢代的規章制度在未曾公開的曖昧情狀中模擬著荀書所陳述的政治理念，然而基於秦世的暴行而未敢直陳。而在儀典陳陳相因的情況下，漢魏六朝迄唐千餘年的朝儀典制，自不脫荀卿的羽翼。楊倞所謂的「有功於時政」，當是以此論的吧！

〔註13〕關於原本開放性的唐型文化何以在安史亂後趨於本位主義，傅樂成先生於《漢唐史論集》中有深刻的辯證，認爲：

> 國人的民族思想，爲什麼在中唐以後發生變化，最主要的原因有二：
>
> 一是科舉制度的發達，才智之士群趨科舉考試以取富貴，國人逐漸重文輕武，進而產生中國文化至上的觀念，對外族的尚武精神和他們的文化，自然輕視卑棄。
>
> 二是受外族叛亂及侵凌的刺激。安史之亂是胡族的大叛亂，幾使唐帝國趨於瓦解。經八年血戰，亂事雖勉強平定，但唐代前期的盛世，已一往而不可復。繼之而起的是安史餘孽的割據河朔，外族如吐蕃、南詔的乘機入侵，因而引起國人對外族的仇視。

基於上述兩種原因，國人一方面建立了中國的本位文化，一方面仇視外族及其文化的態度，日益堅決。(頁397)

韓愈自然也在此一風潮之中，故其抗迎佛骨，並提倡道統說以排釋氏，其潛在的共相種也即在此。

這可說是儒學在經過魏晉南北朝的沈寂之後，一個再度復興的契機。在此，韓愈將荀卿貶同揚雄，皆不得與於道統之倫，而且認為：「自孔子沒，群弟子莫不有書，獨孟軻氏之傳得其宗。」「求觀聖人之道，必自孟子始。」（〈送王秀才序〉），此後孟學乃益受禮遇〔註14〕。且當漢時，孟子亦嘗列名學官，得到官方的保存〔註15〕，是而孟學雖未蔚為風氣，傳習者畢竟有所資憑，得以傳續不絕。反觀荀書，在戰亂中多所脫誤，習之已是不易，加上沒有註解，文義難明。《隋書‧經籍志》雖然仍將荀與孟軻並列〔註16〕，實是延續史遷觀點，並不具實質意義。此時韓愈再提出醇疵論，對於已是乏人問津的荀書而言，無異落井下石：

> 始吾讀孟軻書，然後知孔子之道尊，聖人之道易行，王易王、霸易霸也，以為孔子之徒沒，尊聖人者，孟氏一人而已。…及得荀氏書，於是又知有荀氏者也。…余欲削荀氏之不合於道者，附於聖人之籍，亦孔子之志歟。孟氏醇乎醇者也，荀與揚大醇而小疵。（〈讀荀子〉）
>
> 考其辭，時若不醇粹，要其歸與孔子異者鮮矣，抑猶在軻、雄之間乎？（同上）

雖「與孔子異者鮮矣」，地位則猶在孟子之下，只比揚雄高明一些罷了；不過，荀卿在韓愈心中，儘管不如孟子，但並不代表韓愈認為荀子便是一無可取，在〈進學解〉中，韓愈託名國子先生，教誨諸生，嘗有弟子訕笑其境遇鄙陋時，他便曾以孟荀二人自況〔註17〕，可見他對荀卿仍是敬愛有加的。再看其弟子皇甫湜，顯然也承繼了此一觀點。其於《皇甫持正集‧孟子荀子言性論》中，便讚美二人皆為大儒：「原其

〔註14〕孟學的地位在韓愈提出道統觀後，便日受禮遇和提倡。肅宗寶應二年，楊綰曾敦請上以孟子為兼經；德宗建中元年，張鎰呈《孟子音義》於官；到了懿宗咸通四年時，大儒皮日休更上疏請以孟子為學科。可見孟學的地位確實受了道統觀的助益而有所提升。

〔註15〕此事只見趙岐《孟子題辭》記載，云：

> 孝文皇帝欲廣遊學之路，《論語》、《孝經》、《孟子》、《爾雅》皆置博士。

故後世迺有漢世尊孟而不及荀卿的說法，然《後漢書》等史籍中並不見此一記錄，乃為孤證。

〔註16〕直到唐初，荀卿的聲譽仍然不墜。《隋書經籍志‧儒家類》論述云：

> 仲尼祖述前代，修正六經，三千之徒並受其義。至於戰國，孟軻、子思、荀卿之流，宗而師之，各有著述，發明其指。

足見孟荀二人在唐人心中的伯仲地位。

〔註17〕《進學解》云：

> 昔者孟軻好辯，孔道以明，轍環天下，卒老於行；荀卿守正，大論是弘，逃讒于楚，廢死蘭陵。是二儒者，吐辭為經，舉足為法，絕類離倫，優入聖域，其遇於世何如也？

語氣中充滿對二聖的孺慕之情。

始而要其終，其于輔教化、尊仁義，亦殊趨而一致，異派而同源也。」，認爲「一則舉本而推末，一則自葉而流根。」二者實乃殊途同歸。然而，也如其師一般，最終仍以孟子勝荀合道作爲結論，認爲「軻之言合經爲多益，故爲尤乎。」

韓愈提出道統觀和醇疵論後，的確打擊了荀子的地位，但唐世畢竟是個重文的時代，儒學並非主流，故而雖有反響，但多只是人云亦云的說辭罷了，並不是個人的深刻感受；益以五代離亂，文風頹麗，儒學萎靡，故而尚感受不出此言的殺傷力。然而此一道統觀的成形，卻影響後人既深且遠，自此文人們務以傳承道統爲己任，死守著道統觀內所寓涵的本位主義不放，如此一來，學術淪爲角力的工具，而失去了原本經世濟民的抱負。學者們不但排斥外來文化，就連彼此間亦因自命正統而傾軋不休，造成學術的窄化，也因此，被摒除在道統外的荀子，千年以來一直被視爲是一種「異端」的存在，因而飽受非議。這種本位、妄自尊大、斲傷文化本身兼容並蓄的能力的學術趨向，雖是韓愈對儒學復興及傳承所作的最大貢獻，卻也是一種對中國文化最殘忍的改造！當然這錯不在韓愈，韓愈是有他的背景、有他的使命的〔註 18〕，他必須去對抗和傳統倫理掣肘的佛教，而不得不抬出「道統觀」來抗衡，然而當佛教因應本土化、與儒家共榮共存後，這種理應功成身退的本位意識卻仍被宋儒用來抱殘守闕，而成爲文化進程的一大障礙！學過生物學的人都知道，爲了保持血統純正而近親通婚，將會導致後世遺傳基因的缺陷；同樣地，死守著道統不放，排撻意識過剩的宋明理學，其末流之所以成爲教條僵化、泯滅人性的陋儒，理由也正在此。

二、楊倞注《荀》的反對

自劉向輯綴成荀書後，在經學與玄學的相繼流布下，學者的心力尚無暇顧及諸子的研究，入唐復有科舉的箝制學術，及韓愈醇疵論的作梗。也因此，楊倞指出，與孟子相較，荀學的地位確有略爲低落的現象，並以爲是因荀書缺乏注解，而乏人問津之故：

〔註 18〕爲什麼韓愈的道統觀要摒除荀、揚呢？根據韓愈本人的解釋，是因二子「大醇而小疵」，也就是「考其辭時若不醇粹」的緣故。不過，韓愈的道統觀，雖是爲排佛而倡，然而弔詭的是，道統觀裡所展現的心性本質，卻恰恰是他深受佛學影響的明證！若非韓愈其實默許了佛教哲學本身所倡導的唯識觀，他又何必必得將荀子排除在道統觀之外？韓愈潛意識中認可了佛理中那圓熟自足的哲思體系，然而中唐以降的亂象及外族的侵襲卻使他排外的自尊益發堅持，故而爲了否定這層潛意識，轉向儒家中尋求另一可資替代的道統，也是人之常情，自然這道統必須是足以和佛教相提並論、甚至超越佛理的「心性」道統才行，這或許是何以韓愈的道統中必得排除荀、揚的理由吧！

> 《孟子》有趙氏《章句》，漢氏亦嘗立博士，傳習不絕，故今之君子，多好其書。獨《荀子》未有注解。…未知者謂異端不覽，覽者以脫誤不終，所以荀氏之書，千載而未光焉。(〈荀子序〉)

故而其立意爲注，將劉向所訂三十二篇予以整理，重新分章，而得二十之數。雖然疏漏，卻使得荀書終得重生，不致就此失傳。同時，楊倞也毫不掩飾地褒顯荀子，企圖重振荀學的地位〔註 19〕。

楊倞是千年以降，第一位爲荀書作注的學者，有趣的是，這本注疏卻大約成書在韓愈成醇疵論的同時〔註 20〕，而且如《管子》(舊題唐尹知章註)、《鬻子》(有唐逢行珪註)、《公孫龍子》(有唐陳嗣古及賈士隱註)等諸子書目，也是自漢以降，迄唐才首次出現了註本，這些事實說明了唐代學人爲了反動《五經正義》的箝制下曾經企圖過的努力，因此儘管官學本身顯得乾燥、索然乏味，民間學術卻開闢了另一片天，並且幾乎形成了第一次的「諸子復興」。之所以說是「幾乎」，是因爲彼時的工作，只停留在註解的工夫上，不僅談不上什麼抉發奧義，而且註解本身也是「淺陋頗不足採」(《四庫全書總目．子部十一．管子》)，與時興的佛老玄學、士子間的詩詞酬答，及民間風起雲湧的傳奇、參軍戲相較，實在是太乾枯、太浮淺了，自不足以構成復興的條件，因此很快地，這類註解便在乏人問津的情況下，隨著原書消失佚散。但也就是在這股自由探索的學術風氣的引領下，《荀子》至少因此得到了些注目。楊倞的尊荀、以及韓愈的尊孟抑荀，雖然觀念南轅北轍，但卻都是這股風潮

〔註 19〕楊倞於〈荀子序〉中美荀曰：

> 觀其之言指事，根極理要，敷陳往古，掎挈當世，撥亂興理，易於反掌，眞名世之士、王者之師。又其書亦所以羽翼六經、增光孔氏，非諸子之言也。蓋周公制作之，仲尼祖述之，荀孟贊成之；所以膠固王道，至深至備。

同時在面對時人以非王道之書譏評時，楊氏更刻意維護：

> 夫荀子生於衰世，意在濟時，故或論王道，或論霸道，或論彊國，在時君所擇同歸於治者也。……故反經合義、曲成其道，若得行其志，治平之後則亦堯舜之道也。

凡此，皆可知楊氏於荀卿之崇仰。

〔註 20〕楊倞的生平及確切年代不詳，唯汪中曾於〈荀卿子年表〉中加以考證道：

> 《新唐書．藝文志》以倞爲楊汝士子，而〈宰相世系表〉則載汝子三子：一名知溫、一名知遠、一名知至，無名倞者；表、志同出一手，何以互異若此？《古刻叢鈔》載唐故銀青光祿大夫使持節蔚州諸軍事行蔚州刺使兼御史中丞馬公墓志銘，其文則楊倞所作，題云：朝請大夫使持節汾州諸軍事守汾州刺史楊倞撰，結銜校《荀子》加詳。其書馬公卒葬年月云：以會昌四年三月十日卒，以其年七月十日葬。據此，則楊倞爲唐武宗時人（西元 841～846 年）。

韓愈則死於唐敬宗四年（西元 824 年），如此則年代大抵相當。不僅楊倞，連尹知章等人，也大抵活動於中唐之時，可見其時確有一伏流引動諸子的再興。

下的產物，不然以經學爲主軸的傳統學術中，那裡有荀學的空間呢？

楊倞《荀子注》的工程，同當時其他的諸子註疏相較，大抵還算是成功的。其並於〈序〉中記載了他對荀書所進行的改造內容：

> 以文字繁多，故分舊十二卷三十二篇，爲二十卷，又改《孫卿新書》爲《荀卿子》，其篇第亦頗有移易，使以類相從。

則不僅是文字校勘，更照顧到義理的闡釋，實在殊爲難得。更重要的是，他對荀卿所謂「膠固王道、至深至備」(〈序〉)的推崇，在韓愈的醇疵論後，埋下了復興的伏筆。在繼往開來間，楊倞《注》的價值，是絕不容後學以「疏漏」而全盤抹煞的。

三、小　結

楊倞的尊荀並非是個孤例，在唐人心目中，荀卿就算不若孟子，也是仲尼以下的第二人，韓愈雖揚孟而不抑荀固是一例，柳宗元的文章中也往往引用荀語來增強文章的說服力〔註21〕，這些例子在在都顯示了荀學在唐時的地位，還算是居高不下。然而儘管荀卿在漢唐時仍頗受禮遇，但是韓愈的醇疵論確然已動搖了荀卿固有的地位，中唐以降，韓愈的醇疵論形爲的論，此後荀學日趨沒落，迄宋更是橫遭黜議，不復昔日風光了。

第三節　理學陰影下的荀學

韓愈提出醇疵論後，的確打擊了荀子的地位，但唐世畢竟是個重文的時代，儒學並非主流，故而醇疵論雖有反響，但多只是人云亦云的說辭罷了，並不是個人的深刻感受；益以五代離亂，文風頹麗，儒學萎靡，故而尚感受不出此言的殺傷力。

一、蘇軾〈荀卿論〉對理學諸儒的影響

迨至宋朝，鑑於唐世因武人而崩析，文人遊戲詩詞而忘記經國，於是獎掖儒學，力圖重振文風，孟荀爭議乃再度浮凸。

宋初儒風初振，如何穩固政權，建立治世，是其時文人首要面對的課題。是以孟子地位固高，而荀子聲譽亦隆，孟荀之爭，尚不如經世治國來得重要。故而其時

〔註21〕如其於〈封建論〉中，便嘗引用《荀子．勸學》篇裡的片段，並特別申明乃荀卿的言論。不僅得知柳宗元的尊荀，亦明荀卿在唐人心中的威望，絕非不上檯面的異端份子。

仍間或有抨孟之說〔註22〕，亦不乏揚荀之論。然而大抵說來卻漸漸被韓愈的論點洗腦了，將荀子擯除在道統之外了，如「宋初三先生」之一的石介，便往往將孟軻之下承以揚雄、韓愈，所謂：「周公、孔子、孟軻、揚雄、文中子、吏部（韓愈）之道。」（《徂徠集・卷五》，〈怪說中〉），竟是獨漏了荀子〔註23〕，足見韓愈此論，在經歷二三百年的滲潤之後，已深入士子的心中，形成了共識。

有宋一代抨擊荀子最烈，近乎意氣用事的，當屬風流自賞的東坡才子。他並非理學家之流，故而其批判的角度，也與思想家不同，其於〈荀卿論〉一文中，便以相當聳動的筆法，來貶黜荀卿，認爲「李斯之所以事秦者，皆出於荀卿。」，所持理由則相當柔弱：

> 荀卿者，喜爲異說而不讓，敢爲高論而不顧者也；其言，愚人之所驚，小人之所喜也。子思、孟軻，世之所謂賢人君子；荀卿獨曰：亂天下者，子思、孟軻也。天下之大，如此其眾也，仁人義士，如此其多也；荀卿獨曰：人性惡，桀紂性也，堯舜僞也。由是觀之，意其爲人，必也剛愎不遜，而自許太過。彼李斯者，特又甚者耳。……彼見其師歷詆天下賢人，自是其愚，以爲古聖先王皆無足法者……其父殺人報仇，其子必且行劫。荀卿明王道、述禮義，而李斯以其學亂天下，其高談議論，有以激之也。

這種株連性質的推論，不僅失之武斷，而且難以服眾，故亦有學者爲荀卿申冤。唐仲友〈荀子序〉便以爲「卿老師，學者已眾，二者適見世，晝寢餔啜，非師之過。」〔註24〕。此一見解雖是公允，卻無法完全平反荀子的處境，連貴爲重臣的司馬光，

〔註22〕如：馮休著有〈刪孟〉，而司馬光亦有〈疑孟〉之說，此外李覯亦在〈常語〉中強烈地抨擊孟子的言論，……等，皆是一例。

〔註23〕魏元珪先生於《荀子哲學思想・荀學精神及其在中國學術上的影響》此章中，曾認定嚴氏《集成》中《讀荀子》一書，乃石介所著，並以爲：

> 徂徠對於荀卿之意頗多發揮，可謂解荀之高手。（頁345）

然而吾師宋鼎宗先生於《成大中文學報・第三期》中所發表的〈徂徠與讀荀子〉一文，則以爲：

> 荀學之傳日，約在寬平年間（西元889～897），經九百年而有《徂徠讀荀子》。故徂徠先生（此指日本名儒荻生徂徠）乃日本國研究荀學之先聲。（頁11）

也就是將《讀荀子》一書，視爲乃日本儒生荻生徂徠所作。

其下並指出數點證明，如徂徠弟子姓名及〈刻讀荀子序〉的作者姓名都是日籍人士，徂徠據以校勘的版本乃「明武林王道焜、鍾人傑所訂」……等，若眞爲宋代的石介所著，如何能引據明代的版本？與學生同樣師事宋先生的日籍學者，川路祥代，其碩士論文《荀學對日本的影響》中所據以析論的素材，也是以荻生徂徠此書爲主。故知魏先生此語，顯然是錯誤的。事實上，眞正的石介本人對荀學非但無所貢獻，更往往將荀卿摒除道統之外，對荀學的態度是黜抑多過嘉許。

〔註24〕引自王先謙《荀子集解・考證・例略》之轉載。

也無力為荀卿力挽狂瀾。

司馬光甚尊荀說，並有〈疑孟〉之作。對於韓愈將荀子列於軻、雄之間，而有醇疵之議事，溫公十分不以為然，以為「三子皆大賢，祖六藝而師孔子。」(〈註揚子法言序〉)，因此，為恐荀書寖廢，仁宗皇祐二年時，司馬光呈進〈乞印行荀子揚子法言狀〉〔註25〕，呈請崇文院精校荀書，力圖振興荀學，然而一直到熙寧元年，荀書方纔獲准送國子監開版。雖然得到國家開刻保存，但是在民間，種種非理性的批荀削荀的行逕，卻也仍舊存在著，不曾稍歇〔註26〕。

二、理學家的非荀

理學家雖不似蘇氏的意氣，在批評荀子時，乃就思想層面出發，然而無形中卻仍是深受東坡左右。有宋一代的理學諸儒，於抨荀之時，意見往往跨不出東坡的議論，他們羅織了種種罪名，企圖打壓荀學，同時更承繼了韓愈的觀點，將荀子擯除在道統之外；於是便以各種不同角度來抨擊荀子，甚至拔除其於儒門中的地位。大略說來，攻擊的觸手約莫有以下諸端：

（一）就內容精神而論，認為荀說「大本已失」

宋大儒程頤曾謂：「荀子極偏頗，只一句性惡，大本已失。」(《河南程氏遺書・卷十九》) 可見宋儒所謂的「本」，即在人性論上。宋儒多持孟子之性善說，故對荀說十分不滿。既是主張性善，無庸置疑地，對荀子將四端之一的禮視為「詐偽」，抨擊愈盛；至於非思孟，對於將孟氏視為亞聖、奉性善論為圭臬的宋儒而言，更是「悖於聖人」的言論了。今茲將之分述如下：

1、性惡論

今觀諸宋世學者對荀子的抨擊，「性論」的差異，實為一最主要的理由。除前述蘇氏的激論外，伊川亦曾加以激評，以為：「荀、揚性已不識，更說甚道。」(《程氏遺書・卷十九》)，語氣間極其不屑。朱子自也不例外，只因荀卿有性惡之議，竟使

〔註25〕〈乞印行荀子揚子法言狀〉中美荀云：

> 戰國以降，百家蜂起，先王之道荒塞不通……（荀卿）排攘眾流，張大正術，使後世學者坦知去從。(《傳家集・卷十八》)

故而希望能開板刻書、使荀學能加以普及。

〔註26〕受韓愈「醇疵議」的影響，宋儒乃有削書之舉。韓氏於〈讀荀子〉一文中，嘗謂：「余欲削荀氏之不合於道者，附於聖人之籍，亦孔子之志歟。」宋儒承其觀點，是以如陳之方，有《削荀子疵》一書，吳申亦有《非荀》之作，皆欲行「去蕪存菁」之舉。

學生「不須理會荀卿」〔註 27〕，足見其對「性惡」論的深惡痛絕。有人爲荀卿辨駁，以爲荀卿言「性惡」是激勵人上進，朱子也不以爲然，認爲：「頭段處既錯，又如何踐履。」。只因這性惡主張，便連坐了整段思想，甚而連韓愈所謂的「小疵」，宋人也以爲太過便宜〔註 28〕，故對韓氏有所微辭〔註 29〕。

徐積對性惡論的駁斥最爲周密。其以爲「人之性既惡矣，又惡知惡之可矯，而善之可爲也。」並以此推論荀子之「凡人之性，堯舜之與桀跖一也，君子之與小人其性一也。」的觀點，而辯之曰：

> 天下之性惡而已，堯舜桀跖，亦惡而已，是自生民以來，未嘗有一人性善也，未嘗有一人性善，其禮義曷從而有哉？其所謂聖人者，曷從而爲聖人哉。(《宋元學案・卷一・安定學案》)

其由邏輯性來駁斥荀書，確是荀卿最易爲人詬病的弱點所在，事實上，在〈解蔽篇〉中，卿雖以心之權衡作爲善的根源，然對於聖人何以獨能發揮此一特處，以制禮樂以治黔首的關鍵上卻說得不夠，以至引發了千年來的爭議。

不過，荀子性惡論之「惡」字，卻絕非程子、朱子及徐積所謂善惡相對的「惡」，而是「樸實不美」的意思，這點在荀書中早已清楚地指出來了，後人卻疏於領會，以致於延宕了千餘年的爭議，至今仍然不休：

> 孟子曰：「今人之性善，將皆失喪其性故也。」曰：若是，則過矣。今人之性，生而離其朴、離其資，必失而喪之，用此觀之，然則人之性惡明矣。所謂性善者，不離其朴而美之、不離其資而利之也。(《荀子・性惡》)

此段文字反駁了孟子的說法，以爲性既是「不可學、不可事」，與生俱來，便不可「喪」。同樣地，如果荀子的性惡，眞是惡質的意涵，那麼生來即惡的性，既不能「喪」，又怎麼可能「化」爲「善」呢？可見這個「惡」字根本不存在道德價

〔註 27〕朱子嘗謂諸生曰：

> 不須理會荀卿，且理會孟子，性善渠分明，不識道理如天下之物有黑有白，此是黑彼是白……(〈戰國漢唐諸子〉)

「順我者生、逆我者亡。」的學術心態，由此可見。

〔註 28〕韓氏的「小疵」之意，當非就性惡言之，觀其文中意旨，實應是指「考其辭時若不醇粹」之處，意即宋儒所謂「近於申韓」。考韓氏的人性論，實缺乏哲理性，迺依孔子：「上智與下愚不移」一語，而揣度的「三品說」，與孟荀皆不類，自不可能以此尊列孟氏而摒荀卿；且以韓氏之上下文意而言，當是因其不純是儒家，而將之棄於道統之列。宋儒憑一己之私，妄曲文意以糾合己說，並以此非難於人，誠大繆矣！

〔註 29〕如伊川便認爲韓愈的小疵之論乃「責人甚恕」(《程氏遺書・卷十八》)，當以大駁論之；朱子更以爲韓愈實乃「看人不破」(〈戰國漢唐諸子〉)。種種非議，實則皆乃妄語，不識韓氏之本旨。

值上的批判，只是一種粗糙不文的形容，也就是孔子所謂「質勝文則野」的「野」字〔註30〕，經過聖王之治、禮義師法之化後，才能「化性起僞」，這才是性惡論所欲揭示的眞正境界。

2、禮僞說

正因持守孟氏的性善之論，宋儒將禮亦視爲內在於心性中的一個礎石，對荀卿的「禮僞說」，自亦萌生不滿。如蘇軾於〈荀卿論〉中，其抨擊荀卿的觀點，其中之一，便是罪其「獨曰：人性惡，桀紂性也，堯舜僞也。」明顯地曲解了荀卿的意旨。此後宋儒往往亦以此非荀，如程頤便以爲荀子雖有「始乎爲士，終乎爲聖人。」(〈勸學〉) 的進程理想，然只不過是空談罷了：「荀子雖能如此說，卻以禮義爲僞，性爲不善，他自情性尚理會不得，怎生到聖人？」(《河南程氏遺書・卷十八》)，明顯可見程頤對「僞」字字義的誤解；又如徐積於〈荀子辯〉中，雖是對荀子的性惡論進行了精緻的辨析，言簡意賅，切中荀書邏輯上的弱點，然於此上卻也犯了錯誤，認爲禮僞說有諷百勸一之嫌：「言性惡者將以貴禮義也，今乃以禮義而加之僞名，則是欲貴之而反賤之也。」荀書之「禮僞」的「僞」字，本乃指「人爲」，何以有加賤之虞？徐氏復又直斥曰:「禮義之僞與作僞之僞有以異乎？其無以異乎！在人者必皆謂之僞，則何事而不可言僞？」徐氏亦明荀子之「僞」爲「人爲」之意，卻又堅持對「僞」字的負面觀感，如此一來，更足見其成見之深，已達根深蒂固的地步，完全曲解了荀書的旨意。黃震雖不似程頤、徐積般，有將「僞」視爲「詐僞」的誤解，卻也有所疵議，黃震以爲，若視爲善爲僞，則豈止小疵而已？故對此予以解釋爲「古今字義漸變不同」，認爲：

> 荀子之所謂僞，殆類中庸之所謂矯，而擇言不精，遂犯眾罵。不然，何至以爲善爲詐僞之僞？(《黃氏日抄・讀諸子》)

此說殊爲允當，至後世樸學家加以明證，今已爲的論。然而「擇言不精」一句，卻又令人覺察到黃氏私心的偏見，既然是「古今字義漸變不同」的緣故，荀子又怎能察知文字的今義？倒怪他「擇言不精」，豈不可笑嗎？

因爲對古文字、古語法的誤解，卻累得荀學千年不振，宋儒因爲私心排撻而對整體學術命脈造成的傷害，這又是另一明證了。

3、非思孟

在宋儒看來，不論是性惡論、抑是禮僞說，皆有違道統觀裡所呈現的心性傳統，本質上並無法滿足宋儒在因應時代課題時所必要的需求，故而他們對荀卿的言論感

〔註30〕語見《論語・雍也第六》。

到不足；相反地，對於能提供足夠基礎，契合所需的孟氏，他們不僅予以極高的評價，也因此對屢屢於孟氏加以訾議的荀卿更加不滿。由於關涉到整個理學內在構架的淵源，因此，宋儒於荀卿之非思孟一舉，抨擊尤烈，甚而往往有過激之論，流於情緒性的發洩。如蘇軾便以荀卿詆毀前賢，乃「剛愎不遜，自許太過。」（〈荀卿論〉）；賈同亦以爲荀子既學仲尼之道，復詆孟子，迺「是堯而非舜」（《宋文鑑・卷一二五》）的荒謬言論。至於「不自量耳」的責難，更是嚴苛〔註31〕。就連態度上較能同情荀子的唐仲友，在面臨性惡與非思孟的門檻時，也跨不出宋儒的侷限，雖欲力求圓說，反更見不足：

> 卿後孟子，亦尊孔氏。子思作中庸，孟子述之，道性善；至卿以爲人性惡，故非子思、孟軻。……惜卿不見孟子，不免異說……使卿登孔門、去異意，書當與七篇比，此君子所爲太息。（《王氏集解・考証》，〈唐仲友序〉）

在此，唐氏並無力爲荀卿之作性惡論的內在根源作精密的解構，亦不曾自外在影響來剝析荀卿此論的時代性價值，其語露同情之舉，狀似爲荀卿駁白，實是自曝其短，令人看清其於荀書認識之不足，只是徒然意欲標新於宋儒，並非有所神會，是以復言卿「言王道雖不及孟子，抑其流亞。」。荀卿雖有尊王而不賤霸之舉，無論如何，霸道仍只是個次要的選擇。歷謂「陳王道甚易行」（劉向語），觀荀書之於外王學，可謂盡矣，如何不及孟子呢？可見在這個揚孟抑荀的理學體系中，即令是對荀學能持平看待，但在「非思孟」這件事，是絕不能讓步的，畢竟，如果能肯定思孟可非，那無疑是將理學自身的血脈給刨根了。事實上要直到紀昀編《四庫》，一句「是猶朱陸之相非，不足訝也。」，才終於稍稍敉平了各種意氣式的謾罵，可見這種偏袒對荀學所造成的傷害有多大。

宋儒以心性論爲本，故而尊思孟，主性善，以善爲內求，故禮亦內在於人心。是以在發展學說之時，便備覺荀卿的扞格掣肘，務必去之而後快，然其於抨擊之時，多是有見乃言，迨至明季諸儒束書不觀，便只是人云亦云的說辭，徒逞其辭能了。

（二）就理論層面來看，荀書言論「全是申韓」

宋儒的外王學，是構築在內在的心性主體上，是以其主張亦異於荀子。在其天道下貫於人性的基礎上，宋儒普遍相信，天地間有一超然物外的眞理，此一眞理並

〔註31〕黃震於《黃氏日抄・讀諸子》卷中，便猛力地抨擊云：

> 余觀其非子思孟子，蓋妄以知道自任，故欲排二子而去之，以自繼孔子之傳，其意盡於篇末，可見失正，坐不自量耳。

此實有過激之嫌。

內在於人心，可藉由聖王得到彰顯，由於特重心性與天理間的彼此透顯，故而乃以三代之仁治爲大同，鄙夷漢唐術治；因此，主張法後王，並不能尊王黜霸的荀書，便被質疑爲脫軌了儒家一貫的仁政主張〔註 32〕。

事實上，荀書是基於時代的需求，才會將仲尼的械數加以嚴格化，以務求治世的實現，而其賴以箝制的工具，便是「法」。儘管荀卿於儒法間的份界拿捏得宜，然於宋儒眼中，此一改易便已模糊了荀子的基調，從而落入法家的窠臼裡。如朱熹便不只一次地抨擊荀子染溉了法家的色彩，說他是「雜于申韓」、「全是申韓」（〈戰國漢唐諸子〉），更因此而對荀書中的外王思想多所懷疑。

像是荀書所謂「粹而王，駁而霸」的王霸之辨，承繼孟氏以心性辨王霸的宋儒便以爲：「用其私心、依仁義之偏者，霸者之事也。」（程顥〈論王霸之辨〉），王安石在《臨川文集·王霸篇》也指出：「王之與霸，其所以用者同，而其所以名者則異，何也？蓋其心異而已矣。」，又曰：「二者其道不同，在審其初而已。」，可見皆由心性道德來分辨王霸〔註 33〕。宋人於心性的關卡上把持得特別緊，即令是成了千秋大業，若是德性上站不住，宋儒們仍是鄙棄他的。故而對荀書裡的王霸之辨的觀點深表不滿：

> 其於論王伯，曰：「粹而王，駁而伯。」，曰：「義立而王，信立而霸。」。幾謂王霸無異道，特在醇不醇之間，至於內心義利之分，則略之不及。……然則使荀卿而用於世，亦不過富國強兵，善致鄰國，成霸功爾。（《黃氏日抄·讀諸子》）

此一批評，更令人得知宋人對荀書的偏見，幾近是不分曲直了〔註 34〕。荀書的「粹」

〔註 32〕尊王黜霸於孔子時亦非必然的主張，如《論語》中，孔子便曾許偷懦不死、背主事敵的管仲而「如其仁」，甚而默許了其爲恢復秩序而採取的諸多法家的手段。此事筆者已曾爲文探討，詳見拙作〈秩序情結與荀韓關係〉一文，刊載於《雲漢學刊·二》。

〔註 33〕程、王二人雖皆以心性辨王霸，然而明道的口吻明顯有貶黜霸道的意味，荊公「二者其道不同，在審其初」之語，卻無明顯的黜抑之意，彷彿是在爲霸道辨駁似地。

〔註 34〕儒者之於「審其初」一事，莫不視爲必然，荀卿自不例外，考荀卿〈王霸〉、〈王制〉、〈君道〉、〈儒效〉諸篇論政之文，莫不皆以心性辨王霸。如：〈王制〉便云「王奪之人，霸奪之與，彊奪之地。」，其彊者主張力全，霸者「明不并之行，信其友敵之道。」，王者則「仁眇天下，義眇天下，威眇天下。」，明顯可見彊者以力、霸者以信、王者以仁的分野；〈王霸〉亦指陳舉義行義事爲王業的固備，而將非致隆高、非綦文理、非服人之心，唯以信立爲成霸業者……凡此，皆爲荀卿以心性辨王霸的明證。黃震以其「粹而王，駁而霸」語，斷言荀卿於內心義利之分乃略而不及，可見其於荀書亦不求甚解。荀書「粹、駁」之語，顯然是指其小大之綦，所謂「巨用之者，先義而後利」，「小用之者，先利而後義。」可見荀卿於審其初一事的重視。況仲尼之於管仲，亦有「如其仁」之舉，而毀荀爲「不合道」，謗之爲「全是申韓」，豈不太過歟？

與「駁」、「義」與「信」的分別，便在其所綦之大小，也就是一「先義後利」或「先利後義」(〈王霸篇〉) 的分別。王者之道，在以禮義治天下，故而「天下爲一，諸侯爲臣，通達之屬，莫不從服，無它故焉，以義濟矣。」(〈王霸篇〉)；而霸者所行事，則在「鄉方略、審勞佚、謹畜積，修戰備」等等的方法上，所以「德雖未至也，義雖未濟也」而能「威動天下，彊殆中國。」。要其歸，荀子的王霸之辨，也在立國基體的達仁義與否，由仁義則王，循方法而霸，這怎麼能說是內心義利之分，略而不及呢？其「粹」與「駁」的分別，是指有儒無儒的分別，唯有任用儒者才能使國家安存，無儒如秦則覆亡立現，旨在隆儒效，與王霸之辨並不相干。宋儒顯然是不懂荀子的，卻乖張地依私心片解來任意地扭曲荀書中的義理，可見荀子的地位之所以在宋世一落千丈，宋儒偏頗的讀書心態顯然也是個主要的因素。

又如「法後王」之說，宋儒亦期期以爲不可。宋儒因尊王賤霸，故而事必稱堯舜，主法先王才能合天理。如明道便以爲：「然得天理之正，極人臣之至者，堯舜之道也。」(《程氏文集・論王霸之辨》) 也因此對於主張「道過三代謂之蕩，法二後王謂之不雅。」的荀子感到不滿，呂陶於〈荀卿論〉中便斥云：「彼治而無法，不本於先王而本於後王，則後世安所倣乎？」認爲「法後王」是一「失其宗主、忘其法度。」的荒誕言論，全然忽視了荀卿此一論點的積極性。實卿之主「法後王」者，乃基於歷史進化的觀點，以先王之法全備於後王，而後王更能因時制宜之故，方才改絃易轍；宋儒不明究理，乃以荀說不合所需，故大加撻伐，不僅犯了以今律古的毛病，也有失公允。

（三）以學說架構析之，則荀子「好為異說」，往往自相矛盾

荀書的形成，非一時一地之作，書中亦可抽繹出荀子思想成形的軌跡，故而篇章間的內容，亦間或有若干不符或相互矛盾之處，而於己見的發揮上，偶亦出現枝蕪的情形，此皆成爲宋儒用以攻詰貶黜的藉口。朱子於此處曾經形容他是：

> 空說許多，使人看著，如吃糙米飯相似。(〈戰國漢唐諸子〉)

並加以解釋：

> 曰：『只是粗』，他那事物皆未成個模樣，便將來說。(同上)

將荀書雜蕪的現象認爲是因其未成氣候的緣故；呂陶則指他是「務爲豪說侈論」，「立說好異，誇辨太過，而不知其歸矣。」(〈荀卿論〉) 直斥其非，甚而傾向於抨擊爲人格缺陷的影響。黃震在爲其「禮僞說」提出「古今字義，漸變不同」的解釋時，也不免又陷入宋儒的窠臼中，說荀子是「擇言不精，遂犯眾罵。」(《黃氏日抄》) 既是字義演變所形成的誤解，荀子又從何得知今日字彙的新義？以此指責荀卿「擇言不

精」，實有以今律古之嫌。

然而不可否認的是，荀書中確有其矛盾、語焉不詳的地方，不過就筆者以爲，荀書中的矛盾、是否就是荀卿自身的矛盾，是很難劃上等號的，畢竟始皇焚書時，荀書既未因「師長」的身分逃過火劫；漢初的學術復興後，荀子又因爲李斯的連坐而被排除在官學之列；再加上劉向校讎時「凡三百二十二篇，以相校，除複重二百九十篇，定著三十二篇」(《敘錄》) 的作法，種種線索都指出，荀書已非荀卿自著時的原貌了。而所謂的「複重」，是指文章本身的複重呢？還是荀書與它書的複重呢？又是誰抄襲誰呢？這種種疑慮，由於原書的消失，怕已成爲永遠的謎。

（四）以歷史定位而言，則李韓禍秦，荀卿難辭其咎

此一論點以蘇軾〈荀卿論〉持之最力，所謂「其父殺人報仇，其子必且行劫。」的理論，，不僅後人斥爲「徒逞意氣」〔註 35〕，時人亦不以爲然，然此一株連卻已深植人心，即令宋儒在駁斥東坡意見時，也不免又將李斯的個人禍行認定是荀卿的末流、影響：

> 世人說坑焚之禍起於荀卿，荀卿著書立言何嘗教言焚書坑儒？只是觀它無所顧藉，敢爲異論，則末流便有坑焚之理。

朱子在〈戰國漢唐諸子〉一文中，便是如此。乍看之下，似是推翻蘇軾的謬見，末尾話鋒一轉，卻依舊又將坑焚之罪歸究到荀卿的頭上；韓元吉〈荀子論〉亦然：

> 卿之言非不正也，其所以爲言者，將以求合也。彼其見戰國之士以是得君，則亦懼其言之不入也，飾仁義之說以附於三者焉。然其論雄深而辯博，此其所以使李斯之徒學之，而失其所先後哉。

不論是朱子還是元吉，都認定坑焚之禍，荀卿難辭其咎，與蘇氏之偏見所差無幾，倒是唐仲友說的公允：「晝寢餔啜，非師之過。」李韓的禍秦或與荀卿不能說是毫無關連，但那是某種學說上的誤解，絕非荀卿有意啓之，更非是個人氣質或人格上的缺陷所致。嚴格說來，荀卿的大一統國家思想，確有可能在要求簡速箝制的情況下，遭到以極權力強制推行。李斯鑑於秦統一的要求，奏議使異端思想剷除，卻忽略了荀卿另有感化（教育異議者）及進化（截長補短）兩個更主要也更有效的手段，而

〔註 35〕如魏元珪先生於《荀子哲學思想》一書中便以爲：「夫子瞻之言，是乃徒逞意氣，料其以名士風流，必不欲受禮法之束縛，故特惡荀子耳。」；此外郭志坤先生也以爲此乃荒唐的邏輯（見《荀學論稿．歷代對荀子以及荀學的評論》）；姜尚賢先生雖是較贊成此一株連的，卻也對東坡的武斷不敢苟同：「蘇子所說雖是持之有故，言之成理，總難免有聳人聽聞之嫌，春秋責備賢者未免過當。」要而言之，不論是贊成與否，學者們對蘇氏的激論，多不免斥其爲過當。

逕採只是輔具的強制手腕，速效但不持久，遂使秦快速滅亡，罪及恩師，此實非卿之罪也。同樣的利器，不同的人運用來，便有千百種用途，因此而因噎廢食，是不合理的，宋儒自是其非，就學術態度而言，實是不足爲訓。

三、荀學失勢的深層背景

宋儒之所以對荀卿特別的憎惡，乃是其來有自的，我們亦可自時代環境的趨勢，以及學術本身的流變兩方面來抽繹情勢逆轉的原素。

1、就時代環境的趨勢加以剖析，則荀學的沒落，是基於對抗意識的需求所進行的取捨

唐型文化因兼容並蓄，故鮮有夷夏之防，然安史亂後，盛世不再；而太宗以降施行科舉，形成晉身之階，亦提高了華夏文化在百姓心中的地位；迄五代時武人亂政，宋帝以兵變得權，對武將自是大爲猜忌。故而宋世不僅重文輕武，同時也有強烈的華夷之辨。於是宋型文化乃迥異於唐型文化的豪華庸容，從而表現出一股孤高細膩的質感，這種特質不僅表現在當時所遺留器用的纖巧風格及詞曲敏感誠摯的情愫上，同時也表現在學者本身的氣質上，形成特有的文化情調。宋世的學者往往缺乏入世的懷抱，雖然涵養溫厚，學富五車，卻鮮少對衰世流民抱持應有的人道關懷，南宋以降更往往遯跡山林，縱橫書海，對世事毫不罣心〔註36〕；但這並不代表這群學者便是冷漠的隱士，相反地，這是群作風嚴厲而強悍的戰士，只不過他們所捍衛的是他們所浸淫地，所自以爲傲的文化。

淵源於六朝的唐型文化，充滿了佛老思想以及胡風蠻俗〔註37〕。然安史之亂後，

〔註36〕北宋尚有不少雄心壯志的知識份子，如王安石，司馬光等，企圖爲國謀策，亦有詩人代民申訴處境的艱難，如「十有八九死，當路橫其屍，犬彘咋其骨，烏鳶啄其皮。」等血淚交織的詩句，都透顯了百姓的苦楚；迨南宋以降，基於北宋諸多變法失敗的例子，加上風起雲湧的理學遂漸流於理論的爭辯，已無暇顧及外在環境，遂將心力都貫注在學問上，致力於書院講學，反而將學術的本質給忘了，不再關心社稷民生，流於餖飣而已。故而如陳亮、葉適等主張事功之學的學者，便指責務力於心性之學，而不問世事的理學家們，是「風痺不知痛癢之人也。」（《陳亮集．上孝宗皇帝第一書》）

〔註37〕就宗教方面來說，自魏晉以降便流佈民間的佛教思想固是根深蒂固，身爲大唐國教的道家思想，也得到官方力量的提倡，得以迅速篡起；胡風更是其來有自，魏晉以降，華夷雜居，即令是刻意保持距離，沾染胡風亦是在所難免，益以李氏皇族，世居邊陲，乃胡化的漢人，甚或染有胡人血緣，也不無可能，故而太宗嘗自謂曰：

> 自古皆貴中華，賤夷狄，朕獨愛之如一。（《資治通鑑．卷一九八》〈貞觀二十一年〉）

足見夷夏觀念之薄弱，朝野皆然。

原本臣服於大唐的諸藩國趁機入侵，導致華人的仇視，民族意識高漲；韓愈為了排佛而力倡的「道統觀」，本身就蘊有極強烈的排他性，到了宋帝提倡文治，科舉益盛後，這種驕慣自大的情結更直接與仕途利祿相結合、因而愈形擴張。此二者都支持了儒學的發顯及獨尊的地位，促成了文化的本位主義，同時也使自尊自大的知識份子亦因此輕視來自異域的釋氏思想。然而流傳千年的宗教思想並不容易剷除，為了對抗佛教那完整的形上理論，理學諸儒選擇了同樣具有超我意識的孟子學說作為對抗的籌碼〔註38〕，也因此對反向的荀學感到掣肘，必欲去之而後快了。

荀學的沒落，固與對抗佛教有關，然僅此不足以使荀學一敗塗地，學者本身的高傲氣質，才是使荀學在流傳千餘年後，瞬間沈寂的主因〔註39〕。宋儒孤高敏感的特質，促使宋思想學術迥異於漢唐，展現出強烈的排他性〔註40〕。對於「自許太過」的宋儒而言，宋世的衰象顯然深深地傷了他們孤高的心靈，也使得他們益發乖戾，非荀不再僅是排佛所致的取捨，更是自命正統的學者們身上所揹負的必然使命，故而宋儒抑荀之用力，更超過排佛的心血。

排佛的需求，及學者的氣質，造成荀學的一蹶不振，迄明猶然，直到明末，學者對理學進行了總體檢之後，荀學的未來才有了轉機，但在那之前，荀學的黑暗期，仍舊持續著。

2、就學術本身的流變進行抽繹，則荀學的黯淡，是肇因於儒學復興運動所形成的犧牲

長久以來，儒學重倫理，重秩序的性格，使歷朝政府總不免有倚重它之處，統治者對儒學總是又愛又恨的，一方面對儒學處處道德仁政的見解感到礙手礙腳，一方面卻又不得不借重其教忠教孝的特質來鞏固政權，故而儒家學說迺得以綿延數千

〔註38〕此一抉擇並未成功地削弱佛教的勢力，相反地，由於孟子學說開出了形上道體的存在（重實踐的荀子未曾為道德存在的必然性提出客觀的根據，便是因其缺乏此一形上基礎來方便圓說的緣故。），反而令長久出入佛老的宋儒們不自覺（甚而可能是有所自覺地）引用了佛教義理來周延儒門思想，是以葉適便以為：

程、張攻斥老佛至深，然盡用其學而不自知者。

〔註39〕當然，據《宋志》及《宋志補》所載，宋時尚有黎錞的《校勘荀子》、趙汝談的《荀子注》及洪咨夔的《荀子注》等書，然皆早已亡佚，今所及見的，則多是《削荀子疵》一類的言論，可見宋儒對荀子的排斥，早已超出學術的需要，而流於主觀的好惡。

〔註40〕宋儒雖非醇儒，已攙融了佛老的成份，而成為一龐雜的體系，然卻每每以醇儒自尊，並抨擊其他學者是叛道離經，不僅是對漢唐諸子，對本朝它系的理學家亦毫不容情，是故有鵝湖之爭，有朱子的打壓湖湘學，甚而出現「輕於叛孔而重於背朱」的現象，可見宋儒「自許太過」的排它情狀。

年不絕。然而由於儒學長久地盤旋於政權的膝下，故而爲了迎合主政者，也往往使學術失去其性格，而成爲治權的工具。歷史上許多次學術變革，便是肇因於此。

六朝雖說是玄學盛行的時代，但這並不意味著儒學便失去了它的舞臺，只是如同政權一般，儒學亦因此孳乳了派系，《北史・儒林傳》概言曰爲：「南人簡約，得其精華；北學深蕪，窮其枝葉。」不過這句話是很值得深思的，遺留東漢考據風氣的北學固然是「窮其枝葉」，然而以玄理解經的南學，就算能以支字片語來把握其心中旨要，但此一「經學玄學化」的闡釋眞能不扭曲儒學眞義地「得其精華」嗎？很值得懷疑。儘管如此，統一後的隋唐顯然懾服於南學簡要而意味深長的思辯下，北併於南，經學統一，並由此產生了《五經正義》，將儒學定於一尊，敉平了各方爭議。

《五經正義》代表了儒學的一個階段性結論，但這個結論相當地僵化而且武斷，它以一套書、幾個人的私人著作概括了百年來所有知識份子的心血，同時更要求知識份子的遵守，否則便自絕於仕宦之途〔註41〕。這種獨斷阻礙了經學的研究，更由於不無舛誤，尚未頒定，便已有反對的雜音出現，武后時復連官方本身也對《正義》不滿〔註42〕。《五經正義》的權威沒了官方的保護傘，挑戰的人就更多了，形成了一股懷疑的風氣，到後來，連舊註也不信了〔註43〕。門防崩潰的結果，使魏晉以降以佛老解經的情況益發嚴重，有識之士爲此疾呼，唐代中期以後，改革的呼聲益發響亮，復興風潮一直蔓延到了宋代，迺有理學的成形〔註44〕。

〔註41〕五經正義自唐高宗永徽二年頒行後，便成爲官學的教科書及明經考試的依據，不得違背。

〔註42〕武后長安三年，王元感曾上《尚書糾繆》、《春秋振滯》、《禮記繩愆》等異論，弘文、崇賢兩館學士並甚爲嘉許，武后乃下詔褒揚。可見正義的權威連官方都不再相信了。詳見《唐書・王元感傳》。

〔註43〕如啖助作《春秋集傳》，便雜採三傳說法，打破了三傳的門防；陸淳作《春秋纂例》時，更連三傳都不信了，自行臆度《春秋》的意旨……等。雖是氣氛活潑，卻沒啥建樹。

〔註44〕理學的成形，其所以建立在疑古的風氣上，《五經正義》不過是一導火線罷了，漢代以降的學術性格，才是唐中期以降諸學者務力改革的原因，此一改革並形成了學術史上相當龐大的漢宋對抗。究而言之，漢學有以下兩個極突出的特質：
第一，漢學在內在承傳上，力圖復甦經書本身的面貌。

秦火後經書的殘破，加上隸書的通行，都是造成經書解讀上困難的主因，故而入漢後，漢學者於學術上所最迫切進行的工作，便是如何將脫漏的經書復原，並解讀其時業已不傳的古文字。

復原的工作之所以耗時數百年，是其來有自的。初時「挾書律」尚未解除，擁有完整經書及良好學識的前朝遺老們一一在戰亂中死去，即令存活了下來，也老耄不堪，記憶所及不無疏漏，迺在遺老所傳和後來獻書扞格間產生了今古文之爭，復又歷經整合，才有今日似是而非的五經。此一過程便花費三百多年，三百多年間，隸書定形，識古文字者更少，解讀上益發困難，亦無定說。今古文之爭促成了家法綜上總述的結果，可知荀學失勢的內在因緣，是肇端於儒學本身的質變。從唐人對《五經正義》的反抗，演變成中期以降的疑經風氣，規模愈演愈烈，甚而形成宋儒的另闢蹊徑，對抗舊說，理學的興起，便是這樣一股在對立中逐漸脫胎成形的新學，漢學本與荀卿有深厚的淵源，是以在漢宋對抗間，荀學受到波及，亦是意料中事。質變後的儒學之所以轉向抑荀的理由，此其一也；而受疑古風氣影響，復在對抗中融合了佛老思想的理學，既是以心性論爲對抗的主體，荀學自然不在論列，益以雜揉了佛道方法論之後，更務力於新學的開展，反向的荀學自會更備受黜抑與鄙視。此其二也；同時，改革後的新儒學也摒棄了儒家原有的濟世理想，從而走向體現個人的道路，荀書最終是一政治藍圖，失去其原有的注目，亦爲必然。此其三也。可以說，荀學的沒落，是肇因於隋唐儒學改革後的偏鋒走向所形成的遺珠。

四、小　結

排抗佛老的需求，以及儒學本身的質變，是造成荀學衰微的主因，迨佛老融入理學之後，荀學更失去了翻身的機會，事實上，排荀的風氣，直到元明，甚而是清代的理學家們，仍舊是高傲地持續著〔註 45〕，元代爲朱子天下，自不待言，明代心

章句的成形，古文字的難解則導致了訓詁考證的必然興起，也是其無暇顧及義理闡發的原因。

第二，漢學於外在環境上，則積極建立儒家獨尊的情勢。

漢初以黃老治國，益以挾書律尚未廢除，儒學的發展空間不足，迨惠帝解除禁書令，書籍大量出現後，仍不足以推動經學的盛行，儒者本以濟世治國爲目的，乃積極參予政治活動，從而使政治學術相結合，終於造就了獨尊的情勢。

獨尊的過程中，漢儒爲了鞏固學術地位，迺進行了以下的工程。首先，爲了使其所傳的學術家法成爲定論，他們將諸經作者歸之爲古聖人；其次，爲了使駸駸大盛的儒學在官方的保護下，尊奉仍能發揮其糾繆時政的功能，是以漢儒乃大量引入陰陽讖緯來說解經書，感合時事，以期於社會民生有所裨益。惜乎漢儒雖是用心良苦，卻也不得不面對其負面的影響：讖緯的滲透質變了儒家本原的人文精神，造成了兩千餘年間持續不斷的政治造神運動；而獨尊的學派所得到的既得利益，也促使了家法的形成，故而漢世雖是獨尊儒學，卻鮮少突出的建樹。迺使宋儒肆力抨擊漢學的瑣屑守舊，從而自創天地。

〔註 45〕金時雖曾使國子監印《荀子》，以授諸生，但金世仍是個以佛教爲主要思想的社會，故並不代表荀學在金世便有活動的舞臺；一入明代，洪武年間，宋濂便以荀子的性惡論而主張罷黜，嘉靖年間更被排除儒列，不得與祀，明儒對荀卿的偏見，與宋人相較，更形偏頗了；言論亦往往有過激之論，如艾南英承宋儒削荀書的風氣，以爲卿乃「偏詖駁雜，無當於聖賢之旨」故「取其醇焉，而汰其疵，庶幾其可也。」；方孝儒抨擊之烈，更爲罕見：「要其大旨則謂人之性惡，以仁義爲僞也，妄爲蔓衍不經之辭，以蛆蠹孟子之道」甚而詈爲「斯道讒賊也。」此皆明儒於非荀一事預設觀點的明證，其他如「本原上見錯，故百事皆錯。」（胡居仁語），「爲人意必剛愎咈戾」、

學亦駁荀書甚厲，如非思孟、雜申韓等宋儒課題，都被明人重新來過，人性論更是批評的重鎮，像「妄為蔓衍不經之辭，以蛆蠹孟子之道」乃至於「斯道讒賊」（方孝孺語）都出口了，其他人身攻擊如「為人意必剛愎咈戾」（薛瑄語）等，大抵不出宋人意見；至清朝荀學復興以後，仍有朱一新等理學餘緒，雖是作了若干修正，然「好為之異，不自知其言之過當」（〈朱侍御答長孺論性書〉）等黜抑，在其書中亦非罕見。今茲不贅述。總之，荀學因不符理學家們的需求，導致其地位之不堪，歸究起來，韓愈的道統觀內所呈現的本位思想，應當是始作俑者，這種排撻異己、窄化學術的本位主義被後人所奉行，歷唐宋以迄明清，風氣不曾稍減，對象更由佛老轉向至荀卿及理學內部，塞死了學術的活路，造成僵化腐壞的窘境，這恐怕是當初力倡道統論的韓愈所始料未及的吧！

第四節　明清荀學地位的激變

一、明季荀學翻案的契機

理學在歷經四五百年的發顯之後，已現出疲態，加上其末流弊端叢生，一些有識的明儒在針對理學進行反省時，逐漸察覺到理學家在學術態度上的偏頗，是不足取的，從而改採一更為公允的角度來面對從前被棄如敝屣的異說，荀學的命運乃再度獲得轉機，至清，在考據學帶動的務實信念下，更在諸子復興間佔了一席之地，為千年不振的荀學貫注了新生命。

（一）為荀卿翻案

這種學術態度上的改易，最明顯地表現在各種非荀論的翻案上。如蘇東坡力主李韓禍秦導致坑焚之禍一事，荀卿難辭其咎，其後雖有唐仲友氏為荀卿辯駁，提出「晝寢餔啜，非師之過。」，試圖加以迴護〔註 46〕，但成效不大；宋代諸儒雖多以蘇子之論為太過，然無形中卻又受其影響，仍將二生禍秦一事罪及其師。此一公案迄明則多已得到平反。如陸粲便指出：

> 斯雖嘗游其門，而卒叛去，乃用異說以殘民，……其師善醫，其弟子蓄蠱以殺人，非師之罪也。議者以斯故病卿，亦良過矣。（〈注荀卿子序〉）

「未必不貽害於生人」（薛瑄語），「得罪於聖門多矣。」「韓昌黎之待荀卿，未免過於姑息矣。」（羅欽順語）等因襲宋人的言論，更是不勝枚舉。

〔註 46〕唐仲友〈荀子序〉云：

> 夫學者病卿以李斯、韓非，卿老師，學者已眾，二子適見世，晝寢餔啜，非師之過。此駁語甚為妥切。

與唐氏相較，此語雖未見高明，但也足見自宋迄明於觀念上之修正；就連曾力斥荀卿當摒排於孔廟配祀之列的宋濂，其於此上亦採取了同情的態度：

> 李斯雖師卿，於卿之學懵乎未之有聞，先儒遂以爲病，指卿爲剛愎不遜、自許太過之人，則失之矣。(《宋文憲公全集・諸子辨》)〔註 47〕

李贄也認爲：「宋儒謂卿之學不醇，故一傳於李斯，即有焚書坑儒之禍。夫弟子爲惡而罪及師，有是理乎？」(《焚書・卷五・讀史》) 可見連坐的態度，在明時已有了大幅的改變。

就連理學家們批評最力的性惡論，到了明朝，同樣有一批力圖掙脫宋儒窠臼的學者們，改採更彈性的意見來因應不同氣質的荀學，如歸有光便以爲「人之性有本惡者，荀子之論特一偏耳，未盡可非也。」(《震川集・卷四》)，而孫淇澳則暗諷宋儒排荀雖力，然於功夫論上，得力之處卻實陰類之：

> 荀子矯性爲善，最深最辨，唐宋人雖未嘗明述，而變化氣質之說頗陰類之。(《明儒學案・卷五十九・東林學案二》，頁 1452)〔註 48〕

此一見解實是發前人之未發。由以上諸學者的言論，使我們清楚地見到，明儒之中，雖有如方孝孺、艾南英等對待荀學立場殊爲偏頗的學者〔註 49〕，亦不乏仗義直言，不隨波逐流的知識份子。歸有光更曾針對宋儒以降的苛評表達他的不滿：

> 當戰國時，諸子紛紛著書，惑亂天下，荀卿獨能明仲尼之道，與孟子並馳。……迨宋儒頗加詆黜，今世遂不復知有荀氏矣。悲夫！學者之於古人之書，能不惑於流俗而求自得於心者，蓋少也。(《震川先生集・卷一》)

很顯然地，歸有光對時人一窩蜂地抨擊荀子，因循舊說的景況十分不滿，認爲這是

〔註 47〕此一「未有之聞」，不見所據，當爲宋濂的臆度耳。此舉實缺乏說服力，乃妄爲脫罪之辭，不足爲訓的。

〔註 48〕宋儒於荀卿亦非全是訾議，於諸多見處亦頗能加意欣賞，如「能定而後能應」、「眞積力久則入」諸語，也並不偏廢，而誇爲入道的功夫，足見孫氏之言，誠非謬語。此外如黃震的「知尊孔氏而黜異端，孟子之後僅有荀子一人。」，唐仲友的「使卿登孔門，去異意，書當與七篇比。」等，亦是公允的見解，就連平素非荀頗力的朱子，也不得不正視荀子的卓越表現：「荀子言語多病，但就彼時，亦難得一人如此。」(〈戰國漢唐諸子〉)

〔註 49〕艾南英承宋儒削荀書的風氣，以爲卿乃「偏詖駁雜，無當於聖賢之旨」故「取其醇焉，而汰其疵，庶幾其可也。」；方孝儒抨擊之烈，更爲罕見：「要其大旨則謂人之性惡，以仁義爲僞也，妄爲蔓衍不經之辭，以蛆蠹孟子之道」甚而詈爲「斯道讒賊也。」此皆明儒於非荀一事預設觀點的明證，其他如「本原上見錯，故百事皆錯。」(胡居仁語)，「爲人意必剛愎咈戾」、「未必不貽害於生人」(薛瑄語)，「得罪於聖門多矣。」「韓昌黎之待荀卿，未免過於姑息矣。」(羅欽順語) 等因襲 宋人的言論，更是不勝枚舉。

一種人云亦云的現象，並非眞正有得於心，故而發言爲荀卿打抱不平。然而歸有光的義憤，乃針對荀卿地位所受到的非理性歧視，至於義理層次，態度則仍傾向保守，雖有「至其精造則孟子不能過也。」（《震川集》）的議論，深入求索時卻多採用「未盡可非」、「未可概棄之」（《荀子批點》）等語彙，顯見歸有光於荀學雖有超脫前儒的眼光，畢竟心理上仍有其共相種的設限，邁不出更驚人的步伐來。

倒是李贄於此上更能大膽地排除眾議，其於《藏書》中美荀云：

> 荀與孟同時，其才俱美，其文更雄傑，其用之更通達而不迂。不曉當時何以獨抑荀而揚孟也。（〈卷三十二・德業儒臣傳・孟軻傳〉）

話鋒毫不保留地表露其對荀卿的仰慕，甚而更置於孟子之上，於明人的撻伐聲中，李贄此番特見，不啻爲荀卿的知音。

迄明季禍亂烽起，荀書的治國方略乃深得一些有志之士的青睞，企圖以之救世救國，如錢光彭〈荀子敘〉便稱美荀子乃「王佐之才」，惜「未偶于時，僅以其軒然豪舉之氣，著之于書。」：

> 邇來之元氣，斲削極矣，憂時謂宜返之和平，不知神氣振而後可徐養其元氣，急則可治其標，荀卿已預爲後人投藥也。（〈荀子敘〉）

錢氏稱許荀書可以「振神養氣」，眼界上比歸氏的曖昧言語顯然又超脫許多，荀氏之地位，至此迺再度翻升，重新得到肯定。

（二）邁向新紀元的一小步

究言之，明儒對荀子的肯定，表現在以下諸端：

1、觀念上多持以「同情的了解」，而不能更有突出

學說上由於未脫理學影響，故明儒於此際好評不多，大抵仍建立在其持論乃激於時事的基礎上對荀子進行稱許，如歸氏便以爲：

> 顧其爲書者之體務富於文辭，引物連類、蔓衍夸多，故其間不能無疵，至其精造則孟子不能過也。（〈荀子序〉）

又王鳳洲亦指出：

> 令荀子而無性惡之説，無以堯、舜爲僞，無以子思、孟軻爲亂天下，其勸學之功，豈終外於名教哉？（《諸子彙函・勸學》）

明顯可見皆是以有所寬宥的態度來面對荀卿的「激論」，並未正視荀卿學說的眞正價值。少數能於荀書中發掘荀子之見地者，也往往避免與理學家流立異，如楊升菴指出〈非相〉爲荀子「極得意之文，獨知獨見之學。」（《諸子彙函》），歸氏則稱許荀

子的天道觀乃「信道不惑者」(《荀子批點・天論》)〔註 50〕，這些與理學大抵不觸的範圍，便不乏公允的見解；然一旦論及理學所非議的觀點上，態度上便不然了，如孫鑛雖稱許荀子之禮，乃「多析微發奧之語」，卻又以爲「想有所祖，未必盡自己出」(《荀子評點・禮論》)，此便一例，眞能擺脫宋儒束縛者卻不多。陳深是一個少數的個案，當歸氏循宋儒成見抨擊荀子之「後王說」乃「開暴秦是古非今、焚坑之禍。」(《荀子批點》) 的罪魁禍首之時，陳深卻大膽地忤犯眾議，謂此論爲「於近世有補」，且「論卑而易行」的「特見」(《荀子品節》))

2、另起爐灶，抉發荀書內涵的文學價值

學說上，明儒的見解雖未能一清宋時舊氛，但在文章上，學者卻紛紛致以極高的評價，此乃肇因於明世特有的評點風氣。評點並非起於明代，按羅根澤先生的考訂，雖是起源得相當早，然而「這種指陳關鍵利病的隨文批評」，卻是「唐宋人的新法」(《中國文學批評史》，頁 878。)。評點原爲方便科舉，宋末劉辰翁因科舉並不行於異朝，改以文學角度論評，迄至明季竟成爲「浸淫於世運，薰結於人心。」(錢謙益〈賴古堂文選序〉) 的一種風氣！這大概是劉氏始料未及的。流風所及，甚而有孫鑛的評經—以文章工拙來評斷經典—直令錢謙益痛批爲「非聖無法」(〈賴古堂文選序〉)。評點風氣既是普及四部，諸子亦在論列，荀文的閎富精到，自必成爲諸家評論的重要標的，佳評如潮，所得的稱許更勝其博富深雄的思想體系呢！大抵說來，文氣的雄勁，與筆法的精密，是明儒評論時的兩大重點。如孫鑛的《荀子評點》便不只一次地讚美荀子辯論有鋒，辭氣逼人〔註 51〕；至於流暢有力的風格，更是眾人注目的焦點，如霍韜所謂的「悠揚敷暢」(《荀子品彙釋評》)，鍾惺的「氣暢而宕」(《荀子評點》)，迺至於孫鑛的「若不鍊而鍊法自存」(《荀子評點》)，皆是激賞其文風的暢練。再如筆法的精密，更是明儒道不盡的寶藏，如用重敘法「致叮嚀之意」(《荀子品彙釋評》)，比喻法則「觸物而動，如月落萬川，同明相照」(《荀子批點》)，議論用字則「規矩無纖毫走作」(《諸子彙函》)、「有條理而成章」(《荀子評點》)，論來謹嚴細密……等，皆是明儒心目中的傑作。至於〈成相〉、〈賦篇〉等文學性作品，自更是交相讚譽。

〔註 50〕然而歸氏於此雖有稱許之意，卻又撻伐其乃「激切太過」，「其究也，遂流而爲王安石天變不足畏之說，此言不可不慎。」(《荀子批點・天論》) 王氏的天論觀，乃「天人不相干，雖有變異而不足畏也。」(晁公武《郡齋讀書志・卷一》) 實是積極合理的態度呢！而歸氏語氣，分明是指陳王荊公的天論是不足爲訓的，顯然是攙雜了個人的主觀意見。

〔註 51〕如〈正論〉，孫鑛便指其爲「辯難有鋒」，〈正名〉則「辯博有鋒」……等，甚而譽爲「韓公子諸〈難〉所自出。」，可見荀卿議論之勁利，實深爲明儒所加意稱許。

然而讚嘆之餘，明儒仍不免有所訾議。一如對荀子思想的成見，明儒們對荀子的章法筆觸，也不免存著醇疵之議，如歸氏便以為荀文之「引物連類，蔓衍夸多」，使精造之處雖「孟子不能過」，但「其間不能無疵」，此實未脫宋儒「務為豪說侈論」（呂陶語）、或「只是粗」（朱子語）等評議的範疇；至於鍾惺以「儒品不在文章外」的觀點，抨擊荀文乃「雄偉」但「未臻醇雅」，更足見明儒尚無力掙脫宋人影響的事實。畢竟宋明理學雖是性質有異，然以心性論為主導的基調仍是一致的，故雖能有所修正，眼界仍深為宋儒所侷限著。

整體而言，荀子在明代的反轉，不過是一種利空出盡後的反彈，無助於荀學的發顯，要直到明末，學界風氣扭轉後，才有較具體的提升，儘管如此，這終究是個先聲，迨至清朝，學者們踩著明季諸儒的足跡，繼續推動荀學的研究風氣後，才再度為荀學走出一片天地來。

二、清代荀學復甦的軌跡

清代可說是荀學的復興期，歷經宋明理學的強勢打壓後，荀學再度重獲知識份子的青睞，而且由於學術風氣有了轉變，復甦的荀學也不再僅是爭論時意氣用事的焦點，清儒們多能眞正神會荀學的意義與價值，從而賦予更客觀的學術地位，並因而發展出一套研究方針，使荀學得以在中國學術的殿堂裡，構築自己的體系。此一龐大的命題，由於並非是本文考察的範疇，故容後再述，本文只探索荀學於清際學術地位的起伏。

（一）清初評荀不脫宋儒觀點

明清之際，鑑於明末理學諸儒流於玄談心性、束書不觀，以至於學風不振，影響所及，國勢大壞，故當此之時，學界的整頓工作，乃以經世考據為重點所在：經世之學為救世所需，考據之學可矯虛玄之風。可說清初之學風，實乃針對明季諸儒所進行的反動〔註52〕。

〔註52〕關於清代學術的轉彎，歷來學者眾說紛紜，最耳熟能詳的說法，便是梁啓超先生及胡適之先生持之最力的理學反動說，其他還有候外廬先生所主的社會經濟變遷說，及余英時於擷取錢穆、馮友蘭看法，並加以修正而獨創的內在理路說……等。其實固然在深層意識中，清儒的確不能免俗地受到共相種的內在趨使，尋繹出其生命的源頭；而學術既為時代產物，身處異族主政、風俗異變下的清學，自亦不免受到外在衝擊而對本身的路線有所修正，所以，不論是「內在理路說」或是「社會經濟變遷說」，在不同的角度觀察下，都有其一定的可信度存在，不可推翻。但不可諱言的，清儒的確是自覺地對明末的學術流弊採取大張異幟的態度，並進行正式對抗，故而本節中乃採取梁氏觀點來解釋清代學術的異變。

心學之弊既在虛玄浮盪，爲了矯此弊端，主張「格物之理，所以致我之知。」（《朱子語類．卷十八》），側重工夫的朱學，便爲時人所重，加上清聖祖的提倡〔註53〕，迺再度駸駸然盛行一時〔註54〕，故而其時論荀多沿宋儒舊議，亦在意料中事。如熊賜履《學統》，其抨擊荀子修身之說乃「其陋已甚」，非思孟爲「何其大謬也」，更將之列爲「雜統」！其所持根據，便在荀子「不知性」：

> 既不知性，又烏知禮？既不知禮，又烏知學？則又烏知夫仲尼、思、孟之所以爲仲尼、思、孟也哉？學者大本一差，無往而不見其戾。（《學統．卷四十三》）

明顯脫胎自伊川言語；至於把以往將荀孟並列的學者斥爲「齊孔墨而並顏跖也」，鞭笞的心態顯然偏激更勝宋儒了。陳玉亦然，不僅以性惡論爲「謬于聖人」，連帶駁斥司馬遷將孟荀合傳，「已爲失倫」（《學文堂文集．孟子章句序》）。而耿極以荀卿立言乃「是桀紂而非堯舜」，雖是沿襲宋人意見，然一句「雖欲逃萬世首惡之誅，何可得哉？」，語氣之重，前所未見。可見清初理學家們，意見雖不脫宋明諸儒，而意氣更甚，發言尤烈，承理學一貫主張而益過之。

然而新生的實學，亦在醞釀之中，於此青黃不接之際，也有少數超脫舊議的實學家能正視荀子及其學說的貢獻，意見亦較爲客觀。如費密以孟荀同爲輔翼教化，居功厥偉，而儲欣則爲荀書遭束而弗視的際遇不滿，便是個例子。然二者卻仍一致同意以大醇小疵爲定論〔註55〕，顯見眞能擺脫宋儒陰影而有所自得的，尚不多見。

傅山是少數眞能有所自得的知識份子之一，此或與其生平遭遇的見識有關吧。

〔註53〕康熙是朱學復興的大功臣，據昭槤《嘯亭雜錄》記載，其於朱學涉獵頗深：

> 夙好程朱，深談性理，所著《幾暇餘編》，其窮理盡性處，雖夙儒耆學，莫能窺測。所徵李文貞光地、湯文正斌等，皆理學耆儒。嘗出《理學眞僞論》試詞林，又刊定《性理大全》、《朱子全書》等書，特命朱子配祀十哲之列。

故而朱學迺得以在官方保護下，再度異軍突起，不過朱學畢竟是舊時代的產物了，許多堂奧也已被先人發掘殆盡，缺乏新創的朱學也因此快速地爲後起之秀的實學所取代。

〔註54〕此一回頭路線，並非唯一的方針。如顧炎武，便直斥宋明而主張「引古籌今」（〈與人書．八〉）以爲經世之用，並視宋明理學爲「坐脫立志的禪學。」（《日知錄．艮其限》）提出「理學即經學」的命題來。事實上，據梁啓超於《清代學術概論》中所指，清初學術實有四大走向：一是以矯晚明束書毛病而皓首窮經，引出的考據派；一是因志圖匡復，在經世的理想下，從而衍生的輿地史跡之學；一是力圖去除虛浮毛病而導致的求實學風；再則是西風的導入引發的研究方法變革。唯此四種學風，皆尚在初萌之期，與荀學亦無利害關係，而朱學本於荀學有扞格之處，故清初所及見的論荀資料，大抵出自理學餘緒之手，亦在意料中事。

〔註55〕費氏以性惡之論爲過激（見《弘道書》），儲氏則視大醇小疵爲定論（《在陸草堂文集》），二者之意，實不脫宋人意見。

身爲明季遺老的傅山，對造成仕人玄談誤國的心學固然是深惡痛絕，對爲清廷利用的理學更無好感，爲了抗清，傅青主流浪了好段時間，這份際遇開拓了他的眼界，晚年在誓不事清的情況下，更解放了他自由的思緒，故而當眾人目光仍停留在經學上時，他以獨到的心思開啓了諸子學的探索，而且還大有斬獲〔註 56〕。其立論之新穎，可謂發前古之未議，其於素來無人敢迴護的法家便不只一次地大加稱道：

申、商、管、韓之書，細讀之，誠洗東漢、唐、宋以後之粘，一條好皂角也。(《傅青主語言拾遺》)〔註 57〕

老夫近來只好《管子》……修身經世，無所不備〔註 58〕。

可見青主獨到的眼光，並不受傳統的正統觀念所侷限。青主的特許法家，著眼於法家的經世，反應在儒學上，故知其於東漢以降的學術，所以特加抨擊者，正鑑於東漢章句及唐、宋、明心性之學的無益於世道人心之故耳；至於西漢通經致用的主張，雖未明言，而實有嘉許之意。此一判別，與清末經世學者的取西漢而捨東漢，實有異曲同工之妙，故得見青主於學術上的前瞻之見。

正因爲青主的特見，其於荀學，亦不宥世俗，特能予以關注。且傅氏所青睞的角度，更迴異於常人：

《荀子》三十二篇，不全儒家者言，而習稱爲儒者，不細讀其書也。有儒者之一端焉，是其辭之複而嘽者也；但其精摯處則即與儒遠，而近於法家，近於刑名家；非墨而又有近於墨家者言。(《荀子評注》)

荀學確有揉會百家以修繕己說的情形，此也正是中唐以降的儒學復興者所最詬病之處；而青主獨能見此特處，甚而以儒家成份爲糟粕，而駁雜之處，方是好處，此以宋儒之嘉許爲疵，而以訾議爲醇，特與宋學立異，可謂是獨張異幟。然青主此言亦良過矣，荀子雖曾揉會百家以修繕己說，但此乃因應時代的進化。基本上儒家思想

〔註 56〕雖然同時代的王夫之、方以智等人亦有子學著作，但大多數人仍先入爲主地必以儒家爲正統，不論是非，而傅青主敢自命爲異端，對諸子學的地位予以破天荒性的提升，乃使其成爲近世的諸子學開創者：

從孩稚之語，故喃喃孔子、孟子，不稱孔經、孟經而必曰孔子、孟子者，可見有子而後有作經者也。(《雜記三》)

此語實破了千年來以聖人作經而神話了的經學迷思呢！由於《荀子評注》一書，乃近世於大陸發掘的佚書之一，故欲知關於傅青主的事跡，詳見鄭卜五，八十年高師大研究所論文《傅青主與其諸子學研究》；一九八五年，山西人民出版社所出版的《傅山研究文集》；以及由侯文正、侯文宜、侯平宇所著，山西人民出版主出版的《傅山評傳》等資料。

〔註 57〕轉引自郝樹侯《傅山研究文集．傅山的學術思想與成就》。

〔註 58〕語見〈傅山手稿一束〉，轉引自鄭卜五《傅青主與其諸子學研究》，頁 168。

是治太平而非治亂世的，然而，一味要求回歸道德良知的治理方式，並不足以應付層出不窮的脫序亂象；荀子有鑑於此，乃以法家強制制約的械數，修正儒家於此上的不足，這是因應時代的進化，只是工具的應用，並未模糊了其本原的基調。傅山雖能發見荀子的優點，但以「近法家、近刑名家」稱道荀子，卻又顯然忽視了荀子身爲儒者的事實，這是很可惜的。

傅青主著有《荀子評注》一書，此書早年並不見於籍載，近年大陸始於解放時的獻籍中尋出，並加以校訂出版。書中於荀卿的思想文筆固有其精到的見識，對荀書的校正亦有相當貢獻，而觀青主於書中往往藉題譏論理學諸儒，復將理學家們所詬病的「近於申韓」（朱子語）部分視爲「精摯處」，又主張以法家言論「洗東漢、唐、宋以後之粘」（《傅青主語言拾遺》），足見傅青主評荀所以不從儒家者言之思想理路，實肇因於其對理學家們的深切不滿，及自命「異端」的學術性格〔註 59〕。

雖有傅山的創發卓見，但其時學者畢竟尚無力跳脫傳統思維，大多數的學者仍沿襲舊議，一味地恪守舊有的正統觀念，是以荀學雖經青主發肇其端，眞正蔚爲風潮，還有待後儒的提倡。

（二）荀學復興的脈絡

荀學的復興脈絡，要從兩方面來分述，一是乾嘉樸學對荀學的考證，其次才論及諸子復興與荀學的平反過程。

1、乾嘉樸學對荀學考證的奠基

清初文字獄大開，儒者莫不惴惴自慄；而朱學的復甦，既是清朝手爪，遺老自然不願附從。此時鑽研經世之學，恐危及自身，心性玄談復非學者所願，迺使學者們企圖藉經籍訓詁自藏，而不務及學說的發揚，學風由清初的經世實學，一變而爲專事疏校，不務華藻的樸素之學。此考證風的開闢，實爲五百年來的新氣象，沉浸於心性學風多時的諸儒們，面對此一具象可資把握的新學時，莫不競相投入，企求有所成就。不過清學初以經籍爲研究的主體，以小學爲治經的途徑，故而在人力大量投注的情況下，諸子自然無力聚焦；此時雖不無評荀的資料，然尚未形成一專門，只是成形的樸學，在進行一項方法論上的實驗罷了，多只是零星的校釋，尚未觸及週邊問題或義理的發揮。但此一功夫，對於千年不振的荀學而言，卻不啻爲一場甘

〔註 59〕其於〈覽岩徑詩〉中，自陳其於學術探索上的態度，而云：

道領光塵妙　心參日月禪
異端辭不得　眞諦共誰詮

可見其自居異端，掙脫舊議的雄心。

霖，若無乾、嘉學者的耕耘，清末的荀學無疑將失去足資發芽的沃土。

如號稱咸、同以前最爲善本的《荀子箋釋》，其結集了汪中、段玉裁、吳騫、趙明曦、朱奐等五人的校注，使後世學者於鑽研之時得有憑資；至於今日得見的零篇的校釋，如王懋竑的〈荀子存校〉、陳奐的《荀子異同》〔註60〕、王念孫的〈荀子雜志〉、朱亦棟的〈荀子札記〉、劉台拱的《荀子補註》等〔註61〕，則多集中於校勘輯佚上，少見義理的發揮；其他如錢曾的《讀書敏求記・荀子》及盧文弨於《荀子箋釋》中所進行的版本考釋等，大抵爲小學層面的運用，義理則不在論列；且以上攸關荀子的考據，也並非條理的專著，多是廁身於手札之中，爲讀書偶得的發見罷了，並非立意爲之。故此時雖爲樸學的全盛期，荀學反倒因此受到冷落。但這並不代表乾嘉的荀學便是乏善可陳，相反地，由於這些大老學問篤實，證據充份，這三言兩語的論述直是字字珠璣，後學者鮮能過之，是以清末諸家在勾勒荀書的思想體系之時，也莫不以乾嘉學者的考證作爲論據，可以說，清末荀風的興盛，便是建立在此一基礎上。

論述乾嘉荀學之時，有一大老是不可不稱道的，那便是汪中。汪中於荀子的推崇，是使荀學得以在清代中葉以後形成一代顯學的主因。在此之前，雖有傅山的鼓吹，但荀子仍是不受注目的雜家，迨汪中作〈荀卿子通論〉，以爲：「荀卿之學，出於孔氏，而尤有功於諸經。」，並指出：

> 六藝之傳，賴以不絕者，荀卿也。周公作之，孔子述之，荀子傳之，其揆一也〔註62〕。

汪中以傳經的觀點，視荀子爲儒學嫡裔，並考證出《毛詩》、《魯詩》、《左氏春秋》、《穀梁春秋》皆荀卿的傳承，而其他諸經亦莫不爲荀卿的流裔，此語震驚了清儒的耳目，從而使眾人的目光集中在荀子以及荀學上，迺有往後大舉復興荀學的舉動出現，故荀學的復興，汪中實爲第一首功。

除此之外，汪中更率先爲荀卿立傳，著爲〈荀卿子年表〉一文，考荀卿生平，此舉使我們得以探索荀書中篇目的著作順序，對荀子文章立意及學術進程也更能清楚地尋繹；同時對有關適楚及遊學於齊等諸多疑點，也提出了較明確的說法。此一命題亦形爲爾後清儒在荀學範疇中鮮能不加探索的一環，迄今不絕。所謂解題難，發問更難，汪中在拓展荀學領域上，有著卓絕的貢獻，故吾人於稱美清代荀學之時，

〔註60〕陳碩甫此書今多收錄於王氏《集解》與王念孫《荀子雜志》一文。

〔註61〕〈札記〉與《補註》同收錄於嚴氏《集成》中。

〔註62〕梁氏《清代學術概論》一書曾指出：

> 訓詁學之模範的名著，共推王念孫《經傳釋詞》，俞樾《古書疑義舉例》，苟一察其內容，即可知其實先有數千條之箚記，後乃組織而成書。（頁102）

可見此時清儒爲學，並不務成專著，而多只是手札罷了。

汪中的特見更是不容忽視的。

大體說來，乾嘉的學者雖已勾勒出荀學復興的藍圖，然實非有意啓之，多是旁觸而已；而汪中的大力推崇，也只是個初萌，尚未能收其實效。此時學人對荀子的態度，雖較清初學者持平，但在實事求是的主義下，看法仍趨於保守。最能代表時人心態的例子，當推乾隆四十七年由紀昀成書的《四庫全書總目提要》：

> 況之著書，主於明周孔之教，崇禮而勸學，其中最爲口實者，莫過於〈非十二子〉及〈性惡〉兩篇。王應麟《困學紀聞》據《韓詩外傳》所引，卿但非十子而無子思、孟子，以今本爲其徒李斯等所增。不知子思、孟子，後來論定爲聖賢耳，其在當時，固亦卿之曹偶，是猶朱陸之相非，不足訝也。至其以性爲惡、以善爲僞，誠未免於理未融，然卿恐人恃性善之說，任自然而廢學，因言性不可恃，當勉力於先王之教，故其言曰：……不可學不可事而在人者謂之性，可學而能、可事而成之在人者謂之僞，是性僞之分也。其辨白僞字甚明。……後人昧於訓詁，誤以爲眞僞之僞，遂譁然掊擊，謂卿蔑視禮義，如老莊之所言。是非惟未睹其全書，即〈性惡〉一篇，自篇首二句以外，亦未竟讀矣。平心而論，卿之學源出孔門，在諸子之中最爲近正，是其所長；主持太甚，詞義或至於過當，是其所短。韓愈大醇小疵之說，要爲定論，餘皆好惡之詞也。(《子部・儒家類・一》)

《提要》以「大醇小疵」爲定論，看似未脫舊議，然細審文間褒貶之旨，則此一結論卻頗堪玩味。《提要》首先針對歷來學者對荀子的誤解加以釐清。宋學者對卿之所以目爲異端、斥爲「不自量耳」(《黃氏日抄》)，便在性惡說及非思孟二事，《提要》則一一加以澄清。以「僞」爲「人爲」、以性惡在懼人之恃以廢學，此皆前賢之論，不足爲奇；至以非思孟「猶朱陸之相非，不足訝也。」，則明顯可見此期在掙脫宋學迷思上的努力，迺至結論竟視荀卿爲「在諸子之中最爲近正。」，而僅以詞義用語或有過當作爲短處，此一結論，對荀子的地位顯然是提升的，所以以「大醇小疵」爲定論亦即在此。如此一來，同是「大醇小疵」，宋明和清的詮釋卻大相逕庭：宋人以爲，韓愈之「疵」，意指「性惡」，故有「韓子責人甚恕」語；清人眼中的「疵」，卻在「詞義或至於過當」上。此一歧異，足見主觀臆測，往往會影響客觀事實，而有南轅北轍的詮釋，吾人於學問一途，當更懷敬謹之心，以免誤入欲辨明眞理，反而混淆眞理的窘境。

2、諸子學復興與荀學的平反

道咸之間，乃清世自乾隆以降的積弊逐漸浮出檯面的一個由盛轉衰的關鍵期，也是外國勢力逐漸動搖滿清國本的開始，並從而引發太平天國的起義。於此內外交征的時代，乾嘉樸學由於無濟於世，餖飣瑣屑的學風乃漸引起一些憂國憂時者的不滿，益以實學法意良善，但卻無致用的範疇，過於虛蕩〔註 63〕，故而一些學者們便試圖將此法運用於他處，另闢蹊徑。諸子學便為其中的一途。

樸學之所以講究考證，其主要目的，在恢復經書的本貌，故而資料的尋求乃以存古者優先，追溯而上，於是葉德輝曾預言道：

> 有漢學之攘宋，必有西漢之攘東漢。吾恐異日必更有以戰國諸子之學攘西漢者矣。（〈與戴宣翹校官書〉）

可見清季諸子學之興起，實與樸學本身的科學求眞風氣有關。俞樾於《諸子平議·序》中，也對其特為青睞諸子的原由加以說明：

> 聖人之道，具在於經，而周秦兩漢諸子之書，亦各有所得……且其書往往可以考證經義，而不必稱引其文，而古言古義，居然可見。……嗚呼！西漢經師之餘緒，已可寶貴；況又在其前歟？

再往前溯自乾嘉之時，王念孫便知以子書來轉證經詁〔註 64〕，可知經子轉證實為時勢所趨，而諸子之趁勢而起，亦自屬必然。

另一方面，科學求知的態度一旦遍及學界之後，學術上自然也產生了一股懷疑的效應，學者們對昔日深信不疑的六經地位，在歷經考證後，卻證實乃漢人甚至魏晉所做的偽書〔註 65〕，此一發見無疑動搖了「聖人著經」以來的崇高地位；而在以

〔註 63〕據汪中《荀卿子通論》一書所指，則今古文經皆得受於荀子，除今古文尚書今皆不傳外，餘經莫不然，今以製表如下：

詩：

《毛詩》：子夏—曾申—李克—孟仲子—根牟子—孫卿子—大毛公

《魯詩》：荀子—浮丘子—申公—瑕邱江公

《韓詩》：引荀子說詩凡四十四，「由是言之，韓詩、荀卿子之別子也。」

春秋：

《左氏》：左邱明—曾申—吳起—吳期—鐸椒—虞卿—荀卿—張蒼—賈誼

《穀梁》：（荀子—浮丘子）—申公—瑕邱江公

《禮》、《易》則無今古之爭，然《禮》於荀書章句多有複重，劉向復稱：「荀卿善為《易》，其義亦見〈非相〉、〈大略〉二篇。」，故知《禮》、《易》亦與荀卿有關。

〔註 64〕此時清儒治學，並無特定對象，只是遍校群書，企有所得，故手札中多為條列案語，且非特一門專學，經史子集皆在其中。如惠棟既有《易漢學》、《古文尚書考》等疏經之書，復有《明堂大道錄》的典章制度考，及《後漢書補注》等史料的考訂；而焦循除了有《周禮鄭氏易》之外，另有《群經宮室圖》的考訂典制，《毛詩地理釋》的古今輿地對照，《里堂學算記》的數算研究，除了經書研究外，更橫跨史集二部。故清儒學術極為淵博，但也因此而有無力深入的遺憾，故謂之「虛蕩」。

〔註 65〕王念孫於疏《廣雅》之時，便曾以經傳諸子轉相證明。見章太炎《訄書·清儒十一》，

子書轉證經詁之時，也逐漸神會到子書中的興味，乃有移治經之法治子書的現象發生，甚或將子書的地位與諸經並列者。如江瑔便以「光明醇正之儒家，亦在百家九流之中。」(《讀子巵言》)，提升諸子地位，同時更指出「吾國所以獲稱數千年聲名文物之邦，亦賴此焉。」；亦有曹允源於《復盦類稿》中，以諸子亦承孔氏流脈論諸子地位……等。此類評議，使諸子地位得以獲得翻轉，而其中得力最甚者，乃荀墨二子的復興。荀學就是在這樣的背景下，重新得到部分學者的注目。

此時，荀學在歷經汪氏的品評後，鑽研者日眾。所涉命題，除了基本的校釋、輯佚、或版本等考據運用之外，義理的闡釋是此期的一個新方向，同時除了慣有的箚記形式外，也出現了荀子的專著，可見荀學的風氣已成了專門，自成一派了。

如荀書考訂上，有顧千里的《荀子校正》、于鬯尊的〈荀子校書〉等，沿續乾嘉餘風，專爲考釋之事；然大部分卻已涉獵義理，如郝懿行《荀子補註》一書「多正楊註之誤，訓詁名道，兼亦發明精理。」(《越縵堂讀書記》)，俞樾的〈荀子平議〉、陶鴻慶〈讀荀卿子札記〉、姚永樸〈考荀子略〉等，大抵輯列前人意見，再加以案語。而版本上，繼錢曾肇發其端，盧、王、顧等乾、嘉大老承其餘緒後，此時如孫星衍、黃丕烈等藏書家亦頗有所穫，甚而有海外佚本的蒐錄；其餘如次目的編定、分合，以及佚文的收錄等，學者們也盡力蒐羅，以期能還荀書眞貌，便於荀說的釐清。這些煩瑣的功夫，歷經諸家的努力後，多已有成，於荀書的整理，貢獻卓然。除之此外，亦有學者專就專題來對荀書進行剖析，如江有誥的《荀子韻讀》，引荀書爲考證古韻的途徑之一；又如俞樾的《荀子詩說》，其以荀書引詩爲詩經學的資料之一，所著眼處，便在荀子的傳詩上，故俞樾以爲：

> 今讀毛詩而不知荀義，是數典而忘祖。(《荀子詩說・自序》

可見荀書的研究，除了荀書自身的校讎及思想的發闡之外，更已拓展至別的領域的運用了。

週邊問題亦有觸及者。自汪中首創荀子年表及楊倞事蹟考訂等範疇後，此期學者亦頗加意關注，如胡元儀於〈郇卿別傳〉、〈郇卿別傳考異二十二事〉中便爲荀子作傳，對荀子的姓氏、生平，都有精要的考訂，像是「年五十始來遊學」、遊齊年歲、議兵之事、入楚次數等，胡氏往往自出新意、駁斥汪說；又如汪氏不知何年的生卒，胡氏亦自成一家言語。除了作系統研究的胡氏外，尚有零星的考證者，如黃式三的《周季編略》，觸及「卿」字的異說考證；黃以周的〈讀荀子〉，考校遊學年代；全祖望的〈讀荀子〉懷疑議兵之說等。至於楊倞的生平，郝懿行於《荀子補註》中說

頁 23。

法亦與汪中立異。這些問題由於年代久遠，資料欠缺，故至今日尚無確論，然清儒的考證無疑提供了我們了解的空間。

對荀書思想的研究，則是此期的一大特色。在此之前，漢魏諸儒多有染溉荀子思想者，即令是負面評價，也絕非無的放矢；至唐人的「脫誤不終」（楊倞〈荀子註．序〉)），宋儒的「大本已失」（程頤《河南二程遺書．卷十九》），以迄於清初的「雖欲逃萬世首惡之誅，何可得哉？」，千餘年來，荀子的地位愈形低迷，至於荀書義理，自更是乏人問津。清中葉以還，樸學襲捲了整個學界，此時諸子學風的興起，以及考證求實的風潮，都促使學者們有一探究竟的勇氣，而在戮力於考證之餘，思想的探求也成了學者們注目的焦點，僅管成就有限，然已爲爾後的尊荀運動預爲鋪路。此時清人在鑽研荀書之時，除了對其學說態度較爲寬容之外，最明顯的，已有頗多染溉荀子思想的學者出現，此於荀學風氣的推動，自是更爲得力。錢穆於《中國近三百年學術史》中。對此現象有極精準的描繪：

> 戴學近荀卿，同時程易田已言之：……焦里堂繼東原爲《論語通釋》，亦時引荀子語；錢大昕《潛研堂集》先已爲荀子辨誣。當時學人本自致力於荀子，故不自覺其言思之染涉者之深也。（頁 358）

正因荀學地位此時已有所提昇，故而當清儒面對前人的苛責時，也不免爲其抱不平。此舉宋明時非無，然如此大規模的進行，非待清世荀學發顯，不能爲之。故有傅維森於〈荀揚優劣論〉中，以荀卿乃「立心至正，故其立言皆有功於名教，而可百世不朽者也。」。而對韓氏醇疵之議，亦出現了幾種不同的對待。如黃式三以「有小疵而不失其大醇。」《周季編略》）而著眼其優處；謝墉、錢大昕並以孟荀俱醇，以爲「四子而下，洵足冠冕群儒。」（《荀子箋釋》），可「與孟子並稱無異詞」（《潛研堂文集》）；甚而有因此而對韓氏有所訾議者，如郝懿行：「頗怪韓退之謂爲大醇小疵。」……等。當然仍有以「大醇小疵是其定評」（朱一新《無邪堂答問》）者，但已可見議荀角度，不再呈現口徑一致的現象。於舊時荀書中諸多遭非議之處，亦能有所自出。如徐養原以二人之言性，皆爲勸學（《詁經精舍文集》）……等，他如非思孟、禮僞說、法後王等，清儒之品評亦有異於宋學處，意見相彷者，角度上也有異趣。這些不同的意見，在王先謙的《荀子集解》中，被王氏加以搜羅釐清。據王先謙自述，其早年便留心於荀學的復興，因此相關資料收集得相當完備，後來結集成書，內容自然能包羅萬有、洵爲雅正，光緒十七年，王氏《集解》付梓之時，排荀運動雖然尚未成形，但此一復興荀學的工程，至此也到了大儒盡出，承前人餘緒拾人牙慧的尾聲了，《集解》集結了百餘年來乾嘉學派諸位賢達的心血並且因爲沒有師承學閥的包袱，而能客觀地予以評斷，可說是整個樸學界對荀學的貢獻，都被其淬礪在這本《集解》上，所以廖名春以爲此書乃直可「與劉向校、楊遂注並稱的傑作」〔註66〕，「至今仍爲研《荀》者的案頭必備之物」。在此荀學復興期中，集其大成的王氏《集解》，是今日吾人在研究清代荀學之時，絕不容忽視的一本著作。

三、清末「小康」與「後聖」的爭議

（一）公羊家的非議

從清初的朱子學再起，及經世實學的反動，一變爲乾嘉樸學的自保，再引發諸子義理的復興，荀子在這股子學復興的風氣中，地位獲得了翻轉，雖然畢竟只是子學復興運動中的一股支流，但是對千年不振的荀學而言，卻不啻爲一場甘霖，荀書的詁釋在這個時期中被完成了大半——然而多變的清世學風尚未停止。道咸世道衰亂後，一些憂國者厭棄詁訓，部份晚清學者迺改採經世變法的主張，他們捨棄乾嘉飣餖之學，企圖回歸西漢「通經致用」的思想，從而引發今文經學的盛興。

今文經學的出現，卻使一度盛極一時的荀學，又再度成爲眾矢之的。今文經因讖緯的滲透，往往有迷信神話的成份，後人多不取，故至魏晉以降，今文經學幾爲絕跡，迨清末今文經學復興時，只《春秋公羊傳》尚存，餘經皆亡，是以所謂今文經學，其實也就是公羊學〔註67〕。

今文學者的排荀，肇發於康有爲。康氏初亦尊荀，光緒十七年康氏於萬木草堂講學之時，仍力主荀說，以爲：

> 孟言擴充是直，荀言變化氣質是曲。孟子但見人有惻隱辭讓之心，而不知人有凶殘爭殺之心也。(《南海康先生口說》)

並以「孟言擴充，未妥。」，而荀言「極是」(《南海康先生口說》)。當時他仍是陸王心學的流裔，竟對荀卿大力揄揚，何故？事實上，就其言論看來，其美荀之觀點，多集中在荀卿的勸學，及解蔽上：《解蔽》被康氏視爲「心學」(《南海先生口說・諸子》)，自有其獨特的價值；對荀卿的學論加以讚譽，卻與時局不無關聯。一心奉行西學、變法議政的康氏，在孟子的擴充本心中，是找不到吸附西學的論據的，而要求博學的荀卿卻能提供此一需求，故而此時康氏尚未對荀學加以批評。

〔註66〕如閻若璩《尚書古文疏證》，考辨東晉古文尚書及孔安國《尚書傳》皆爲僞書，如此則宋儒賴以相傳不絕的十六字心法，便失去了其背後的支持，對此，梁氏於《清代學術概論》中便極力稱美，謂爲「思想界之一大解放」；而胡渭之《易圖明辨》，將易歸回伏羲、文王、周孔的肘下，而將圖書辨明爲陳摶以迄邵雍的傳承，宋儒的理氣論莫不出此，故胡渭此辨，直接斲傷了宋學的命脈，梁氏稱美曰「思想之一大革命」。可知辨僞雖是求眞之舉，卻無形中動搖了經書的地位。

〔註67〕楊遂，應爲「楊倞」之誤。

尤其難能可貴的是，康氏更以精準的學術史觀，體察出荀書歷史命運坎坷的主因，迺在儒釋爭鋒之故：

> 孟子「性善」之說所以大行者，皆由佛氏之故。蓋宋時佛學大行，專言即心即佛，與孟子「性善」暗合，乃反求之……然既以性善立說，則「性惡」在所必攻，此孟所以得運二千年，荀所以失運二千年也。(《南海康先生口說》)

可知當時的康有爲，態度上仍然相當持平，得公羊學後，以三世之說比附，論荀觀點才有了轉變。

康氏與其說是個學者，無甯說是個學運份子，公羊學的「改制說」及「張三世」的主張，顯然吻合了其變法的要求，故而康有爲很快地傾心於公羊學下，曾謂：「惟公羊詳素王改制之義，故春秋之傳在公羊。」〔註68〕，而傳穀梁學的荀子既與公羊立異，黜抑自爲必然；當時今文經學復興，正與乾嘉以降一班治古文經學的宿儒立異，並視古文經爲「僞經」，康氏在大張異幟、力倡己說之餘，對傳古文經的荀子自也不滿。同時，康有爲極尊陸王的心學背景，也在此上扮演了一定的角色，梁啓超在《康南海傳》中便指出：「先生則獨好陸王，以爲直捷明誠，活潑有用，故其所以自修，及教育後進者，皆以此爲鵠矣。」既是陸王明心見性的支持者，對荀子的疵議，自是意料之中。

康有爲復以三世說加諸其上，指孟子傳大同之道，而荀子僅得其小康之義。戊戌變法失敗後，康氏於大同之說益發執著，在對政治情勢失望之餘，將兩千年積弊一股腦全怪罪至荀子的身上了：

> 孔子之至道……始誤於荀學之拘陋，中亂于劉歆之僞謬，末割于朱子之偏安。于是素王之大道，闇而不明，鬱而不發，令二千年之中國，安于

〔註68〕公羊學的風行，雖是盛於清末，但發源甚早，一般可溯自常州學派。最初，莊存與以《春秋正辭》闡釋滿漢「華夷之辨」的心結，自此開啓了清中清末的公羊學研究；孔廣森亦著《公羊通義》發孤門專學，然並不受重視，他是清末公羊家中最早以孟子釋公羊的，以爲「公羊家獨有合於孟子」(《公羊通義》)。此後劉逢祿乃發「張三世」、「受命改制」諸義，將原本釋滿漢心防的公羊學加以轉向，改而朝「烏托邦」的理想研發，此一體系的構擬，是公羊學發展的關鍵；劉氏對公羊學的另一個貢獻是在經學史上，以爲「劉歆顚倒五經」「以售其僞」(《左氏春秋考證》)，藉著對古文經學的否定，來抬高今文經的地位，爾後此一觀念便成爲康有爲《新學僞經考》的肇發。同時代的宋翔鳳更藉微言大義的推求，附會爲「孔子改制」的研究方向。這些成就將公羊學的基體確立穩固，並由龔自珍及魏源繼拓。龔氏非思想專門，然喜以公羊義抵排時政，故爲康梁所祖；魏氏則自《春秋》推及群經，學術成就更勝龔氏。然二者大抵皆喜以經術作政論，力主「通經致用」，亦成爲治今文經者的特色之一。

小康，不得蒙大同之澤。(〈禮運注・敘〉)

清末世道衰微，西方強權逼陵，這種種現象在在促使知識份子反省自身所學，康氏的大同之說，對震驚於西學的清末知識份子而言，是相當聳動的，許多致力於救國、強國的學人紛紛傾倒於康門，一時形如學閥，然而所張者，卻非公羊眞義，只是藉大同之說推展福利等民權理念，於是大同說先成了康氏立憲變法的依據，復成爲梁啓超民權革命的作手，並從而衍生爲大規模的「排荀運動」，藉以排除舊學，鼓吹新學。如梁啓超雖以荀子傳經「其功最高不可誣」，然卻黜爲「聖教之大不幸」(〈讀孟子界說〉)、「孔學之大不幸」(《中國學術思想變遷之大勢》，頁 46)，以爲「無論是非得失，皆從荀學中一派討生活，二千年以來無有知尊孟子者。」(同前)，就連排荀尊孟頗力的宋明諸儒，梁氏亦斥爲「然於孟子經世大義無一能言者，出所持論無一不與孟子相反，實則摭荀學吐棄之餘而已。」(同前)，並以君權之尊、異說排擯、禮教守舊、餖飣考據四事皆爲荀子所致的負面影響，荀子經此黜抑，竟成了華夏的千古罪人了。

（二）蘭陵功臣

清末雖有康梁的小康議論，使得荀學聲望重挫，但仍有能公平對待荀說的學者，這些學者們對抗康梁而有尊荀運動的提倡，其中尊之最力的，便是章太炎。

章太炎在其《自定年譜》中，曾經自謂：「余所操儒術，以荀卿爲宗，不喜持空論，言捷徑者。」可見在治學態度上，其與荀子的篤實是相吻合的；同時，章氏既爲古文經學者，對傳授古文經的荀子，自然更是敬愛有加。但這只是就太炎的學術取向來分析其尊荀的可能原因罷了；就另一方面而言，太炎生於清季，在面對亂世時，於荀書諸多憂世體艱、未雨綢繆的規劃，自更能多所神會，其於《菿漢微言》中，也曾自述其於經世之學的取捨是：「遭世衰微，不忘經國，尋求政術，歷覽前史，獨於荀卿、韓非所說，謂不可易。」足見其於荀卿之崇奉，並不僅是簡單的今古文排擯的結果，而是眞正透視了荀學的特處。

章太炎的尊荀，與其掮負的時代課題，是密不可分的。當時中國情勢危殆，許多知識份子傾心於西學，然而以孔孟心性之學爲主體的舊勢力卻是反對向西方學習的，孟子那「求其放心」的學術態度，成了阻撓文化融合進步的圍城，相反地，荀子積學起僞的理念，反而更能迎合亟思自強的新知識份子的需求，成爲就教西學的理論依據。當時如章氏之師俞樾，便曾對其門下弟子指出：

> 無荀子不能開三代以後之風氣，無孟子而先王之道幾乎熄矣。今將爲荀子之徒歟？西學俱在，請就而學焉；將爲孟子之徒歟？……願與諸君子

共勉也。(《詁經精舍課藝・八・序》)

可見孟、荀的差異，在亂世間更形浮凸。各取所需的結果，章氏選擇成爲荀子的信眾，更在荀子的「法後王」「制天命」的思想中，得到異於儒家綱常倫理的支持，加強其改革的信念，從宣揚維新變法，到鼓吹革命，雖遭到其願爲「孟子之徒」的師尊斥爲「不忠不孝、非人類也。」(〈謝本師〉)他仍是一本初衷，矢志向舊勢力揭竿抗衡。

正因爲章太炎有滿腔改革救世的理想，因此，與汪中相較，除了肯定荀卿傳經的功勳外，章氏更能多方領略荀學的特處：

> 自仲尼而後，孰爲后聖？曰……惟有荀卿足以稱是。非侈其傳經也，其微言通鬼神，彰明于人事，鍵牽六經、謨及后世……是故『禮論』鍵六經，『正名』以鍵春秋隱義，其他『王制』之法，『富』、『強』之論，『議兵』之略，得其枝葉，猶足以比成、康〔註69〕。

而尊以「后聖」之名，足見章氏眼中的荀子，與梁氏相較，直是天壤之別。章太炎以爲，傳承六經固是荀子不可沒的貢獻之一，然而其正名思想、禮論、富國、王制、議兵等方略，才是荀書的眞正大貢獻，只要得其餘緒，便足以比於成、康，足見章氏於荀學的神會，早已超脫前儒的眼界，而更洞見了荀書內蘊的理想國藍圖，過去學者沿襲宋明的爭論課題，一直在性惡、非思孟一途上打轉，章太炎卻能直抵核心，轉而發明荀卿政論的奧義，強調荀書的本來面目，此一轉換，對今日荀學體系的成形和領域的界定，其肇發的功勞，是不容抹滅的，眞可謂是蘭陵功臣〔註70〕。

（三）康章分峙

康章二人，所面對的時代課題是一致的，基本上也都是滿富經世理念及救世情懷的改革主義份子。然而在經世背景下形成的荀學觀點，竟是南轅北轍，一如其本身思想體系所形成的對峙一般。關於康章二人學術的差異，李澤厚先生說解得很清楚：

> 康有爲抬出今文經學變法維新，章太炎用古文經學宣講種族革命。二千年前漢代王朝中熾熱的封建文化的經今古文之爭，居然在晚清死灰復燃，迴光返照，正是這種特定時代要求下出現的奇觀。無論是今文經學派的皮錫瑞、廖季平或是古文經學派的俞曲園、孫詒讓，所以都遠不及康、章的影響，原因就在後者突出體現了當時政治爭鬥的需要。(《中國近代思

〔註69〕語見康有爲《春秋董氏學・自序》。汪榮祖的《康章合論》書中，亦曾加以引用，然而卻誤認此語是孟子所說，非也。

〔註70〕轉引自王汎森《章太炎的思想》，頁31。

想史論》，頁 456）

解讀這段文字，必須注意李澤厚先生行文時的語法，「抬出……」、「用……宣講……」，這種語法意味著康章二人的政治思想和學術理念的成形並不一致，康章二人都是企圖在古典學術中比附其政改的依據，而非在學術中形成了其政治理念的礎石，也就是說，不論是今古文經學，都不過是推行政改的工具，因此，論學術成就，康章二人並不比前輩諸師耀眼，但是二者在近代史上無可替代的地位，卻是成就於他們與時俱進的觸角，眞正成為了「經世致用」的大儒。

今古文經中當然不寓涵變法改革的思想，但是康章二人卻言之鑿鑿，並從而引發了對立，追根究底的結果，尊荀和排荀不過是一種附屬的手段罷了，兩人本身的學術差異，才是引發對立並連坐了荀卿的關鍵。一般人在談論到康章二人的差異時，往往自今古文之爭來著手，但究其實，卻需溯自漢宋之爭的癥結上。

康有為原自朱九江處受學，朱九江是理學的流裔，康氏因此深受陸王心學的影響，進而學禪；而章太炎從師俞樾，俞樾是樸學大老，是以二人雖同以古文經入門，卻有漢、宋之判，這對其學術立場，自有偏頗的影響，連帶地亦左右了兩人對荀學的觀點。宋學的排荀和漢學的尊荀，對這場「小康與後聖之爭」，應有著潛意識的支撐。

漢宋之爭對二人的學術生涯所造成的殊途，比兩人本身的差異更巨大。康、章二人其實有著諸多雷同的地方—兩個人同樣以古文經學入門，也同樣曾叛投今文經學的懷抱—不同的是，章太炎最後仍選擇回歸古文經的立場，從而創立了國粹派，至死不渝。為什麼最後兩人卻選擇了不同的歸宿，其理由也正在這漢、宋之別上。漢學基礎的章太炎，所學所求都在要求一個證據，與陸王的自由心證是截然不同的，故而當時雖因嚮往變法而加入康門，但是在接觸到公羊學預言式的「三世」、「三統」說和「孔子作六經」等缺乏論據的觀念後，立刻又揚棄了今文經學，而回歸乾嘉統系的脈絡。反觀「由陽明學以入佛學」（梁啓超〈康有為傳〉）的康有為，在面對將孔子視為「素王」的宗教式理念時，由於正好符合宋學本身宗教式的性格，幾乎是不假思索地，康有為立即傾倒於公羊學下，成為「清代今文經學的集大成者」〔註 71〕。

漢宋之爭影響到雙方的今古文立場，並從而連坐了荀卿的地位，因此在漢學的背景下，古文經學家的章太炎不僅力讚荀卿傳經的功勳，更在荀書中發現了政改的

〔註 71〕章太炎所以能跳脫宋明論荀的迷思，與其師俞樾不無關聯，俞樾的學術態度雖是「願為孟子之徒」，但是其於諸子學上的成就，卻證明了俞樾對荀學態度的開放，同時俞樾更引荀書說詩，將荀學直接跳出了人性論的盲點，而端就實書來論其特處，此對章太炎將荀學轉換為政治用途的改變，有其啓發性的作用。

藍圖；相反地，在宋學的陰影下，今文經學家的康有爲對於傳古文經的荀子導致公羊學的乏人問津，則有說不盡的怨懟。流風所及，遂引發了大規模的排荀運動。

（四）排荀運動

康有爲雖是對荀卿有所疵議，然而其態度卻是尊孟而不抑荀的，眞正導致排荀風潮的，不是康有爲，而是梁啓超等康門弟子。

最初是康有爲在戊戌政變的影響下，對時局失望之餘，將人性論與三世觀點結合，於是指荀子所傳之道，只是小康之說，孟子則自子游、子思的門下嫡傳了大同之道，爾後門下弟子醉心民權政治，以此結合大同說，竟將救世及改革的使命同排荀運動結合起來。他們指出，中國的大同之道中，早已蘊育著民權平等的思想，卻開不出民主政治來，追究其原因，在於「二千年間宗派屢變，壹皆盤旋荀學肘下，孟學絕而孔學亦衰。」（梁啓超《清代學術概論》）。而荀學兩千年來，對中國政治學術的斲害，則共有以下四端：

> 一、尊君權。其徒李斯傳其宗旨，行之於秦，定爲法制。……二千年所行皆秦制也，此爲荀子政治之派。二、排異說。荀子有〈非十二子〉篇，專以攘斥異說爲事，漢初傳經之儒，皆出荀子，故襲用其法，日以門戶水火爲事。三、謹禮教，荀子之學不講大義，而唯以禮儀爲重，束身寡過，拘牽小節。自宋以後儒者皆蹈襲之。四、重考據。荀子之學，專以名物、制度、訓詁爲重，漢興，群經皆其所傳，齗齗考據，……至本朝而大受其毒，爲荀子學問之派。（梁啓超〈論支那宗教改革〉）

更有譚嗣同總評云：

> 二千年來之政，秦政也，皆大盜也；二千年來之學，荀學也，皆鄉愿也；惟大盜利用鄉愿，惟鄉愿工媚大盜。（《仁學．下》）方孔之初立教也，黜古學、改今制，廢君權、倡民主，變不平等爲平等……彼爲荀學而授君主以權，愚黔首以死，雖萬被戮，豈能贖其賣孔之罪哉（同上）

將兩千年的專制政治全歸罪在「失運二千年」（康有爲語）的荀子身上，而且「萬被戮」也不贖其罪，未免太過武斷，令人難以信服。

荀書中確然有尊君隆禮的言論，但是尊君和尊君權根本是兩碼子事，隆禮也不等同於重禮教。同樣是尊君，荀子尊的是君「德」，這是一種「敬重」，「敬重」「君子」之「德」，這和專制體制中「敬畏」君主的「權勢」是截然不同的〔註72〕，基本上荀子所尊的君主，根本不是現實的戰國諸侯，而是才德兼備的「理想王」；隆禮

〔註72〕此一結論，引自陳慧道《康有爲《大同書》研究》，頁405，廣東人民出版社。

更是儒家一貫的特徵，孔子不也說：「克己復禮爲仁」（〈論語・顏淵十二〉）嗎？只是荀卿更加重視罷了，而且荀卿所重的禮，是一種「治辨之極也」（〈議兵〉），也就是「養人之欲、給人之求」（〈禮論〉）「使民不爭」的「度量分界」，而不僅僅是「禮文」，主張「制天命而用之」的荀子，他的「度量分界」自也是「因時制宜」，絕非宋明禮教的墨守成規可以相提並論的；至於將漢儒的門戶家法冠在荀卿的頭上，指責他是「始作俑者」，這種說法和宋儒將李斯焚書坑儒，說是荀子的末流影響，同是意氣之論，隔了千年又被重新炒作，只徒然落人笑柄；再者訓詁名物之學是否「流毒」兩千年，全然沒有它的價值呢？答案更是否定的〔註73〕。

況且，荀子是否眞有能力如公羊家所批評的一般隻手遮天，只怕未必。荀子尊君隆禮的思想、非十二子的言論，全都存在於荀書中，因此，沒有見過荀書的人，能否受他的影響，答案應該是否定的。然而檢驗荀書的傳承史，卻發現了荀書瀕臨失傳的事實。漢代劉向「去其複重」時，《孫卿子》有三百多篇，被刪成三十二篇，雖然被保留在國家藏書中，但由於不列名學官，識者不多；到了唐朝楊倞作注時，荀子已經被某些人視作「異端不覽」，而且又是「覽者以脫誤不終」的斷簡殘篇，於是楊倞重訂爲二十卷本；宋代是理學天下，除了少數異端之外，大多都認爲「不需理會荀卿」（朱子語）；明代削荀合道〔註74〕的風氣嚴重，即使有心，也不易窺其全豹；荀書的傳承校訂，還是清代以後的事了。一本連存在感都很薄弱的書籍，竟然會成爲兩千年來成千上萬名儒生「戕害」中國的罪魁禍首，有是理乎？

總之，康門弟子企圖藉排荀運動，一舉掃蕩傳統政術流弊、推行大同之道及民權政治的用心，可說是昭然若揭。說穿了，排荀運動，排的不是荀子，排的是滿清、是古文經學，而之所以以荀卿爲排撻的對象，基本上是肯定了汪中將荀卿視爲傳經大老的說法，故而以破除傳統陋學爲己務的公羊家們，自是務去之而後快了。這種將己身的學術使命轉嫁，用排撻異己的手法來完成的手段，和千年以前宋儒用非荀來抗衡漢學的手法，可說是毫無二致。

四、小　結

王氏《集解》付梓於光緒十七年，正值乾嘉餘緒分蛻，公羊漸興之時。在他之

〔註73〕此一差異，拙作〈秩序情節與荀韓關係〉亦曾加以探討。

〔註74〕在註44中，筆者曾探討過漢學的特質，是肇因於學術使命的需求，若是沒有漢儒的「訓詁」、「名物」，宋學賴以承傳的《四書》、公羊家用以改制的《公羊春秋》，早在秦火後的百餘年間佚散了，同樣地，沒有了典籍，千年後的理學家，和二千年後的公羊家，也不可能存在。

前，荀學在考據章法上被漸次釐清，逐漸撥現其原本混沌難辨的眞貌；在他之後，則面臨康章分岐，荀學地位擺盪不定的局勢。《集解》處在此一關鍵性的位置上，是否能揹負起承先啓後的重責大任，則是以下諸章中，筆者所亟欲呈現的大旨。

第四章　王氏《集解》對荀書的校釋價值

王先謙的《荀子集解》，付梓於光緒十七年，爲集諸家校注大成之作品，在荀學史上負有一綜結傳統荀學的地位。

荀學的評價在歷經宋明以迄清初理學諸儒的抨擊後，甚而有「雖欲逃萬世首惡之誅，何可得哉？」（清・耿極語）的意氣之語出現；清中葉以還，樸學取代理學，襲捲了整個學界，此時諸子學風的興起，以及考證求實的風氣，才促使學者有一探究竟的勇氣，直到光緒末年排荀運動之前，清儒自各個層面來爲荀書翻案，而王先謙，正好活動於此一時期。清世荀學的興盛，與樸學本身縝密的研究方法，本有著密不可分的關係，承繼此一研究方法，而對荀學進行大規模探索的王先謙，雖然銜有一新舊樞紐的地位，但對此一歷史使命是否能恰如其份地達成目標呢？則是本章所企欲探討的重點。

因此在以下章節中，筆者將試圖解析王氏《集解》其於考據學上的成就，並藉以論述其價值。實則自小處著眼，王氏《集解》固多是拾人牙慧，鮮有自創；然就大時代而言，則必得有王氏的總集大成，方能透顯清儒於荀學上的總體學術貢獻。這是本文在論述王氏荀學時，期盼能得致的成果。

第一節　校勘學上的成果

校勘學在清代以前，並未獨立成一門學術，但是運用校勘的法門則由來已久，惟因意會而不形爲文字，故而多只是零星的運用，至清樸學興起，才成爲鼎盛的學科，在歷代中得致空前的成就。據陳垣在《校勘學釋例》〔註 1〕中，將校勘的方法

〔註 1〕轉引自管錫華《校勘學》，安徽省教育出版社，1991 年 7 月。

依材料的來源分成四類，即對校（又叫版本校）、本校、他校及理校，故筆者企圖以此四種方法，檢驗荀學史歷來在此上已有什麼樣的基礎，《集解》則得致了什麼突出的成果。

一、前儒獲致的成果

（一）荀學統系與楊、盧二人在對校上的獨到成就

對校又叫「版本校」。所謂「書三寫，魚成魯、虛成虎。」（《抱朴子・遐覽》），只要是經過傳鈔翻刻的書籍，便很難不出錯。秦火後，許多書籍殘落脫誤，於是在劉向父子的領頭下，進行了一次大規模的官方校書，按理說來，最早的對校應溯源至此，不過荀書本是集結於劉向手中，自然沒有什麼對校上的問題了。在荀學史上，目前所能見到最早的對校資料，是始於楊倞。

楊倞爲荀書作注時，原籍已經是「編簡爛脫、傳寫謬誤」（《荀子・序》）了，因此楊倞作注時，便不得不先解決此上的歧義。楊倞所選取的底本是十二卷本的《孫卿新書》，這和《漢書・藝文志》中不分卷的《孫卿子》以及《隋書・經籍志》中簿錄的十二卷本《孫卿子》，在分卷及書名上互有出入，似乎已有不同，再加上楊倞注中往往有「一本」、「或曰」的異文資料，可見楊倞時，荀書至少已有二種以上不同的流傳版本，而楊氏的整合，正是爲荀書進行首次修葺的功夫，可見楊注的對校對後世的影響。

楊書在歷經晚唐五代的離亂後，原寫本已佚散，今日所見的廿卷版本在北宋時大略形成的監本及纂圖互注本兩大出入頗多的統系，但原監本於南宋時又佚失了，今日所見監本乃南宋學人復原的成果；纂圖互注本則一直流衍了下來。不過由於差異過大，歷來學者往往盡可能以二系相參，因此，南宋以後的對校工程，其實便是在這兩派系間斟酌商榷罷了。

互參兩系的工程，最早是始於錢佃的《荀子考異》，其以所得的四種二浙西蜀本，校勘其於廬陵學官藏書中發現的元豐年國子監刻本。元豐本與北宋熙寧監本時代相接，又沒有元豐刻版的實錄，很可能便是取熙寧元年所刻舊版重刊而成的；至於錢佃引二浙西蜀本所正一百五十四字，因與纂圖互注本絕類，可見二浙西蜀本或便隸屬於纂圖互注系統，甚或是此系統的元本，是以錢佃本可大抵視爲一本最早參與整合兩系之書。不過整合的工作卻在錢本後近乎絕跡，因爲監本中「悉視熙寧之故」（唐仲友〈荀子序〉）的台州本在中土失傳，錢佃本又與南宋後盛行的纂圖互注系統略近，故不論是南宋監刊四子纂圖互注系統（龔氏《五子纂圖互注》即據此系翻刻。）、

建安坊刊四子纂圖互注重言重意系統（元版《纂圖互注重言重意六子》雖揉和了龔氏五子及建安四子而成，但荀書的內容則仍沿用建本。）、坊刻纂圖互注巾箱本、南宋纂圖互注分門類題本、南宋龔士卨《音點大字荀子句解》等，所差異的，不過是帖括的形式，內容則大抵不出纂圖互注系統的範圍，這種情況到明代世德堂本出現後，才有了變化。

世德堂本特選元版六子書系統的正文，略去纂圖互注重言重意〔註 2〕的部分，再以錢佃本略校，雖然規模不大，畢竟是對監本與纂圖互注本兩大統系的另一次整合；此後荀書便多以世德堂本行之於世，如虞九章、王震亨便據世德堂本略爲刪校，鍾惺孫鑛評點、錢光彭王立乾訂正的評點系統，亦是據此而來。

盧謝合校的《荀子箋釋》甫出，便立刻取代了世德堂本。此書並不專主一家，其所援引的版本有四：影抄大字宋本（可能即是摹抄自浙北翻刻的熙寧監本）、元刻纂圖互注本、虞王合校本、世德堂本、（另列有「明鍾人傑本」語，但只偶及之。），其中大抵以宋本及元刻本爲主，亦是綜結了監本與纂圖互注本兩大統系之作。基本上，盧氏的校勘工程規模比世德堂本大，而且法度井然，故而其取代世德堂本，並被譽爲「咸、同以前最爲善本」，實是其來有自；然而所據影抄大字宋本被黃丕烈指「其所沿革，往往可議。」〔註 3〕，《箋釋》又往往沿誤，故而可正者仍多。

（二）王氏父子以樸學根基成就校勘成就

1、王氏父子在本校上突出的建樹

本校是指據本書的前後文例校對的方法，但性質與對校不同，對校遠可溯自楊注，且對校進行的，究其實只是版本異文的校勘罷了，本校則涉及內文的釋義，故而眞正有本校資料的大量出現，當在清世荀學復興之後了，前此雖不能說是絕無事例，但畢竟只是零星的引用，談不上成爲校勘治《荀》的一個門徑。

楊注中有關於本校法的實例，就極爲罕見。一般說來，本校可依原籍的文例、韻語的對照、文法的一律及義對的推敲四方面來進行。楊注對文例的發凡並不專意，且多運用於釋義上，鮮能行校正之舉，復以唐代的文人在聲韻及句法的基礎上亦不留心，因此楊注中有關本校的資料非常少見，如〈王制〉：「脩憲命、審詩商、禁淫

〔註 2〕有關重言重意與纂圖互注的區別，陸心源在《儀顧堂續跋．宋槧纂圖互注禮記跋》中指出：

凡與《禮》本經辭不同而意同者，謂之重意；文義皆同者，謂之重言；文意與他經相同者，謂之互注。

（轉引自高正，《《荀子》版本源流考》，頁 31，中國社會科學出版社，1992 年四月。）

〔註 3〕轉引自高正，《〈荀子〉版本源流考》，頁 76。

聲。」，楊注據〈樂論篇〉改「詩商」爲「誅賞」，才眞正是一據後文改前文的本校資料〔註 4〕，但是在方法未完全成形之前，如〈王制篇〉中的本校例子，雖不能說是僅見，至少是非常罕有。

樸學方法的嚴格建立，始於戴震，謝墉與盧文弨正與戴氏同時，因此，一些基本的考據運用，在謝本中已粗具規模，雖然仍以簡單的對校資料佔絕大部份，但也逐漸出現較理論性質的本校形態了。如〈富國篇〉:「以養其厚也」之「也」字乃謝本依上下文句「以養其知也」、「以養其德也」的句法所增加的；此即一據句例形態更正本文的本校範例。又如〈勸學篇〉:「詩曰：匪交匪舒，天子所予。此之謂也。」，與「百發失一，不足謂善射」語間，謝本則據荀書引詩於段落末例，爲之分段；這則是依原籍的文例對本文校正的例子。〈富國篇〉:「若是則不威，不威則罰不行。」，舊本皆作「賞罰不行」，然「賞不行」當與「罰不行」對句，故謝本以「賞」字衍而逕刪，此乃就義對上來推敲的校注。基本上，在謝本中如上述的本校例證雖僅佔有極少的份量，但論據間已頗具法度，不過盧謝二人長於讎校，音韻並非其所長，故而在謝本中，尚見不到比併資料以外，更科學的校讎方法。眞正對荀書進行較精密的校正功夫的，則始自王氏父子。

王氏父子精於樸學，不論是文字、聲韻，根底都極爲深厚，展現在訓詁學上，使王氏父子（尤其是王念孫）成爲清代訓詁古籍極成就的學者，同樣地，運轉此法，校勘學亦有字字珠璣的成就。以本校而言，不論是以原籍文例校正（如〈王霸篇〉「無偏貴賤」條），以文法的規律加以勘矯（如同篇「然常欲人之有」條），抑或是就義對上來推敲（如同篇「天下之人百姓條」），王氏父子都能獲致相當大的成就，而且更進一步地運用其樸學基礎，鋪展在校勘學的引證上，增加了校勘學的精密度，此一絕活，是後學鮮能望其項背的。如《讀書雜誌・荀子第五》「然而兵殆於垂沙，唐蔑死」（〈議兵〉）條，楊注本以垂沙爲一個地名，但未解所在，於是謝本引《史記》異文「垂涉」供後人思索；王念孫則解道：

> 案「垂」字古讀若「陀」，垂沙蓋地名之疊韻者。《韓詩外傳》及《淮南・兵略篇》並作「兵殆於垂沙」，〈楚策〉云:「垂沙之事，死者以千數。」，則作「垂沙」者是也。

〔註 4〕然而此一本校資料已遭王引之推翻云：

> 商讀爲章，章商古字通，太師掌補教、故曰審詩章。賈子〈輔佐篇〉曰：「觀民風俗審詩章，命禁邪音息淫聲。」語意略與此同，則詩商非誅賞之誤明矣。且誅賞非太師之職，而商賞聲相近，〈樂論篇〉之「誅」字，恐轉是後人所改。

自《集解》以降，一以王說爲準，而不從楊注了。

則王氏自音理上探索，以爲「垂沙」當爲兩地名的簡稱，各本異文亦作「垂沙」，故《史記》「垂涉」應爲訛字，遂將楊注懸宕許久的疑義用聲韻學理梳解開了。又〈荀子第七〉「有鳳有凰」（〈解蔽篇〉）條下，王《雜志》云：

> 詩曰：「鳳凰秋秋：其翼若干，其聲若蕭；有鳳有凰，樂帝之心。」念孫案：「有鳳有凰」，本作「有凰有鳳」。「秋」、「蕭」爲韻，「鳳」、「心」爲韻。《說文》：「鳳從凡聲」，古音在侵部，故與「心」爲韻……後人不知古音，而改爲「有鳳有凰」，則失其韻矣。……《藝文類聚·祥瑞部》、《太平御覽·人事部》、〈羽族部〉引此，並作「有凰有鳳」。

王念孫據韻語的照應校正本文，這種專業性的運用，在荀學校勘史上可說是一大契機，至此，荀書的校勘才突破了原始的資料比併，邁入更科學化的新里程，由王先謙《荀子集解》在全書計五百九十七條的案語中，竟有七十八條全然依從王念孫的看法，足見其成就實已深爲時人及後學所肯定了〔註5〕。

2、王氏父子在他校上獲致的成就

他校指以「以他書校本書」（陳垣《校勘學釋例》），但不包括異本（異本指同書的其他版本，這是對校的範圍了。），一般說來，所謂的「他書」，包括本書引文的原籍、引用本書文句的著作及薈萃群言的類書，這類著作，不論是忠實引用抑或轉述文意，移入本文中還是引爲詮解，因爲有彼此互發的功用，故可用以校讎。楊注中曾有大量引用他書的現象，但當時多是作爲釋文之用，很少運用在校勘的範疇內。大致上說來，楊注著意在詮釋上，校勘只是詮釋過程中不得不然的基礎功夫，因此，楊注中校勘的案語本就僅佔了全書極小的部份，何況楊注成書較清世相去千餘年，如何能以後人的遊戲規則，評斷楊注的優劣？不過楊注中顯然缺乏更具邏輯性的校釋功夫，卻是不爭的事實。

他校的資料在謝本中亦不多見，而且大多只是用以存異說罷了，雖有少數眞正的他校資料，但並不多見。如〈正論篇〉：「三公奉軶持納」下，楊注「軜謂驂馬內轡繫軾前者。」，謝本則改作「內轡」，以爲「注內轡舊作內軜，今據說文改正。」，此即一以原引書籍校正注文的範例。這個例子是很精緻的他校資料，而且模式清晰，不過這畢竟是少數的個案。謝本對待他書異文的態度，大抵仍偏向保守，如〈禮論篇〉：「三年之喪，哭之不文也。」，謝本雖據楊注「不文謂無曲折也。」，及《史記》、《大戴禮》的異文「不反」，疑「文」字當爲「反」字之誤，卻也不敢擅改。

王氏父子在他校的成就上便較謝本大幅精進。如〈修身篇〉：「其爲人也多暇日

〔註5〕詳見附表的分析。

者，其出入不遠矣。」王念孫便以爲：

> 「出入」當爲「出人」，言爲學而多暇日，則或作或輟，其出人必不遠也；若云：「出入不遠」，則義不可通。《文選・登樓賦》注引此已誤；《韓詩外傳》曰：「道雖近，不行不至；事雖小，不爲不成，日日多者，出人不遠矣。」義本《荀子》，今據以訂正。

此處王念孫先以上下文義辨明訛字的可能，再取《韓詩外傳》所引荀文以爲奧援，是兼具理校與他校形態的範例；又如〈議兵篇〉：「君臣上下之閒，滑然有離德者。」，王引之則指：

> 「滑」當爲「渙」，說卦曰：「渙者，離也。」，雜卦曰：「渙，離也。」，下文「事大敵堅則渙然離耳。」，是渙爲離貌，故曰：「渙然有離德。」。……二形略相似，故「渙」僞爲「滑」。《新序・雜事篇》正作：「渙然有離德。」

王引之亦是據義理的勼正說明訛字的可能，復舉《新序》文句爲證，校正各本的訛誤，這些都是成功的他校範例，王氏父子在校勘上的成就顯然比謝本來得耀眼的理由，一方面固是因王氏父子的根砥深厚，另一方面，遍校群書的王氏父子往往能在他書間得致互相對照的論據，反覆詮商定論，自然可信度更高，成就也更鮮明。

3、王氏父子在理校上的豐碩成果

理校在校勘學上十分緊要，各版間互異的文字，要如何能辨斷何者爲眞、何者爲僞呢？便要運用各種知識來判斷了，在這種情況下，不論是聲韻學、文字學、辭彙學、語法學、凡例、避諱甚至於風俗史地方言，都在運用的範疇間。因此，理校的成就，最能見出一個學者的學養，但同樣地，也容易因偏執而陷於附會太過的窘境。

正因爲理校本身有極大成份的主觀意見存在，加上又必成形於各種學術方法大備之時（理校往往兼有各種形式的證據，否則將太過薄弱。），因此不僅在楊注中，我們幾乎見不到有關理校的例證，連謝本中有關理校的證據，也是少之又少，而且都是以相當薄弱的粗胚形態出現。

相形之下，王氏《雜志》中有關荀書的校勘，因校勘方法與素材的大量擴充，故出現不少的理校資料，雖然只是粗具規模的運用，但對於《雜志》在脫出《箋釋》的影響，建立己說的成就上已有助益。

如〈君道篇〉：「賞克」條，王念孫《讀書雜志・荀子第四》便加以考證云：「『克』當爲『免』字之誤也。」，並泛舉各本異文是非，，以文字學加以推論而得致結果，進行了「理校」，有理有據有法，可說是荀書註解的一個範例；又如〈非十二子篇〉：「則六說者不能入也，十二子者不能親也。」條下，《雜志》則依上下文句一氣呵成的筆鋒，認爲「則」字將中斷文句的氣勢，並引《韓詩外傳》並元刻本俱無「則」字例逕刪。此處有對校、他校並理校形態相雜，故而至《集解》時，先謙便據以刪謝本原文，今日所見《集解》已無「則」字了。基本上兩例都典型的理校個案，然而一來《雜志》是樸學運用法則由草創至成熟的過渡作品，二來王氏父子本以樸學見長，義理並不專精，因此《雜志》中有關理校的例據數量並不大，而且有時也不能完全貼合荀書的眞義。如〈儒效篇〉:「變埶次序節然也。」下，王引之以〈榮辱篇〉:「是注錯習俗之節異也。」及楊注「節，期也，權變次序之期如此也。」的本校及理校的資訊，認爲「節」字上當有「之」字，先謙則據〈天論篇〉:「君子啜菽節然。」的句例反駁王氏的擅增文句，這便是一個失敗的例子。

（三）俞樾在理校上的大膽運用

理校最被大幅運用在荀注中，是始自俞樾《平議》之時，俞樾本人是一兼采今古文要求的漢學者，在義理上並不全然偏廢，故而《平議》自有其突出於《雜志》之上的成就。不過理校法本就是一柄兩面刃：俞樾的《諸子平議》雖被譽爲「幾與《讀書雜志》抗衡」(《清代樸學大師列傳》)，實則論述往往太過矯曲，後人毀譽參半，王先謙雖引《平議》處甚多，但並不十分信服，辨誤之處，亦不在少數。如〈勸學篇〉:「君子博學而日參省乎己。」，俞氏便以爲「省乎」二字乃後人所加，並舉《大戴禮記·勸學篇》「君子博學如日參己焉」爲證，王氏卻引《大戴禮記》另一版本「而日參省乎己焉」，並《群書治要》「而日三省乎己」爲證，駁俞樾擅改古書之非；又如〈脩身篇〉:「饒樂之事，則佞兌而不曲。」，俞樾以「不」字乃涉下文「不慤」、「不錄」而衍，王氏則以「佞兌」二字爲口才捷利之意，故「不曲」二字楊注「直取」爲是，自不當如俞說逕刪。由上例可見出，俞樾對古籍的態度不夠謹愼，往往在證據尚未充份之前便妄下論斷，但也因爲這種大膽的態度，偶有歧出的新義，亦不能等閒以視，如〈非相篇〉:「傳者久則論略、近則論詳。」，俞樾以「論」爲「俞」字之誤，作「愈」解，並引《韓詩外傳》「久則愈略、近則愈詳」爲證；又如〈王制篇〉:「人之城守，人之出戰，而我以力勝之。」，俞樾以爲「出」當爲「士」字之訛誤，方能上下義對，並引《新序・集事篇》爲例自證；此二例雖亦爲俞樾擅改古書的例證，王氏不置一辭者，或因文意自足、未可盡非之故，故備而不裁。

二、《集解》脫穎而出的成果

（一）在對校上採用台州古本，不專主一家

清光緒年間，黎庶昌出使日本時，發現中土失傳已久的唐仲友台州本，竟然在

異國保存了下來，楊守敬隨黎庶昌赴日，細心訪求，才在島田篁村處發現了影摹台州本，其書仍有北宋呂夏卿的銜名，又有唐仲友「悉視熙寧之故」的自序，然版心下鐫有「金澤文庫」印，亦有「嘉定十一年換」，故知非唐仲友原版。楊守敬請黎庶昌《古逸叢書》收入，由於完整無缺、又較為近古，可以說是荀書古本中「版本價值最高」〔註 6〕的，日後王先謙《集解》據此正盧謝誤處不少。今日此監本收錄在嚴靈峰《荀子集成》第五、第六兩冊。

王氏《集解》是繼錢佃本、世德堂本、《箋釋》之後另一本合校的荀書版本，其書大抵沿仍《箋釋》的體例，再以台州本及虞王訂正本參校，由於能及時參酌了台州本，因此在諸校本中最為完善，且虞王訂正本又是校自參酌了錢佃本的世德堂本，錢佃本則用二浙西蜀本正元豐監本一百五十有四字，如此一來，《集解》竟兼賅了自楊氏以降，北宋所分化的監本、二浙西蜀本及纂圖互注本三大統系〔註 7〕！正因為《集解》能兼賅各版古本，故而王氏後大凡注荀者，多取《集解》為主，如梁啓雄的《荀子簡釋》、熊公哲的《荀子今注今譯》等，李滌生《荀子集釋》被鮑國順先生譽為「後出轉精」〔註 8〕，亦是以《集解》為藍本。

然而《集解》雖為合校之書，但並非如盧謝合校一般，是「不專主一家」，而是逕以《箋釋》為底，略為刪修罷了，故而雖然正謝本之誤頗眾，如謝本記載：

> 禮者，法之大分，群類之綱紀也。（〈勸學篇〉）

王先謙便依王氏《雜志》所衍的荀書文例，將「群」字逕刪；又如：「若是，則大事殆乎弛，小事殆乎遂。」（〈王制篇〉）下，謝本所載楊注為：

> 弛，廢也；遂，因循也。春秋《傳》曰：遂繼事也。下既隱情不敢論說，則大事近於弛廢，小事近於因循，言不有革弊也。

王氏因及見影摹台州本「不肯革弊矣」的異文，故據以正有為肯字。但也有沿仍盧謝校本之誤者，亦不在少數，如〈儒效篇〉「其言議談說已無以異于墨子矣。」仍沿謝刻之異，至李滌生《集釋》，則按錢佃本校改，去「以」字了。可見《集解》固然較為完備，但其逕採底本未善的謝刻本為底稿，而不以近古的台州本為主，不免有疏漏處。

（二）在校讎上雜用四法，增加可信度

王氏《集解》付梓之時，基本的樸學運用業已在清代發展成形，因此，《集解》

〔註 6〕語見高正，《《荀子》版本源流考》，頁 84。

〔註 7〕據上述可得知，王氏《集解》實為楊倞以下最為集大成的版本，故為「今日研荀者案頭必備之書」，當之無愧。

〔註 8〕語見鮑國順先生《荀子學說析論．附錄》，頁 206。

已能兼具各種形態的校釋方法，並且和純粹的比併資料相較，也佔有相當的比例，這種更科學化的治學態度，正是使《集解》能取代《箋釋》成為今日治《荀》者必備工具的理由。就以本校而言，《集解》中有許多據上下句法校改的例子，如〈榮辱篇〉:「目辨白黑美惡，耳辨……，是又人之所常生而有也。」，王先謙以為:「『常』字以文義求之，不當有；上下文『所生而有』句，并無『常』字，此『常』字緣上下文而衍。」，便是一例；又〈富國篇〉:「夫有餘不足，非天下之公患也。」，王氏以上文句例「夫不足非天下之公患也。」，認為「有餘」二字乃緣上文「固有餘足以食（衣）人矣。」而衍，故以為當去之；再如〈正論篇〉:「故可以有奪人國不可以有奪人天下。」，王氏亦據下文「竊國」「竊天下」句法，認為兩「人」字當刪。其他如義對及韻語兩種本校形式，在《集解》中亦不乏明證。如〈樂論篇〉:「樂者，聖人之所樂也，而可以善民心，其感人深、其移風易俗。」，王氏便以為:「此二句相儷，當是『其感人深、其移風俗易。』與〈富國篇〉「其道易、其塞固，其政令一、其防表明。』句法一例。」不僅就儷語的結構加以校正，更引同書的句法構架為佐證，由此可見，《集解》在校釋法的運用上，已經不再如謝本一般涇渭分明，許多地方都採取雜揉的手法，增添了校勘時的說服力，如〈王制篇〉:「嚴刑罰以糾之。」下，先謙案：

> 下文「賞慶」、「刑罰」對文，則此亦當作「刑罰」，各本「罰」誤「賞」，據宋台州本改正。

一方面先謙以理校的形態更正本文，同時又引台州異本為證，正是摻合對校與理校形態的範例；又如〈富國篇〉:「非特以為淫泰也，固以為王天下。」下，先謙則謂：

> 「王天下」，「王」字無義，此自屬人君言，不得更言「王天下」。「王」當為「一」之誤也，〈儒效〉、〈王制〉、〈王霸〉、〈君道〉、〈疆國〉諸篇屢言「一天下」，〈非十二子篇〉亦云:「一天下、財萬物，長養人民、兼利天下。」，語義下與此同，亦作「一天下」，尤其明證。

則先據理校形態，聲明「王天下」的語意覆重的情況，再舉他篇的本校事例加以奧援。這種種不同形式的校勘方法彼此結合，使得證據相互詮發，更增添了校注本身的可信度。王先謙因生於清季，樸學已成了染溉學術界的基礎課程，因而王氏雖非樸學專門，但是信手捻來渾樸天成的揮灑手法，正得力於清代學風百餘年來的陶鑄，故使《集解》特能取代《箋釋》，成為清世治《荀》者的代表力作。

先謙雜用四法的情況俯拾可見。如〈儒效篇〉:「人莫不貴之，道誠存也。」雖文意可以粗解，仍獨發明原書的文例而加以校正：

> 《群書治要》作「人莫不貴，貴道誠存也。」，言人所以莫不貴此人

> 者，其可貴之道在也，文意爲長。〈修身篇〉云：「雖困四夷，人莫不貴。」，〈非相篇〉云：「雖不說人，人莫不貴。」，句法一律，俱無「之」字；此作「貴之」不重「貴」字者，下貴字或作「〃」，轉寫者因誤爲「之」字耳，〈君道篇〉云：「夫文王欲立貴道」，又云：「於是乎貴道果立。」，正與此「貴道」同義。

王氏先引他書立說，並於原書中找尋其他篇章的相關文例加以佐證，這融合了他校及用原籍文例本校的手法，在王書中並非孤證；如〈王霸篇〉：「闇君必將急逐樂而緩治國。」下，先謙便以爲：「『闇君』下，《群書治要》有『者』字，以上文『明君者』例之，此亦當有。」，此即一揉和了他校與本校形態的校注例證，又如本校中所引〈儒效篇〉：「人莫不貴之，道誠存也。」例，王氏亦據《群書治要》異文立說，並援引荀書文例作爲佐證。這種彼此詮發的校注形態，增幅了校釋內容的可信度，亦可見出王氏在治學立說上的謹慎。

（三）尊重原籍，對缺乏異文資料的校勘態度相形保守

先謙非常重視原典，故而在校勘上雖是成就斐然，但大抵仍以不改字爲原則，因此案語中有許多都是在更正前儒篡改的謬失。例如〈王制篇〉：「之所以接下之人百姓者，則好取侵奪。」，王念孫依上下句法去「取」字，先謙並不以爲然，以爲：「〈富國篇〉云：『雖好取侵奪，猶將寡獲也。』可見荀書自有此語……古書不當輒改。」，糾正王氏《雜志》本校上的錯誤。正因爲這種謹慎的心態，遇上「他校」這種引據他書來糾正原典的作法，便不免因而猶疑，畢竟他書是否能徵引荀書原文不刪不冗，本就不能絕對的肯定，故書中雖然不乏例據，但大多同謝本般，是以備案的方式呈現的，如〈臣道篇〉：「率群臣百吏，而相與彊君撟君。」下，王氏注云：「《群書治要》作『矯』。」，〈議兵篇〉：「故刑一人而天下服罪，人不郵其上，知罪之在己也。故刑罪省而威流。」下則注曰：「《史記》『郵』作『尤』，『威流』作『威行如流』。」等皆是。

事實上，鳥瞰《集解》全文，據他書校勘的情況與其餘三法相較，本就少之又少，這或許與訓詁方法成熟後，對素材的嚴格篩選有關。如王念孫《讀書雜志》在校注古籍上的成就是有口皆碑的，然而其引據太泛，當《文選》、《淮南子》、《孔子家語》甚至《藝文類聚》、《太平御覽》等源流引據不甚精確的類書亦被引爲校勘材料時，便不免太過穿鑿了。王先謙的門生朱一新便曾對此提出疑義：

> 王氏父子之治經……精審無匹，視盧弨弓輩亦遠勝之，顧往往據類書以改本書，則通人之弊。(《無邪堂答問．卷二》)

可見在當時他書的可信度已受到質疑。王先謙顯然也已發現這個疑慮：在王氏《集

解》一書的案語中，最常引據的他書是《群書治要》，但「《治要》引書多節刪而不增字。」(《荀子集解．致士篇》:「人主之患，不在乎不言用賢，而在乎誠必用賢。」條下。)，因此據以校堪，本就是幾分風險的事，其餘如《史記》、《大戴禮》等常用的他書異文，又往往不能分辨何者全據原書，何者僅摹寫其意，因此王氏對他校法的保留態度，對疑義頗多的荀書校注工作而言，反而是健全而不易出錯的作法，不至於犯了太過附會的毛病。

純粹的他校證例在《集解》中只出現在附和原文、原注，駁斥他說上。以〈勸學篇〉爲例，首句:「青取之於藍，而青於藍。」，王念孫從王應麟《困學紀聞》記載:「青出之藍，作青取之於藍，監本未必是，建本未必非。」，以爲當作「出」，先謙則持不同看法：

> 《群書治要》作「青取之藍」，是唐人所見本已有作「取」者，且《大戴記》即用荀子文，亦作「青取之藍」，不得謂《荀子》本作「出於藍」而作「取」者爲非也。……謝本從盧校，今仍之。

此一標準的他校例據，是用來證明原文「青取之於藍」的可信度，因此並無須周舉群例，算是《集解》中的一個特例。

至少還有典籍依據的他校法，先謙都謹愼如此，臆測性重的理校法，先謙的顧慮自然更多了。由於先謙染溉了桐城兼賅理趣的要求，在理校上實別有其獨到的成就，但是謹愼的治學態度，卻使他不致逕改。如〈富國篇〉:「以國持之，而不足以容其身，夫是之謂至貪。」，王先謙便指「貪」當爲「貧」，形近而訛故：

> 「夫是之謂至貪」，與上句意不貫，且如上文所云，其爲至貪甚明，無煩贅文。「貪」疑爲「貧」，此言觀國之貧富有徵，伐本竭源，覆亡立見，故雖「倉廩實」、「府庫滿」，而謂之「至貧」也。

便是一標準的據上下文義理校的例證，不過先謙雖言之成理，然在別無旁證的情況下，《集解》的本文仍沿仍各本之誤，未敢遽改原書；又如〈議兵篇〉:「所存者神，所爲者化而順。」，台州本直以「而順」兩字下屬，謝本則以爲「而順」兩字上有六字脫文，應與「所存者神，所爲者化。」句法一律；《雜志》承汪中說，言脫九字，與下文「暴悍勇力之屬爲之化而愿」句法相儷；俞樾則逕刪「而」字，仍以「順」字下屬爲句；眾說紛紜間，王氏卻獨排眾議，以爲：

> 「化而」二字衍。此文本作「所存者神，所爲者順。」文義甚明，後人因《孟子》:「所存者神，所過者化。」二語，妄於「者」下加「化」字，傳寫者緣下文三「化而」句例，復於「化」下加「而」字，本文遂不可通矣。

如此校改後文義甚明，與他說相較，在不妄增字爲文的情況下，的確更長；但此一校注一來爲王氏獨家發明，二來別無他說可供支持，因此《集解》亦未據以修繕謝校，只是當作一個備案參考罷了。

（四）改字必以對校資料為基準

不論是本校、他校還是理校，不管是有典據，還是出於臆解，先謙據以更動原籍的標準，則一以對校爲基準。即使是同樣的校讎法，其面臨的結果，卻可能有天壤之別：一者純爲備案、一者據以更動。前文不乏本校和他校因對校資料缺乏而存疑的例子，此處再提理校。比如說〈王制篇〉:「嚴刑罰以糾之。」及〈富國篇〉:「固以爲王天下也。」，都兼具了理校的形態，但處理手法卻不同:「嚴刑罰以糾之」條，因具有影宋台州本的異本支撐，故而先謙據以逕加校改；另一「固以爲王天下」條，雖有許多本校的句例爲憑，但因缺乏直接的異本資訊，故而仍然闕疑。同樣是雜揉數種校勘法門下的產物，處理的態度卻不盡相同，其實便在「對校」這個直接證據的差異上，有直接證據的，才考慮校訂本文，否則寧可備而不裁。是以《集解》中，理校形態出現的次數不少，成就亦眾，但是改正原書處和俞樾相較，則相對地稀少了許多，箇中關鍵，其實便是在資料處理態度的謹愼與否上。就是這種嚴謹的態度，才使《集解》能更超越《平議》，成爲傳統治《荀》書籍中，最爲人信服的善本。

三、小　結

大抵說來，荀書的校勘，在歷唐降迄清的接力賽中，絕大部份都已經被釐清了，雖然還有少數不明的疑義，但各本在歷史的環節中卻已各盡其力。楊倞因在唐末，面臨荀書脫誤難解，千年來乏人問津的窘境，加上當時校勘學的尙未形爲一專門學問，故而楊注大抵著重在荀書的詮解上，校勘僅佔全書的極小部份，其中，又以基本的對校資料爲主：一方面，是校勘的條例尙未發明更邏輯性質的其他面向，再者唐前荀書所分衍出來的諸多亟待整合的版本，亦是曠古的浩大工程；宋明兩代因楊注本身的分化，亦是以對校爲主，著重在整合監本與纂圖互注本兩大統系。謝本因鑑於楊注去今年久，疑義不清及原注舛錯亦多，故仍以校勘爲主要工夫，並務力於兩大統系的整合，校勘資料仍重在對校方面；王氏父子因逕取謝本爲底本，故而校勘重點已自對校上轉移，取而代之的，是各種校勘方法的試驗，由於在方法上能突破前往，成就更倍於前人；俞樾《平議》雖亦以謝本爲底，但爲求超越王氏《雜志》的成就，許多見解力求大膽突破之餘，不免有自是其非之嫌，同時由於資料未能超前太多，故而校勘重點自本校、他校等較令人信服的方法上，轉移至理校方面，是以創見雖亦能自圓其說，論據卻薄弱不足以服人。

楊注存古本，盧校重整合，《雜志》方法周嚴，《平議》別出新見。各本特色迥異，處在一綜結地位的王先謙，如何處理各本間的歧義，可說是兩難求全，但王氏畢竟做到了。在對校上，王氏因得日本影宋台州本，梳解了許多版本間的歧義；在本校上，延續《雜志》所確立的方法，將《雜志》並《平議》罣漏之處補校甚多；就他校而言，同俞、王相較更爲謹愼的處理素材心態，反而減去了附會爲說的可能，增加了校注的可信度；至於理校方面，嚴謹的校勘心態，扭轉了俞樾太過附會的治學理念下舛錯百出的窘境，而先謙漢宋兼采的桐城背景，亦使《集解》與純粹樸學家的《雜志》相較，更能貼近荀書的眞要。可以說，《集解》在綜結各本的校勘成就上，不僅保留了楊、謝二本的版本優勢，承繼了王氏父子精準的校勘方式，延襲了俞樾對理校上的貢獻，同時更向前精進了一大步！《集解》在延襲前儒日益繁複的校勘法則之餘，更照顧到素材精密嚴謹的要求，這才是《集解》在荀書校勘上的最大貢獻。

也因此，《集解》在校勘上有一準則：不論是運用何種校勘方法，除非有版本上的證明（亦即有對校上的證據），否則絕不篡改謝本原文，力求做到寧闕勿濫、以免毀損古籍完整的嚴謹心態。因此與謝本相較，《集解》與《箋釋》的出入處，其實並不大。舉例來說，〈議兵篇〉：「所爲者化而順」、〈富國篇〉：「夫是謂之至貪。」雖然在先謙據理校釋下得以梳順，〈富國篇〉：「固以爲王天下。」、〈樂論篇〉：「其移風易俗。」亦可據原籍文句加以校勘，然而王氏卻仍不敢遽改原文；反之如〈王制篇〉楊注：「言不肯革弊也。」、同篇荀文「嚴刑罰以糾之。」，先謙則都依據影宋台州本，訂正了謝本文句；其餘創見則列在注文中，聊備一格。可見王氏校書時的嚴謹態度，與《雜志》大而無當的取材方式，及《平議》輕率改動的校改心態相較，不論是在選材或處理態度上，都更令人信服，凡《集解》更動的校勘，後人幾無異辭，至於其他因證據不足而闕疑之處，王氏則留待後人的研究突破，絕不自是其非，這種負責的心態，正是使《集解》在綜結清學、甚至是整個荀學史的校勘成就之餘，仍能精審決斷的主因，也是後人逕以《集解》取代各本，視爲傳統荀學的集大成者的理由之一。

第二節　《集解》在訓解荀書上的成就

一、緒　論

前文在述及王氏的治學根基時，曾經指出益吾未脫乾嘉範疇的治學態度，故而在其校詁的典籍中，處處可見其習染考據風潮的影響，其雄厚的樸學基砥，展現在

《集解》的訓詁上，自是對荀書疑義的釐清助益良多。一般而言，訓詁的方法可概略分爲形訓、聲訓及義訓三種（林尹《訓詁學概要》），然本文〈附表（三）〉中，自「義訓」內更獨立出一「文法」項的理由，則是因此乃清儒在詁訓上長年心血所累積出來的特處。清儒因致力於古籍的研究，除了以聲韻、文字上的學識釐清古文書的義涵外，亦在其間發掘了行文間的規律，用以校正錯簡、糾正句讀、疏通文義，可謂貢獻卓著，相較於形訓、聲訓、基本義訓由「字之詁」識「句之意」，進而「通全篇之義」、「窺全書之指」〔註 9〕的進程，此一以「文法」項〔註 10〕反向「探本以窮末」的步驟，恰恰可彌補上述「推末以至本」〔註 11〕的進程中容易衍生的「見樹不見林」的流弊。因此本節中有關王氏在訓詁方法的引用上對荀書訓釋的廓正，筆者將以以下三個層面來論述：一是就義訓的層面來分析，二是合形訓與聲訓以見歸原本字的工夫，三則是自文法層反向探索。

二、前儒的成就

（一）楊倞的直解文句

楊氏注荀的工作，由於是發千古之創舉，故而在前無所承，而又脫誤難以卒睹的情形下，直解文句以求梳順，便成了楊注掮負的最重要的使命，也因此楊注在方法上並不講究，大抵仍停留在直解的層次。如訓詁學對典據的強調與重視，既是訓詁學最基本的格局，故楊氏注荀時，便依此法梳理荀義，如借《本草》說明「射干」、「蘭槐」之爲物（〈勸學〉），引《莊子》證明古人有「汙漫」連文之詞〔註 12〕，引《爾雅》:「恀，恃也。」，說明「恀然」的意義（〈非十二子篇〉），以《禮記》說明典章禮制之名實〔註 13〕等；事實上，引用年代相近的古書作爲訓詁的典據，確可相

〔註 9〕語見錢鍾書《管錐篇．卷一》。

〔註 10〕此一「文法」的用詞顯然不足以兼賅在「舉大貫小」的步驟中所使用的方針，或應如李亞明先生於「第二屆中國訓詁學學術研討會」中所發表的〈訓詁學研究方法的繼承與創新〉一文，將之稱爲「觀境法」。惟於王氏書中，此一「觀境法」的運用畢竟是無心插柳的舉動，所用的法則亦侷限在「文法」上，故仍以「文法」項稱之。

〔註 11〕同註 9。

〔註 12〕〈榮辱篇〉「汙侵突盜常危之術也，然而未必不安也。」下，楊注云：

> 「侵」當爲「漫」，漫亦汙也，水冒物謂之漫。《莊子》云：「北人無擇曰：『舜以其辱行汙漫我』。」

故證明古人自有「汙漫」連詞的用法。

此處楊注《荀子》採嚴氏《集成》版，第五、六冊。

〔註 13〕如〈儒效篇〉「於是武象起而韶護廢矣。」下，楊注云：

> 武象，周武王克殷之後樂名，武亦〈周頌〉篇名，〈詩序〉曰：「武，奏大武也。」，《禮記》曰：「下管象朱干玉戚以冕而舞大武。」

當程度地避免掉以今律古的缺陷，然而唐時畢竟尚未有嚴格的訓詁條例成形，故而在楊注中僅憑己意臆度的訓解仍佔了絕大多數的份量，並且所引用的釋例，也大多仍集中在典故名詞的出處，或是《說文》、《爾雅》等工具書的基礎運用上，並未產生更科學化的邏輯。再以求本字的工作檢驗楊注。這種求古本字的工作，頂好當然是有版本的證據可資校勘了，不然便需借重訓詁，其中通曉音韻及古文字幾乎是求本字的必要手段〔註 14〕。楊《注》的時代，這兩門學問都尚未成形，因此相關資料付之闕如，但這並不意味著楊倞在求本字的工作上繳了白卷：如〈不苟篇〉：「剛強猛毅，靡所不信，非驕暴也。」下，楊注云：「『信』讀爲『伸』，下同，古字通用。」，他並沒有說明通用的理由，可能是古籍通例（《周易・繫辭傳》「尺蠖之屈，以求信也」），也可能是發現了二者的疊韻關係；其他如〈非十二子篇〉「而好治怪說玩琦辭」下，注云：「『琦』讀爲奇異之奇。」，同篇「行辟而堅」下，注云：「『辟』讀曰『僻』。」……等例中，不論是「讀爲」、「讀曰」，都是說明通假的術語，可見楊氏雖不能證明通假的存在，但已經能運用歸原本字的方式來疏通文義了。至於文法方面，楊注並不存在這個問題，是他最早梳理荀書文意，也是他首先爲荀文斷讀的，自然沒有文法的爭議了。基本上，楊對訓詁法門的運用，都不是有學理根據的，只是文句直解上的需要而已。

（二）《箋釋》對楊注略事補正

到了盧文弨、謝墉作《箋釋》時，正值樸學形成氣候之際，按理說來，應當會有所成就，然而，《箋釋》處在帖括盛行謬改古書的陰影下，又有刪書議的出現，《荀》書真貌因而湮鬱難辨，因此，雖去唐千年，面臨的課題竟是並無二致，再者盧謝二人俱以校勘見長，對於訓詁的工作並未留心，通觀《箋釋》全書五百零七條案語中，校讎項竟佔有五分之四的份量〔註 15〕，而校釋項也仍以己意測度居多；然而在清世

便是借《禮記》說明禮制的例子。

〔註 14〕黃侃〈求本字捷術〉便指出：

> 大氐見一字而不了本義，須先就《切韻》同音之字求之；不得，則就古韻同音求之；不得者，蓋已尠矣。

可見古音學知識是解決通假問題的要術。至於「形近而訛」的部份，則需明瞭古今字的轉變，才能明白訛字的本貌，可知古文字學更是形訓的必要基礎。

語出《黃侃論學雜著》，頁 359～360，台北漢京文化事業有限公司，1984 年 7 月。

〔註 15〕就嚴氏《集成》中所收錄的《荀子箋釋》版本分析的結果，《箋釋》新增案語中，有關校勘條有四百一十二條，用以說明典故釋義的案條，則僅有一百一十條之數，去其複重（案語囊括數項，兼有二者形態者。）十五條，則共計爲五百零七條（另有兩條案語，因作者亦不能解答，故視爲無效的案條。），如此一來，校勘條竟佔有總案語的 81、26％，而訓詁項尚不足五分之一。

徵實學風的影響下，在這極少數的注解中，也有諸多突破前人的創意。就釋義方面，盧氏已突破楊注在工具書上的單純引據，而能自行歸納古書的釋例了，如〈非相篇〉：「焉廣三寸」下，盧氏注云：

> 案「焉」字古多以爲發聲，如《周禮》：「焉使則介之。」，《淮南子》：「天子焉始乘舟。」是也。荀書或用「焉」，或用「案」，或用「安」，字異語同，皆以爲發聲〔註16〕。

如此一來便解釋了向來被視爲語尾助詞的「焉」字何以不斷屬上文的理由，同時呈現了古今文字義界的歧異；又如〈王制篇〉：「百吏免盡而眾庶不偷，冢宰之事也。」下，盧氏云：「『免盡』之『免』與『勉』同，《漢書·薛宣傳》：『宣因移書勞免之』，〈谷永傳〉：『閔免遁樂』，皆以『免』爲『勉』。」等，皆是《箋釋》的突破。在典故史事的考察上，則擴及到楊《注》的內容中。楊氏因無嚴格的訓詁條例，許多注解不知所指，盧氏則往往一一加以掘發，甚至訂正楊《注》，如〈王制篇〉：「成侯、嗣公，聚斂計數之君也。」下，盧氏云：「（楊注）所引《韓子》見〈內儲說·上篇〉，『魏妃』作『魏姬』，『汝回遣之』作『汝因遣之』。」；又〈議兵篇〉：「臨武君與孫卿子議兵於趙成王前。」下，盧氏亦引原典加以考校〔註17〕，這種對學問的徵實要求，對存古俾益甚巨。在求本字的功夫上，由於《箋釋》本不以詁釋爲重點，故求本字的工夫在《箋釋》中並不多見，雖然盧氏亦觸及通假的問題，但大抵只是點到爲止。譬如〈禮論篇〉：「所以別貴始，貴始，得之本也。」下，盧氏指出：「『得』，《大戴禮》作『德』，古二字通用。」，又同篇「大昏之未發齊也。」盧注云：「案古『廢』、『發』音同通用。」等，雖然指出荀書通假的存在，但並未能進行詮解的工夫，真正將古籍通假的問題加以體現的，還在王氏父子之後。至於以文法的觀點訓解文句中的疑義，或是離析雜亂錯簡的文句以梳理文義的作法，是相當晚近的現象，迄今其理論系統仍有待開發，《箋釋》中亦是罕見。盧、謝《箋釋》本不以訓詁見長，當中雖有論及文法句讀的觀念，但往往都被運用在校勘上，甚少用以發揮文義。少數例證如〈解蔽篇〉：「故好書者眾矣，而倉頡獨傳者，壹也。」下，盧氏以爲：「案宋本此注之末有『情箸古者倉頡之有天下守法授親神農亦然也。』十九字，文義不順，今刪去之。」，這逕改古書的大膽作法，未免有妄斷的嫌疑，然而此句至今仍然

〔註16〕盧氏《箋釋》正之云：

> 注「更嬴」，〈楚策〉作「更嬴」；又「其故創痛也」，《策》無「其」字，此注脫「故」字，今增；又「故創未息」作「故創痛未息」，今從《策》刪「痛」字。

此處盧謝《箋釋》採用嚴氏《集成》第十八、十九冊。

〔註17〕參見盧謝《箋釋》，頁333。

無解，故後學往往從盧說。這例證在《箋釋》中，可算是個特例。

（三）《雜志》以訓詁條例詮解荀文

王氏父子基本上是以盧氏的《箋釋》，作爲校詁的底本，雖然說《箋釋》的可議處仍多，但王氏已有餘力兼顧內文的詁釋了，是以和盧氏相較，校勘和詁釋條的比例已各佔半數，成就更巨。

1、抉發古文行文條例

王氏父子遍校經史子籍，進而抉發古書行文條例，此一成就對釐清古文眞貌，有莫大的助益，用以詮解荀文亦然，前此盧氏雖已進行小規模的整理，但大規模的抉發和運用，則仍需倚靠王氏才行。這些文例不論以校以釋，對荀書都有撥雲見日的實效。如《讀書雜志·十·荀子第二》「大儉約」條（〈非十二子篇〉）中指出：

> 念孫案：「大」亦「尚」也，謂尊尚儉約也。〈表記〉：「君子不自大其事，不自尚其功。」亦以「大」與「尚」並言之。〈性惡篇〉：「大齊信而輕貨財。」〈隱三年公羊傳〉：「故君子大居正。」並與此「大」字同義。楊讀「大」爲「太」，而以爲過儉約，失之。

在此王氏指出「大」作爲「尙」義，不僅是古籍通例，同時荀書中也自有此文法，藉以訂正楊誤。這是一個相當標準的釋例，在《雜志》中還有許多類似形態的例子，茲不一一列舉〔註18〕。王氏以此形態詁釋群籍的結果，因而在其間串連出許多古書行文的通例，王氏父子將之並陳於《經義述聞·卷三十二·通說·下》，並成爲「俞氏《舉例》的先驅。」〔註19〕。這些通例也被引據在荀書的釋文中。如《雜志·卷十·荀子第二》的「察辯」（〈非十二子篇〉）條，以及「愼比」（〈仲尼篇〉）條，〈卷十一·荀子第三〉「便備用」（〈王制篇〉）條，都是以「經傳平列二字、上下同義」（〈通說下〉）的原則解釋的；又如〈卷十一·荀子第五〉「本作」（〈致士篇〉）條：「『國家之本作』、『道法之總要』，相對爲文。『作』者，始也，始亦『本』也，『總』亦『要』也。」，則是依「經文數句平列、上下不當歧異」（〈通說下〉）的原則解釋詞義，〈卷十一·荀子第三〉「伉隆高」（〈富國篇〉）條亦然。而這些通例也成了訓釋古籍的利器，至今仍被後學奉爲訓詁的圭臬。

〔註18〕以〈卷十·荀子第一〉爲例，便有「衢道」條、「頓之」條、「不道」條、「宜於時通」條、「夷固、倨固」條、「一好」條、「辟違」條、「擊戾」條、「攫盜而漸、是漸之也、則下漸詐矣」條、「辨、治辨」條、「疾」條等十一條，大抵皆先明其義（或自陳、或引工具書爲證），復徵引古籍並荀書本文，以明古書自有此釋例。

〔註19〕語見胡楚生《訓詁學大綱》，頁358。華正書局，1992年9月四版。

2、以改字改讀梳順文句

王氏父子在通假上的研究，後學鮮能學步，俞樾在《群經平議・敘》中便曾稱美道：

> 治經之道大要有三：正句讀、審字義、通古文假借。得此三者以治經，則思過半矣。……三者之中，通假借爲尤要，諸老先生唯高郵王氏父子，發明故訓，是正文字，至爲精審。

誠爲識人之言。在《讀書雜志》中，王氏將通假運用在荀書的詁釋上，對荀書疑義的廓正貢獻良多，同時更舉證說明通假的可能，增加了釋文的可信度。如〈卷十・荀子第一〉「強自取柱」（〈勸學篇〉）條中說明道：

> 「柱」當讀爲「祝」。《哀十四年公羊傳》：「天祝予。」、《十三年穀梁傳》：「祝髮文身。」，何、范《注》並曰：「祝，斷也。」。此言物強則自取斷折，所謂太剛則折也。《大戴記》作「強自取折」，是其明證矣。《南山經》：「招搖之山有草焉，其名曰『祝餘』。『祝餘』或作『柱荼』。」，是「祝」與「柱」通也。

此例中相當典型地呈現了通假注釋成立的三大條件：二者本身的音韻的關聯，以本字代之文義爲長，古籍中曾有二字通借的現象。依這個模式推論的通假注文，比起楊注專斷的「某某通用」、「某讀爲某」的釋例而言，可信度自是大增，而王氏確也藉此解決了不少荀書的懸案。如〈卷十・荀子第一〉「學之經」（〈勸學篇〉）條：「古讀『徑』如『經』。」；「扁善之度」（〈修身篇〉）條：「『扁』讀爲『遍』。」；〈卷十・荀子第二〉「居錯」（〈非相篇〉）條：「『舉』與『居』古字通。」；〈卷十一・荀子第三〉「小事殆乎遂」（〈王制篇〉）條：「『遂』讀爲『墜』。」；〈卷十一・荀子第五〉「違其惡」（〈臣道篇〉）條：「『營』與『環』古同聲而通用。」等，王氏往往在注文中羅備了這三大條件，方才確認通假的成立。因此王氏的注條大抵不誣，尤其是依通假條例說明經籍異文者（如〈卷十一・荀子第六〉「人有是」（〈禮論篇〉）條：「『有』讀爲『域』……《史記・禮書》正作「人域是」；〈卷十一・荀子第三〉「巧繁」（〈富國篇〉）條：「『繁』讀爲『敏』……《韓詩外傳》作『特以巧敏拜請畏事之。」等。），後學幾無異辭。除此之外，在訛字的訂正上，王氏也取得了相當的成就，如〈卷十一・荀子第四〉「無偏貴賤」（〈王霸篇〉）條：「『偏』當爲『倫』字之誤。」，〈卷十一・荀子第四〉「用天地」（〈君道篇〉）條：「『用』當爲『周』字之誤。」等，然而訛字並無音理上的關聯，認定上相當主觀，除非有本校或是異本的佐證（如「無偏貴賤」條言：「〈臣道〉〈性惡〉二篇並云：『不卹是非、不論曲直。』，是其證也。」），否則很難自圓其說。

3、就文法條例增刪原典

在王念孫之時，運用文法觀念說解荀義的現象逐漸成形，而且與校勘、聲韻、文字學等各專門學相配合的結果，言之成理，自也更能服眾了。如《雜志・卷十・荀子第一》:「無嗛於鼻」(〈榮辱篇〉) 條：

> 「臭之而無嗛於鼻」。無，衍字也；嗛，苦簟反，快也。「臭之而嗛於鼻」、「嘗之而甘於口」、「食之而安於體」三句文同一律，若「嗛」上有「無」字，則與下文不合矣，楊讀「嗛」爲「慊」，而訓爲厭，失之。

此以對句刪衍字，並因而糾正前誤（盧氏雖亦明白對句的存在，然仍沿用前非。），這便是因文法而訓釋的例證；又如〈卷十一・荀子第五〉:「形能」(〈天論篇〉) 條：

> 楊以「耳目鼻口形」連讀，而以「能」字屬下讀，於義未安。余謂「形能」當連讀，「能」讀爲「態」，《楚辭・招魂》注曰：「態，姿也。」。形態即形也，言耳目鼻口形態各與物接，而不能互相爲用也。古字「能」與「耐」通，故亦與「態」通。《楚辭・九章》「固庸態也。」，《論衡・累害篇》「態」作「能」，《漢書・司馬相如傳》:「君子之態。」，《史記》亦作「能」，《易林・�妄之賁》「女工多能，亂我政事。」，「能」即態字，故以「形態」連文，〈正名篇〉以耳目口鼻與形體並列，彼言「形體」，猶此言「形態」。

此例則是重新斷句重新詮發的例證，爲釐清荀書疑義提供了重新審視、識別眞貌的機會。然而以文法原溯推敲字句的方式，本身亦無標準可循，因而句讀失誤，反而混淆眞相的情形，自也是有的。如〈卷十一・荀子第三〉:「境內之聚也保固視可午其軍取其將若撥麷」(〈富國篇〉) 條，王氏以爲當斷如：「境內之聚也保固，視午其軍、取其將，若撥麷。」，中「可」字「因上文不可而衍」，故逕刪〔註 20〕。然俞樾以〈彊國篇〉:「視可司閒」的文例，發現「舊說恐未可改」，故而不以爲然〔註 21〕；先謙復解「視可」爲「見可而進。」，即文義自明（《集解》頁 372），則此王氏未免妄改之嫌。又如〈卷十・荀子第一〉:「以獨則足樂意者其是邪」(〈榮辱篇〉) 條，楊讀爲「以獨則足，樂意者其是邪。」，王氏則以爲當作「以獨則足樂，意者其是邪。」，將「意者」視爲語詞，先謙也認爲仍當從楊斷讀纔是（《集解》，頁 197）。可見斷讀解文的作法，畢竟臆解的成份居多，風險是很高的。

〔註 20〕參見《雜志・卷十一・荀子第三》，頁 18～19。

〔註 21〕參見俞樾《諸子平議・卷十三・荀子二》，頁 252。臺灣商務印書館股份有限公司出版，民國 67 年 4 月臺一版。

（四）俞樾對條例的墨守

1、嚴格行文條例的適用性

章太炎先生曾經在〈俞先生傳〉一文中，指出俞樾是「治群經不如《述聞》，諦諸子乃與《雜志》抗衡。」，可見其《諸子平議》的成就深受後學肯定。誠然，俞樾治學的確有其突破前賢之處，並且更因而引發了《古書疑義舉例》的成書，這些訓詁條例的成立，給了後學在訓釋古籍時一個按圖索驥的機會，而俞樾也曾在實戰的訓練上，多方累證了他的效能，方才結集成書。〈諸子平議〉也不例外，在俞樾對荀書的校條中，便有許多明顯的實驗。如〈卷十二・荀子一〉，「然而口舌之均，噡唯則節。」（〈非相篇〉）條下：

> 樾謹按：「之」猶「則」也，〈僖公九年左傳〉曰：「東略之不知，西則否矣。」，《晉語》曰：「華則榮矣，實之不知。」，「之」亦「則」也。互文耳。說本王氏《釋詞》。

此亦即日後《舉例》之「上下文變換虛字例」。又如〈卷十三・荀子二〉「鞈如金石」（〈議兵篇〉）條所謂：「《史記》作『堅』，自與《荀子》異，不得并爲一談也。」，即《舉例》中「古書傳述亦有異同例」；〈卷十四・荀子三〉「故盜不竊、賊不刺」（〈正論篇〉））條的「變文以成句耳，非有異義也。」，亦即《舉例》中的「兩句似異而實同例」（此荀文並被列爲俞氏條例的佐證）。藉由這些條例的形成，一些曖昧不清的古籍文義得到確認，這是俞樾《平議》超越前儒的特處，但是俞氏條例分衍太密，各種改讀增刪的現象層出不窮，不免又失之誣妄。如〈卷十二・荀子一〉「饒樂之事，則佞兌而不曲」（〈正論篇〉）條，刪「不」字以曲成己說；〈卷十三・荀子二〉「此夫過舉蹞步，而覺跌千里者夫。」（〈王霸篇〉）條，則改「覺」字以強解文句，實若就上下文義合觀，則文義自可通達，根本無須增刪改字〔註22〕。會犯下這種錯誤，基本上是肇因於俞樾對條例適用性的太過強化，甚至不惜刪改古籍以強合，這種不尊重原典的態度，正是俞氏《平議》最爲後人詬病的地方。

2、改讀改字引據太泛

通假既然是以音韻的關係作爲基礎，那麼聲轉條例的寬窄便顯然影響到通假的適用範疇。王氏〈通說〉對此並未加界定，只指出經文假借「皆由聲同聲近者，以意逆之，而得其本字。」，俞樾則析爲兩條，一爲「以雙聲疊韻字代本字例」，一爲「以讀若字代本字例」，如〈卷十三・荀子二〉「垂事養民」（〈富國篇〉）條：

> 垂猶委也。《說文・女部》：「娷，諉也。」垂之爲委，猶娷之爲諉也。

〔註22〕參見王氏《集解》，頁402～403。

> 《爾雅·釋言》:「諈諉，累也。」孫炎曰:「楚人曰諈，秦人曰諉。」，是諈諉疊韻，二字義同，垂之與委，猶諈之與諉也。垂事養民者，委事養民也，言委置其事以養民也。

這是疊韻通假的例證，其餘如:〈卷十三·荀子二〉「衡聽顯幽、重明退姦、進良之術」(〈致士篇〉)條:「『衡聽』之『衡』，亦當讀爲『横』。」;〈卷十三·荀子二〉「敵中則奪」(〈彊國篇〉)條:「『敵』當讀爲『適』，古字通用。」;〈卷十三·荀子二〉「卿相，輔佐人主之基杖也。」(〈君道篇〉)條:「『基』當爲『綦』。」等，都是通假的案例。在訛字方面，俞氏也取得了一定的成績，〈卷十四·荀子三〉「將恐得傷其體也」(〈正論篇〉)條:「『得』字無義，疑『復』字之誤。」;〈卷十四·荀子三〉「有時而遍舉之，故謂之鳥獸，鳥獸也者，大別名也。」(〈正名篇〉)條:「此『遍』乃『偏』字之誤。」。這種改字以通義的訓詁方法，在經過王氏父子加以理論化後，學界運用漸臻成熟，然而也因此，出現了引據太泛的現象。如〈正名篇〉:「聲音清濁、調竽奇聲以耳異。」下，因「調竽」二字語焉不詳，俞樾便以「調笑」改之，企圖強合文義;又如〈卷十四·荀子三〉「是何也，則求利之詭緩，而犯分之羞大也。」(〈正論篇〉)條下，俞氏以爲:「『詭』疑『說』字之誤。」，二者的改讀都無文獻上的例據，而純粹是主觀的臆測，如今全被推翻了〔註23〕，可見更動原典文字，特別是形訓的部份，是最容易引發爭端的。

3、俞樾對文法句讀的獨到認識

以文法解釋經籍文字的作風雖然大膽，但在清儒徵實學風的要求下，大多都有文籍資料的佐證，可信度相對提高了許多，逐漸別立成解經的另一法門，到了俞樾時，運用已日趨成熟，成就也更顯著了;俞氏素來論斷大膽，本身又是兼通今古文的學者，治義理自頗有可觀。如《平議·卷十二·荀子一》:「察辯而操僻淫大而用之」(〈非十二子篇〉)條:

> 楊注讀「察辯而操僻淫」爲句，誤也，當以「察辯而操僻」五字爲句;〈大略篇〉亦云「察辨而操僻」，是其證。「大」讀爲「汰」，「淫汰」連文，〈仲尼篇〉曰:「若是其險汙淫汰。」是其證。「之」者，「乏」之壞字，〈襄公十四年左傳〉曰:「匱神乏祀」，〈釋文〉曰:「本或作『之祀』。」蓋「之」、「乏」形似，故易誤耳。「淫汰而用乏」與「察辯而操僻」相對成文。此文自「知而無法、勇而無憚」至「利足而迷、負石而隊」，凡七句，文皆

〔註23〕〈正論篇〉「詭」字，郝懿行解以「責」義，文義自可通，無須改字;〈正名〉篇俞氏改「調竽」爲「調笑」，以爲「談笑」義，實與上下文義並不合蒙，若依先謙改爲「調節」，方能與絲竹聲樂之義相合。參見《集解》，頁573及頁678。

> 一律，而總之曰：「是天下之所也。」。楊以「大而用之」爲句，而釋之曰以前數事爲大而用之，則上下文氣隔矣。

此段文字經更動句讀，確然文氣通暢，混沌字義爲之一豁，故後學幾無異辭，這是一根據對句重新斷讀詮解本文的例證。又如〈卷十二・荀子一〉：「然而明不能齊法教之所不及聞見之所未至則知不能類也」（〈儒效篇〉）條：

> 楊注斷「明不能齊」爲句，解曰：「雖有大體，其所見之明猶未能齊，言行使無纖介之差。」此失其讀也。「齊」讀爲「濟」，「然而」以下十八字作一句讀，言法教所及、聞見所至，則明足以及之，而不能濟其法教所未及、聞見所未至也，所以然者，由其知不能類也。學者誤謂「明不能齊」、「知不能類」，相對成文，遂以「齊」字斷句，失之矣。《韓詩外傳》正作「明不能濟法教之所不及，聞見之所未至。」，無「知不能類」句。

此例更足見當時的訓詁，除了能自對句中找出文法的規律外，更已能跳脫工律的限制，直見文句的章法了。

也是因此，俞樾也藉此法校正了前儒句讀上因拘泥句式而產生的訛誤，如〈卷十五・荀子四〉：「孰公長父之難厲王流於彘」（〈成相篇〉）條，盧、王皆以爲當斷爲「孰公長父，之難厲王流於彘。」，俞樾則以爲，雖然例以三、三、七、四、七爲句斷，然「古人之文，變動不居」，還是當斷以「孰公長父之難、厲王流於彘。」語義爲順〔註 24〕；再如〈卷十三・荀子二〉：「所謂廣大乎舜禹也」（〈彊國篇〉）條，汪中及王念孫都認爲當在「威動海內、彊殆中國」下，而俞氏獨排眾議，認爲當在其上，才能形成對句，文義亦至順〔註 25〕。凡此均可見出其獨到的功力。當然俞樾也有他疏漏的地方，如〈卷十二・荀子一〉：「神莫大於化道，福莫長於無禍」（〈勸學篇〉）條，誤將二句視同詩文的一部份而斷屬上節〔註 26〕；又〈卷十三・荀子二〉：「諸侯莫不懷交接怨而不忘其敵」（〈王制篇〉）條，則妄加更動文句爲：「諸侯莫不懷怨交接而不忘其敵。」〔註 27〕……等，此類謬誤在《平議》中也不在少數，這就有待後學的補正了。

三、先謙對前儒的補正

（一）抉發荀書內部的行文規律而不墨守

〔註 24〕參見俞樾《諸子平議・卷十五・荀子四》，頁 291。
〔註 25〕參見俞樾《諸子平議・卷十三・荀子二》，頁 263。
〔註 26〕參見俞樾《諸子平議・卷十二・荀子一》，頁 226。
〔註 27〕參見俞樾《諸子平議・卷十三・荀子二》，頁 248。

胡楚生先生曾在《訓詁學大綱》一書中指出古書注解的內容可大略分爲十項，其中除了「闡發義理」、「貫串講解」、「通釋大意」三項有自由發揮的空間外，其餘如「注明出典」、「分析名物」、「說明制度」、「參正史實」、「確定地理」、「賦予音切」等，甚至是「解釋詞義」，都必需借重古籍古注的徵引才能服眾，就連前三項的發揮空間，也必須在關鍵徵實以後，才能獲致發展空間，而不致流於誣妄，可見徵引古籍古義是古書訓釋時必要的典據。因此杭世駿《李義山詩注序》便指出：

> 詮釋之學，較古昔作者爲尤難。語必溯源，一也；事必數典，二也；學必貫三才而窮七略，三也。

這說法並不誇大，舉凡清代窮經究史的訓詁大家，往往都是觸手極廣的通才，如此才能應對古籍中遍及四部的語典。然而當資料雷同時，要如何才能脫穎而出呢？大抵就只有回歸原典了。

王先謙《集解》與王、俞年代相去不遠，在有限的資料中，如何能自兩位大師中脫穎而出，自成格局，並不是容易的事。然而先謙沿襲了王、俞二家的整理條例，益以他自來嚴謹的學術風格，不僅疏通了許多荀書的疑義，進而更糾正不少《雜志》與《平議》的簒亂之處，而盡可能地保持了荀書荀義的原貌。

如〈議兵篇〉:「固塞不樹、機變不張。」下，先謙案：

> 《說文》:「固，四塞也。」《周禮・掌固・注》:「固，國所依阻者也。國曰固，野曰險。」此篇「固塞」與「機變」對文，上與「隘阻」對文，〈彊國篇〉:「固塞險、形勢便。」,「固塞」與「形勢」對文，皆爲二字平列，與〈富國篇〉云其塞固者不同。楊注未了「機變」二字平列，注云：「器械變動。」，亦未安。(《集解》，頁 495)

這是採用王氏「經傳平列二字上下同義」的法則，糾正楊誤的例子。

又〈修身篇〉:「不由禮，則勃亂提慢」下，郝懿行以:「『勃』與『悖』、『優』與『嫚』並同，嫚謂相侮易也。」注之，先謙則謂：

> 下文「難進曰偍」，注云:「偍與提、媞皆同，謂弛緩也。是「提」、「慢」二字義同，故與「勃亂」對文，言不由禮則血氣強者多勃亂，弱者多弛慢也，郝說非。(《集解》，頁 133)

則是以王氏「經文數句平列、上下不當歧異。」證驗與「勃亂」對文的「提慢」也當如「勃亂」一般，是「經傳平列二字、上下同義」。

然而先謙對荀書詁訓上的獨到成就，實更顯現在他跳躍古籍通例的拘限，直發荀文本心的部分。先謙在發掘荀文的內部規律上，很下了番工夫。如〈王制篇〉「罷不能，不待須而廢。」下，先謙案：

「罷」謂弱不任事者，荀書多以「賢」、「罷」對舉，〈王霸篇〉：「無國而不有賢士，無國而不有罷士。」，〈非相篇〉：「君子賢而能容罷。」，〈正論篇〉云：「故至賢疇四海，湯武是也；至罷不容妻子，桀紂是也。」，〈成相篇〉：「基必施辨賢罷。」，與此同。（《集解》，頁303）

此例是歸納荀書文例，並引本據爲佐證的詁訓。先謙在發明文例上特別用心，並藉此糾正了許多前輩注釋的錯誤，如〈王霸篇〉：「不好循正……」下，先謙便發明云：

荀書『正』、『政』通用也。（同上頁414～頁415）

〈儒效篇〉：「行法至堅……」下，先謙則解釋：

荀書『至』、『志』通借。」（同上，頁278）

二例都是依音韻相近的通假原理所發現的行文規律，對梳順原典助益甚巨；再如〈榮辱篇〉：「恭儉者，偋五兵也。」下，先謙案云：

「偋」當爲「併」，〈彊國篇〉：「併己之私欲」、〈君道篇〉：「併耳目之樂」，「併」皆讀「屏」，是荀書例以「併」爲「屏」也。（同上，頁174）

這更是利用荀書通借的內部行文規律來修訂訛字的例子；再如〈非相篇〉：「然而身死國亡，爲天下大僇，後世言惡則必用稽焉。」下，先謙也以荀書的文例加以說明道：「楊訓『稽』爲『考』……荀書它篇用『稽』字無二義，當從楊說。」，以反駁盧氏「稽，止也。」（見《集解》，頁414～415）、及郝懿行「稽者，同也。」（見《集解》，頁206）的異說〔註28〕。上述文例的抉發正足以說明先謙在荀者校詁上的深入。

《荀子集解》是先謙去官後的第一本私人著作，前此則尚未觸及經傳的事務，故而自無法像遍校群籍的王、俞一般，發掘古文通例，因此，先謙的注解往往是參合各種相關籍疏後，自行整理的結果，而不是「條例」的代換，但也因此注語更加嚴謹，甚至糾正了不少前儒的謬誤。如〈修身篇〉：「饒樂之事，則佞兌而不曲。」下，楊注云：「兌，悅也。言佞悅於人以求饒樂之事，不曲，謂直取之也。」，俞氏因而以爲：「不字涉下『不慤』、『不錄』而衍。曲者，委曲也，言遇饒樂之事，必委曲以取之，楊注誤。」，楊注錯解「兌」意，既言「佞悅」復言「直取」，致文義轉相矛盾，故俞氏又以衍文刪讀之。這個骨牌效應經先謙廣引群疏加以梳理下破解了：

俞說非也，「兑」與「鋭」同字，「佞兑」即「佞鋭」也。「佞」是口才捷利之名，「鋭」亦「利」也。《文選・五等論》云：「夫進取之情鋭。」，李善注：「鋭猶疾也。」疾與捷義亦同，此言遇勞苦之事，則偷脫以避之，遇饒樂之事，則身口捷利以取之，不畏人言，無所委曲，故曰：「不曲」，

〔註28〕有關二條釋例的駁正，參看王氏《集解》，頁414～415，及頁206條。

楊訓「不曲」爲「直取之」，是也，而言「佞銳於人以求饒樂之事」則非其義矣。〈不苟篇〉:「見由則兑而倨」,「兑」亦當讀爲「銳」。(《集解》，頁141)

在此先謙引〈文選〉釋例，並證明《荀子》本文已有此用法，反對俞氏妄以「涉上下文而衍例」篡改古文的舉動；又如〈仲尼篇〉:「辟之是猶伏而咶天，救經而引其足也。」，楊注「咶」爲「舐」；俞樾不以爲然，認爲「『舐天』二子甚爲無誼，人豈有能天者乎？以此爲喻近於戲矣。疑《荀子》原文作『眡天』,『眡』即古『視』字也，俯而視天，必不可見，故曰：說必不行也。『眡』誤爲『舐』，傳寫者又改爲『咶』也。」，先謙於此亦反對俞氏的擅改，以爲：

《漢書》云:「湯夢咶天而王。」，後漢和熹《鄧后紀》:「湯夢及天而咶之。」,「咶天」古有是語，故荀子以爲譬，俞說非。〈彊國篇〉亦有此二語。(《集解》，頁256)

則原來「咶天」之語在荀書中本非孤例，古史書亦有籍載，則俞氏的篡改顯有妄斷之虞。

先謙治學向來審備兼賅，《荀子集解》更是他用力甚巨的代表著作，《集解》中有許多荀書文例的創發，非通讀全書詳校精考，不能爲也，這些文例在著解荀書時發揮了很大的功用。文例的發揮，並非始於先謙，但是其鑽研甚精，因此成就也更巨；而且文例的認定本就頗有爭議，用以通釋文籍，更好比是一把兩面刃，如果不能通貫全文，則往往有妄斷的現象出現（如〈勸學篇〉「學之經莫速乎好其人。」條，王念孫以〈修身篇〉:「治氣養身之術，莫徑由禮。」言「『經』讀爲『徑』。」，卻疏忽了荀書本有「治之經」、「聽之經」的文法存在〔註29〕）。而且荀書文例，也不是能貫通全籍毫無礙滯，最要緊仍是在映照上下文義上；故〈不苟篇〉:「以義變應，知當曲直故也。」，先謙就絕不與〈非相〉、〈儒效〉、〈王制〉、〈君道〉諸篇中的「應變」一詞相淆混〔註30〕，這關節上的把握，便在絕不自矜己見，而悉以原典爲準則的堅持上。事實上，先謙治學最值得我們效法之處也便即在此。而王、俞之所以會有這種改讀、刪增原文失誤的現象出現，差別也正在這微小的態度差異中。

（二）改字改讀一以經籍異文為準

先謙治學上最重原籍，因此在推原本字的工作上，與其說是運用文字聲韻的基礎，先謙反而更重視有無本據或經籍異文可資參正，如〈臣道篇〉:「喘而言，臑而動，而一可以爲法則。」，先謙案：

〔註29〕參見王氏《集解》，頁122。
〔註30〕參見王氏《集解》，頁159～160。

「臑」《集韻》或作「蠕」。《史記·匈奴傳·索隱》引《三蒼》云:「蠕,蠕動貌,音軟。」,今正文及注作「臑」,是「蠕」之誤字,《說文》:「臑,臂羊矢。」,據注引〈勸學篇〉及《音義》,知楊所見本尚作「蠕」不作「臑」。(《集解》,頁457~458)

這便是據原籍及所引證他書訂正訛字的例證。又如〈榮辱篇〉「恭儉者,偋五兵也。」下,先謙案:「『偋』當爲『併』……是荀書例以『併』爲『屏』也,妄人誤加尸爲『偋』耳。」,則是依荀書文例訂正訛字的例證。上述諸例雖然仍以「形近而訛」、「音同音近通假」作爲立論基礎,但是眞正使本字合理成立的關鍵,卻在本文或他書上所出現的義據,可見先謙對於籍疏證據的重視,這便大大降低了妄斷的可能。即使是在通假字的方面,先謙也必設法尋求籍疏上的證據,以加強其信服力,如〈富國篇〉「僣然要時務民。」下,楊注云:「僣然,盡人力貌。《說文》:『僣,終也。』……」,郝懿行云:「『僣』與『酋』音近義同,其訓皆爲終也。此言勞役不恤民力……。」,先謙則駁斥之曰:

二說皆非也。《文選·魏都賦》:「僣響起。」李注:「『僣』與『嘈』古字通。」,據此,「僣然」即「嘈然」也。《廣雅·釋詁》:「嘈,聲也。」,《文選·魯靈光殿賦》注引《埤蒼》云:「嘈嘈,眾聲也。」,「僣然」猶嘈嘈紛雜之意。(《集解》,頁361)

此即引古籍文例說明通假的例子。再如〈儒效篇〉「平政和民之善」句,先謙便引〈王制篇〉:「平政愛民」、〈富國篇〉:「平政以齊民」句,以說明「平正猶平政也。」的現象,再以「正、政古字通」說明通假的理由〔註31〕;又如〈勸學篇〉:「流魚出聽。」句,先謙則引〈大戴禮〉:「沉魚」、〈韓詩外傳〉:「潛魚」爲義據,再引《書》「沈湎」,〈非十二子篇〉、〈大略篇〉作「流湎」及〈君子篇〉「流淫之之行,《群書治要》引作「沈淫」,爲「沈」、「流」通借之證〔註32〕,這些都是先謙特重經籍異文的例證。也就是因此,除非別無他法可設,否則先謙注籍大抵仍以原典爲準,對於王、俞二人競相改讀改字,不尊重原典的訓詁手法頗有微辭。在《集解》中,先謙糾正王、俞改讀、回歸原典的例證並不罕見,如〈不苟篇〉:「以義變應,知當曲直故也。」下,楊注云:「以義隨變,而應其所知當於曲直也。」,俞氏則以爲「『變』讀爲『辯』」,並引〈釋文〉及《禮記·禮運篇》鄭〈注〉爲例,證明「『變』與『辯』古通」,復引《儀禮·鄉飲酒禮》、〈燕禮〉鄭〈注〉:「今文『辯』作『遍』。」爲例,推衍曰:

「變」與「辯」通,則亦可借爲「遍」,「以義變應」者,以義遍應也。

〔註31〕參見王氏《集解》,頁279。

〔註32〕參見王氏《集解》,頁117。

並引了〈君道篇〉、〈致士篇〉爲本據，企圖加強說服力。明顯可見地，這在邏輯上本就有妄斷的嫌疑，三者間都是不確立的通假關係，所以Ａ借爲Ｂ義、Ｂ借爲Ｃ義，並不代表Ａ一定可以有Ｃ義的假借空間，也因此，先謙迺反駁道：

> 此文「變應」與〈非相〉、〈儒效〉、〈王制〉、〈君道〉諸篇言「應變」者不同，即〈儒效〉、〈富國〉二篇「事變得應」、「事變失應」、〈君道篇〉「應待萬變」，與此義亦異。「以義變應」者，以義變通應事也。義本無定、隨所應而通變，故曰：「變應」。孔子言：「無適無莫、義之與比。」孟子言：「言不必信、行不必果、惟義所在。」正以義變應之謂。《易・繫辭》：「精義入神，以致用也。」入神，變也；致用，應也。下言：「以義屈伸變應」，增「屈伸」二字，而「變應」之義愈顯，不必如俞說改讀。至〈君道篇〉之「變應」，宋本作「變態」，此《元刻》誤文，又不足取以爲證矣。
> （《集解》，頁 159～160）

在此先謙以儒家一貫的通變思想，說明荀書的義理，復又擊破俞注所引的本據例證，乃不可信的訛誤〔註 33〕，至此俞氏改讀之說被全然瓦解。

通假畢竟必須有音韻的關聯存在，尚有根據，然而天馬行空的訛字改正問題，出錯機率就更大了。先謙便訂正不少篡改古書的問題，如〈宥坐篇〉：「其洸洸乎不淈盡似道。」條，楊注云：「『洸』讀爲『滉』，滉，水至之貌。」王念孫以爲：「楊讀『洸』爲『滉』，滉滉，水至之貌，古無此訓。當從《家語》作『浩浩』字之誤，〈王制〉曰：『有餘曰浩』，故曰：浩浩乎不屈盡。《初學記》引《荀子》正作『浩浩』，則所見本尚未誤，《太平御覽・地部二十三》同。」，既有各種經籍異文爲證，文義又通順，然先謙仍不欲擅改荀文：

> 《說文》：「洸，水涌光也。」作「洸洸」義通，似不必改作「浩浩」。
> （《集解》，頁 822）

既然原義自順，便不欲妄改古籍，可見其篤實爲學的謹慎態度。又如〈正名篇〉：「聲音清濁調竽奇聲以耳異。」條，楊注以爲：「『調竽』謂調和笙竽之聲也……或曰：竽，八音之首。」俞樾則認爲「笙竽」獨言「竽」，義不可通，「八音之首，斯曲說也。」：

〔註 33〕先謙案：

> 〈君道篇〉之「變應」，宋本作「變態」，此元刻誤文，又不足取爲證矣。

有關誤文訂正的部分，則詳見〈君道篇〉，《集解》，頁 423～424。或參見王念孫《讀書雜志・卷十一・荀子第四》，第二冊，頁 32。臺灣商務印書館股份有限公司出版，民國 67 年 2 月臺一版。

「調竽」當「調笑」之誤也。《孟子‧告子篇》曰:「則已談笑而道之。」,「談笑」與「調笑」,文異而誼同,《玉篇》、《廣韻》並案:「談,戲調也。」,蓋「談」與「調」一聲之轉耳,「笑」「竽」形似而致誤。

這個解釋十分累蕪,上字「調」既是「談」的雙聲假借,下字「竽」又是「笑」的形近訛字,且「談笑」之義與上「清濁」下「奇聲」併不相應,實難令人信服。故而先謙乃另解之曰:

「調竽」當爲「調節」。「竽」、「節」字皆從竹,故「節」誤爲「竽」。《禮記‧仲尼燕居篇》:「樂也者,節也。」,孔〈疏〉:「節,制也。」;〈檀弓篇〉:「品節」、斯〈疏〉:「節,制斷也。」。是「節」爲「制」也。「調」者,《説文》:「和也。」。聲音之道,調之以和合之節,以制斷之,故曰:「調節」,與「清濁」同爲對文。「奇聲」與下「奇味」、「奇臭」對文。楊、俞説皆非。(《集解》,頁 678)

先謙引禮制中的文例説明與禮樂相關的訛字,結論自較自行臆解的俞樾更爲可信。訛字在千載不光、往往脫誤的荀書流傳過程中,數量日趨龐大,而且早在楊注時便已經出現了,然迄今仍無法定案者,卻在缺乏如「通假」研究上可資把握的聲韻條件上,因此有時訂正訛字,反而是一種破壞古籍眞貌的行逕。如〈正名篇〉:「説故喜怒哀樂愛欲以心異。」下,楊注以爲「『説』讀爲『脫』。」,然先謙解以「心誠悅之」,而文意自順;〈王霸篇〉:「啖啖常欲人之有」下,先謙以爲:「『啖啖』爲欲食貌,義自可通,不必如王説讀『啖』爲『欲』。」;〈非相篇〉:「然則口舌之均,噡唯則則節。」,俞樾以爲「『噡』字疑『諾』字之誤。」,先謙則以「噡」爲多言之意,如此一來,「義自分明,不煩改字。」。此上可見訛字問題對原典的戕害,也令後學見出先謙治學的周嚴,及尊重原典的態度。

(三)斷讀必以通貫荀書全文

先謙對文法疏通的貢獻較其他項目更爲突出的理由,或許正始因其兼修漢宋的學術基礎,乃使先謙特能跳脫樸學內在學理的限制,治學直抵本心,而非純粹代換「條例」而已。故而在文法的觀照上,先謙不僅能精闢地校正前儒的謬誤,更進而能別出新見、通貫荀文的精髓,探索荀書原貌,貢獻之深遠,實值得大書特書一番。

如〈王制〉篇:「序官」下,先謙便指出:

〈樂論篇〉云:「其在序官也,曰:修憲命、審誅審、禁淫聲、以時順修,使夷俗邪音不敢亂雅,太師之事也。」,則「序官」是篇名:上文「王者之人」、「王者之制」等語,及各篇分段首句類此者,疑皆篇名,應

與下文離析，經傳寫雜亂，不可考矣。（《集解》，頁328～328）

這段文字的重要，在他指出了「序官」可能是一個單獨的篇名，並且內容與王制篇似乎並不相應；與這個訊息相呼應的，是其後緊接的「具具而王」一段，楊倞並未加注。我們知道，在荀書三十二篇中，楊倞就只有此段與〈君道篇〉並未加注，筆者認爲，這正是兩篇互錯的錯簡證明（此一部分，筆者將於篇目考中再行詳述。），而且這個錯簡並不始自楊倞，而是在中唐流傳至北宋熙寧監本期間方纔錯雜的，如果在楊倞作注時便有錯雜，何以注中隻字未提呢？筆者以爲，荀書可能在這段時期佚失了這兩段文字，後人（也許就是申請開版刊刻荀書的司馬光）再自異本資料中加以傳鈔臆補的。這段公案自來隱沒，然先謙因熟讀荀書義理，故特能剝析其間的謬差，對後人規復荀書眞貌襄助甚大。

先謙對荀書義理的敏銳度，使他不獨在錯簡的正誤上作出了貢獻，就荀書文義本身的梳理，先謙也在荀學史上，鐫下了不可磨滅的地位。如〈正名篇〉「異形離心，交喻異物名實玄紐」下，由於楊注斷讀失誤，各家絞盡腦汁，詮解仍不得法，而經先謙重新斷讀，立刻豁然貫通：

楊注之非，由失其讀。「異形離心交喻」句，「異物名實玄紐」句。「離心交喻」，謂人心不同，使之共喻，下文所云：「名聞而實喻也」。異形者，離心交喻；異物者，名實眩紐，此所以有名也。（《集解》，頁676）

〈正名篇〉通篇思想中，制名之三標是發始的關鍵，當中「異形離心交喻，異物名實玄紐。」這段話又是「所爲有名也」的起源，先謙一旦梳順了這個癥結，則三標的詮釋與通篇大義，便可輕易通解了。可見此注的重要性。又如〈富國篇〉「是又不可偷偏者也」下，先謙案：

「不可」二字衍文。上言「是姦治者也」，此言「是又偷偏者也」，二語相應，「偷偏」上不得有「不可」字明矣，此緣下文兩「不可」字而誤重，據楊注所見本已衍「不可」二字。（《集解》，頁361）

上文「僡然要時務民，進事長功，輕非譽而恬失民」皆爲「偷偏」之事，冠以「不可」則文義正自相反對，故先謙據對句文法加以訂正，此則注文更有廓清荀義的功效存在。

先謙在通貫義理上的貢獻，也使他特能跳脫古籍慣例的限制，直接回歸原典，也因此，前儒許多廣徵博引、勘校用力的繳繞釋例，卻在先謙串釋上下文義的情況下，被輕易推翻了。如〈議兵篇〉：「而順」條，盧氏稱脫有六字，汪中、王念孫依下文「暴悍勇力之屬爲之化而愿……」三對句例，推測當脫九字，俞樾則倒文以釋，以爲當作「順而」，乃領下之詞。此處先謙獨謂之曰：

> 「化而」二字衍，此文本作「所存者神，所為者順」，文義甚明。後人因《孟子》「所存者神，所過者化」二語，妄於「者」下加「化」字，傳寫者緣下文三「化而」句例，復於「化」下加「而」字，本文遂不可通矣。（《集解》，頁 500）

在前文「陳囂問孫卿子」段，有「所存者神，所過者化」語，乍看之下，俞樾以「順而」爲提下之辭，而以「所存者神，所爲者化」爲句似乎較爲合理，然「陳囂」段談的是仁者之兵，此段則是指刑賞之道，所謂「縣貴爵重賞於其前，縣明刑大辱於其後」，則「順」字當較「化」字更爲切合，且前言「雖欲無化能乎哉？」，後指「化而愿」、「化而公」、「化而調」之效能，則此處又言「化」則於辭爲複，仍當從先謙說法。又如〈榮辱篇〉：「以獨則足樂意者其是邪」條，楊注讀爲「以獨則足，樂意者其是邪！」，以「獨處則巋足」爲訓；然王念孫另有見解，他以爲此句當斷讀爲：「以獨樂則足樂，意者其是邪」，「意者」解作發語詞，並引《呂氏春秋・重言篇》「意者其是邪」的文例爲據。先謙則不以爲然，以爲：

> 《呂覽》文義與此不同，此文若作「意者其是邪？」為懸擬之詞，則上下文理不相貫，注雖有《呂覽》句例，不得取以為比，且上文「以群則和」、「以獨則足」，句法一律，語意亦完足，若於「足」下加「樂」字，反為贅設，仍當從楊注斷讀。（《集解》，頁 197）

前述已論及，先謙對荀書熟讀再三，故而往往特能舉發荀書本身的文例，此處即是據荀書文例反駁古書通例（而且語義亦異，不能相提並論）的一個證據，正足見先謙對荀書文例抉發的成就。

治學嚴謹的王先謙也深知通權達變的原理。文例畢竟不過是人爲整理的文法通例罷了，在籍疏中只是種常態而不是定律，運用文例解讀古籍，也不一定就能適用於所有的情況，是以先謙亦有另起爐灶的舉動。譬如〈勸學篇〉：「神莫大於化道，福莫長於無禍。」條，楊氏依荀書引詩例，斷前詩爲文末，而以此二句提行，俞樾則以句義與詩相應而斷爲上節，然先謙通貫全篇後，以爲下文「物類之起」至「君子愼其所立乎」正與此節並引詩相應，且以引詩爲一節文字的收尾，亦只是通例，而非絕對的定律，故而以不分段視之〔註 34〕；對於前儒往往泥於文例而輕忽荀書本旨，轉致無義不通的現象，先謙亦常加以駁正，如〈王制篇〉：「諸侯莫不懷交接怨而不忘其敵」下，楊注斷以「諸侯莫不懷交接怨，而不忘其敵。」，言「相連怨國而不忘與之爲敵」；王念孫則斷爲「諸侯莫不懷交接，怨而不忘其敵。」；至俞樾出，

〔註 34〕參見王氏《集解》，頁 108～109。

又另斷讀爲：「諸侯莫不懷怨交接而不忘其敵。」，竟是在毫無義據的情況下逕行更動文字，雖然今日看來，文意至順，然古人是否有此文法，就很爲難了，這可說是以今律古篡改文字的錯誤性示範。因此王氏以爲仍當如郝說從楊氏斷讀，何況郝懿行將「懷交」解爲「私相締交」，「接怨」視爲「連讀修怨」而文意自順，實無須改字、改句讀以謀合己意〔註35〕。

先謙通義理經注的學術背景，爲他的學問立下了紮實的根基，不僅特能釐正荀書，同時在糾校前非上亦多所貢獻，爲清代荀書訓詁工作的集成，譜下了完美的結局。

四、小　結

清代訓詁古籍的運動，在歷經二百年來諸位大家的接力進行，斐然的成就，實是有目共睹。一來在徵實學風的要求下，發展出如《古書疑義舉例》般整理古籍釋例，以資今人考校的專著；二來又自行發展了形訓、聲訓觀念，運用日漸蓬勃的文字聲韻學，爲往往疑義訛錯的文書假借提供了梳理的可能；再者，句讀問題在當時也是眾家校詁時所考慮的方向之一。這三個方向自外在釋例、內在文理、至點而面地全方位梳理了古文籍的內涵疑義，貢獻至深。

王先謙正長於樸學內在體系成熟的蛻分期，不論在訓詁條例或是方法上，前人都已濬發無餘，故而要論及方法上的推陳出新，先謙的成果自是不及，然而他特重荀書本身內在文理的訓解方式，卻在糾正前儒上有了卓絕的成就，並對廓正荀書襄助至鉅，究其實，與王氏的兼修漢宋的背景不無關係。訓解古籍，特別是哲學名著，自不能不深究其內在義理，文例不過是種通例，不見得能普遍應用在古籍中，更何況還有性質不同、時代晚近、地域區隔的差異，故而仍當就荀書本身訓解之，才是較不出錯的正確態度。〈榮辱篇〉「以獨則足」條，俞樾舉《呂覽》的文例重新斷讀，卻忽略了荀書本身自以「以群則和」、「以獨則足」爲對句的內在文例；〈不苟篇〉「以義變應」句，俞樾復引《禮記》、《儀禮》的文例，並〈君道〉、〈致士〉二文爲證，以爲「變」當讀「遍」，然而視荀書上下文義，則此處絕不可依例改讀。可見前儒雖在訓詁方法上力求推陳出新，但真正梳解古書疑義的法門，還是得自本文中探求才是。

王先謙對荀書訓詁上的貢獻也便即在此，雖然他亦在運用訓詁條例上多所著墨，本身更整理了許多荀書內在的行文規律，然而他最重視的，還在上下文義的貫串上，是以不僅糾正了前儒忽略荀書義理的錯處，更進而抉發了前儒在受限於條例下，無法通釋的諸多疑義，不僅集成了前儒的成就，更以此爲基石更上層樓，許爲

〔註35〕參見王氏《集解》，頁313。

蘭陵知音，當之無愧。

第三節　《集解》在荀書版本上的地位

先謙《集解》之所以被後人視爲研《荀》的教科書的理由，固然肇因於先謙在荀書校釋上的關鍵地位，但就荀書本身流布情形的窘境來觀察，則《集解》的重要性，更突出在荀書版本的雜蕪上。

一、荀書的流傳史

1、荀書的輯成與定本

最初荀文是以單篇著作的形勢流傳在學術界中，在司馬遷成《史記》之時，荀文仍以「數萬言」的份量散布在民間。自劉向「校讎孫卿書凡三百廿二篇，以相校，除複重二百九十篇，定著三十二篇」後，才有荀書的出現，當時劉向所輯的《孫卿書》似並未分卷，三十二篇次也是劉向自定的。可以說，劉向是荀書的催生者。

有關篇數的問題，荀書雖在《漢書・藝文志》的著錄中被誤植成「《孫卿子》三十三篇。」，但是王應麟在《漢書藝文志考證》已加以修正了，所以荀書在篇數上並無疑義，不過荀書卷帙浩繁，經後人析卷後，爾後的版本竟在卷目上出現了歧異的現象，連帶地也造成了篇次順序的的錯簡問題。

2、荀書分卷的開始

簿錄中最早出現分卷記載，是始自於唐朝，而且在作者書名上也有爭議。《隋書・經籍志》的著錄中，荀書雖仍爲三十二篇之數，但是在作者及分卷上，與《漢書》的簿錄已有差異，《隋志》記載道：

> 《孫卿子》十二卷，楚蘭陵令荀況撰。(〈子部・儒家類〉)

劉向所稱之「孫卿」與「荀況」異名，今研荀者雖大抵視爲同一人，孫、荀不過一音之轉，但也有例外被視爲判然二人，因持論據不夠充分，故筆者仍從大多數學者之議〔註36〕，視二者爲同一人，亦即視《孫卿子》與《孫卿書》所指爲同一本著作；至於卷數上的爭執，因《漢書・藝文志》並未記載分卷之事，故而十二卷本是否是劉向時的版本，則顯然還有待商榷，異者不強爲之同，或可視爲另一傳本。再加上楊倞爲荀書作注時，曾有〈序〉云：

〔註36〕持此議者，有劉道中《荀況新研究》，筆者對其論點的辨證，詳見拙作〈論荀學的兩度黑暗期〉，刊載於《雲漢學刊・三》，民國85年6月。

分舊十二卷三十二篇爲二十卷，又改《孫卿新書》爲《荀子》，其篇第亦頗有移易，使以類相從云。

則其所採版本雖篇數卷數與《隋志》同，書名卻異，或又是另一寫本了。事實上，楊倞每每於書中有「一本作……」、「或本作……」的字句，可見荀書因爲漢魏以降的忽視，至唐時因傳本日歧，已出現了至少兩種以上的版本，而且版本間差距甚大，這些異文對注荀的工作形成了阻礙；加上原籍又呈現「編簡爛脫傳寫謬誤」（楊氏《荀子・序》）的現象，楊《注》不僅要梳理缺漏殘卷的文字，更要解決各本異文間的差異。故而楊倞注荀在荀學史上的關鍵地位，不僅因爲他是第一個爲荀書作注的註疏家，同時也在於他敉平了荀書因歧義脫誤而出現的各種版本紛爭，並加以梳理，這些工作爲荀書的傳承奠定了紮實的基礎，唐以降荀書便大抵以楊倞改易後的形態流傳於世。楊氏的整合異文，正是爲荀書進行了首次修葺的工夫。

3、宋明荀書統系的分裂

楊注在歷經晚唐五代的離亂後，原寫本已佚散，今日所見的廿卷版本在北宋時分裂成了監本及纂圖互注本等兩大出入頗多的統系，其中監本又在南宋時佚失了，今日所見監本是由南宋學者復原的成果；纂圖互注本則幸運地一直流衍了下來。荀書在歷經楊氏整合後，正式出現了定本，按理說來，當不致在短短數十年間又分裂成二個統系，然而竟出現分裂錯雜的理由，則在於理學界的非荀上。

宋明兩代的非荀風氣，影響所及，不僅動搖了荀子的學術地位，連書籍的流傳也因此近乎斷層，十二卷本的統系至明便完全失傳，楊倞寫本亦已不存，就連宋代由官方開刻的《荀子》版本都因此而寖微。尊荀的司馬光在皇祐二年上〈乞行荀子揚子法言狀〉後，到了熙寧元年，由國子監正式開版，當時所選取的版本爲楊倞的二十卷本，這是《荀子》一書最早的刻本，然而不過一百年的時間，監本竟然已經失傳了，考南宋唐仲友〈荀子後序〉一文，便記載道：

中興蒐補遺逸，監書寖具，獨《荀子》猶闕。……仲友于三館睹舊文，大懼湮沒。訪得善本，假餘隙乃以公帑鋟木，悉視熙寧之故。

錢佃〈荀子跋〉亦指出：

舊嘗患此書無善本，求之國子監，亦未嘗版行。……末乃于廬陵學官藏書中得元豐國子監刻者，遂取以爲據。

可見荀書在宋朝的不受重視，竟連官刻也不能確保其書的承傳，事實上，朝廷雖然開版刻印，但是對荀書也並不重視，才會使版本闕毀，此後南宋雖亦使國子監開刻纂圖互注本，但已爲帖括之書，大抵不全了，再經宋明儒者的大事刪削，竟使荀書大貌湮鬱不顯，直至清諸子翻案，才得以恢復舊觀。

南宋學者在復原監本的工作上，最有名的，當推與理學家立異的唐仲友，其所刻的版本被稱爲「台州本」，雖自稱是「悉視熙寧之故」，但許多諱字〔註37〕卻以當朝爲準，可見只是保存概貌罷了。

另一個有名的監本系統的版本，是南宋錢佃開刻的《荀子》，錢本說是用「元豐監本」，然元豐與熙寧時代相近，史書中又找不到有關當時開版的實錄，是以今人推測，所謂的「元豐監本」，應當就是用「熙寧監本」的舊版重新印刷罷了，故而不論是「台州本」抑或「錢佃本」，都是監本統系的一支，此外尙有一種叫「浙北本」的版本，據說是南宋時浙北翻刻監本而成的，也算是此系的支派吧。

除了監本的系統之外，尙有一流傳於民間的俗本，叫「纂圖互注本」，內文除了《荀子》本文外，還附有禮器圖文、以及後人所加的帖括註例，通常是四本（《荀》、揚、《老》、《莊》）或六本（另加《文中子》及《列子》）一套，其中內文則與監本出入頗大，故而後人往往並取相參，企圖勾合兩版間的差謬。

4、兩大統系的整合

最早進行整合「監本」與「纂圖互注本」的工作的，大概可溯及錢佃。錢佃本除引監本之外，另於民間藏書中得「二浙西蜀本凡四」，用以校勘他在廬陵學官藏書中所發現的元豐國子監刻本，「凡是正一百五十有四字。」（〈荀子跋〉），故錢佃本與熙寧監本並不全同。此「蜀本」系統，疑爲楊倞所衍生的另一寫本，並與南宋「纂圖互注」本相近（因爲所正一百五十四字與「纂圖互注本」大貌絕類，可見二浙西蜀本或便隸屬於纂圖互注系統，甚或是此系統的元本。），當與「纂圖互注本」同爲民間流傳的俗本，故錢佃本可大抵視爲最早參與整合兩系之書。

不過整合荀書兩大統系的工作卻在錢本後近乎絕跡，因爲監本中「悉視熙寧之故」（唐仲友〈荀子序〉）的台州本在中土失傳，錢佃本又與南宋後盛行的纂圖互注系統略近，故不論是南宋監刊四子纂圖互注系統（龔氏《五子纂圖互注》即據此系翻刻。）、建安坊刊四子纂圖互注重言重意系統（元版《纂圖互注重言重意六子》雖揉和了龔氏五子及建安四子而成，但荀書的內容則仍沿用建本。）、坊刻纂圖互注巾箱本、南宋纂圖互注分門類題本、南宋龔士卨《音點大字荀子句解》等，所差異的，不過是帖括的形式，內容卻大抵不出纂圖互注系統的範圍，甚少觸及監本的議題。這種情況到明代「世德堂本」出現後，才有了變化。

帖括之書到了後期，往往別注與正文相淆混，模糊了原書的眞貌，纂圖互注系

〔註37〕諱字，指封建制度下避諱的問題，由於歷朝諱字不同，故可作爲斷代的依據。

統便是因爲往往影響到原書的文理，才會被世德堂本取代。世德堂本的內容是特選以元版六子書系統的正文，略去纂圖互注重言重意〔註38〕的部分，再以錢佃本略校而成，企圖規復荀書原貌，錢佃本屬監本統系，故這次更動雖然規模不大，畢竟是對監本與纂圖互注本兩大統系的另一次整合；此後荀書便多以世德堂本行之於世，如虞九章、王震亨便據世德堂本略爲刪校，鍾惺孫鑛評點、錢光彭、王立乾訂正的評點系統，亦是據此而來。

入清後取代世德堂本的，便是盧、謝合校的《荀子箋釋》。盧、謝二人俱以校勘見長，復因徵實學風，使《箋釋》在考校上論據自比世德堂本更加精審，因而此書很快便取代世德堂本行之於世。此書並不專主一家，其所援引的版本有四：影抄大字宋本（可能即是摹抄自浙北翻刻的熙寧監本）、元刻纂圖互注本、虞王合校本、世德堂本、（另列有「明鍾人傑本」語，但只偶及之。），其中大抵以宋本及元刻本爲主，亦是綜結了監本與纂圖互注本兩大統系之作。然而所據影抄大字宋本被黃丕烈指「其所沿革，往往可議。」〔註39〕，《箋釋》又往往沿誤，故而可正者仍多。

二、王氏《集解》的版本地位

據此我們可以對荀書的歷代系統加以整理：劉向所輯的不分卷本《孫卿書》、《孫卿子》及後學所分的十二卷本《孫卿子》、《孫卿新書》，今均已不傳，楊倞二十卷本原寫本亦不見，而衍生爲三大系統，即監本、蜀本及纂圖互注本，監本乃官方統系，流傳不廣，民間則大抵以纂圖互注本爲底本，嗣後略有修補而已。直到清初，盧謝校本才正式揉合了官方及民間的統系，加以擷長補短，以規復荀書眞貌，此一整合兩大統系以求眞實的觀念，更在先謙《集解》中被濬發無遺。

清光緒年，黎庶昌在出使日本期間，竟發現失傳已久的唐仲友台州本，卻在日本被完好地保存了下來。當時楊守敬亦隨同赴日，發現台州本仍在日本流傳的事，於是細心訪求，才在島田篁村處發現了影摹台州本，雖非原版，但也是彌足珍貴了。楊守敬請黎庶昌《古逸叢書》收入，王先謙便據此正盧、謝誤處，成果斐然。

王氏《集解》大抵沿襲《箋釋》的體例，再以「台州本」及「虞王本」參校，由於「台州本」的保存狀態良好，「虞王訂正本」又是校自參酌了「錢佃本」的「世德堂本」，「錢佃本」則用「二浙西蜀本」正「元豐監本」共一五四字，如此一來，《集解》竟兼賅了自楊氏以降，北宋所分化的「監本」、「二浙西蜀本」及「纂圖互注本」

〔註38〕同註2。
〔註39〕同註3。

三大統系！可以說是綜集各種統系之大成。再加上採入十五家校勘傑作：如《雜志》雖據盧本加案語，其間仍參校了錢佃「江西漕司本」、龔士卨「荀子句解本」及「世德堂本」，念孫《補遺》中又蒐錄了顧千里手錄〈呂錢二本異同〉，上述異文先謙一併都採入注文中，則實不僅是兼集三大統系，一些分化的支系異文，亦在先謙的參酌之中。正因爲《集解》能兼賅各版古本，故而先謙後大凡注荀者，多取《集解》爲主，如梁啓雄的《荀子簡釋》、熊公哲的《荀子今注今譯》、李滌生《荀子集釋》等，一是以《集解》爲藍本、略加考校而已。不過《集解》於眾家之中，仍採以《箋釋》爲底本，並不逕取近古的「台州本」爲基礎，此點後人頗有微辭〔註40〕，但所謂「監本未必是、建本未必非」，若一以「台州本」爲主，則未又陷入統系的窠臼中了，故而先謙取合校本的《箋釋》作爲凡例的方法，還是值得肯定的。爲免繁複的派系模糊了行文的焦點，今茲以表列如下：

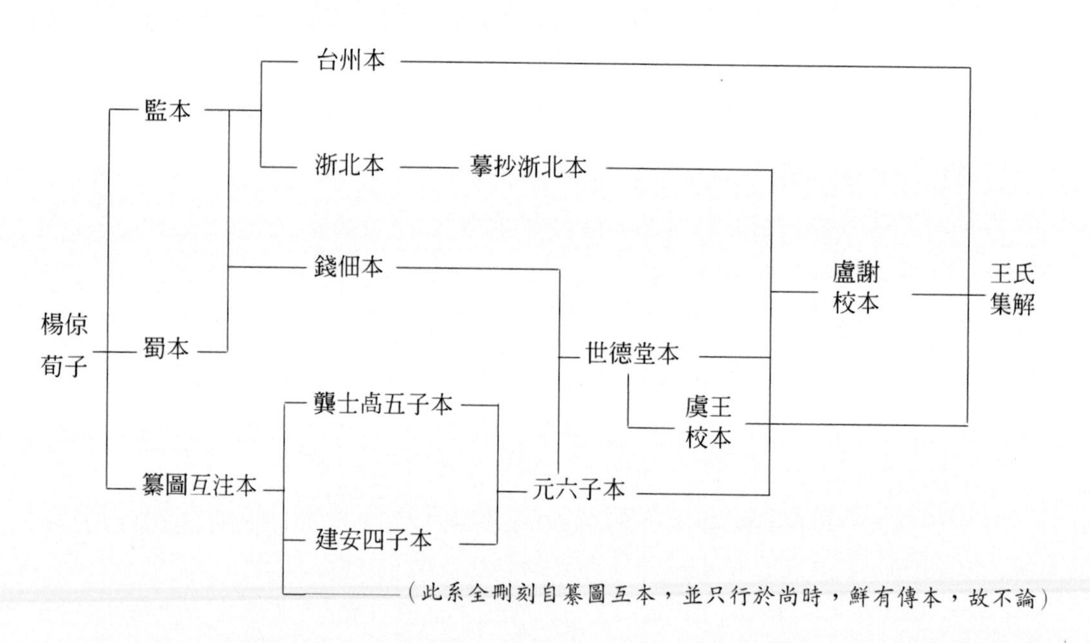

《集解》在荀書流傳上所佔有的重要地位，於此表中清晰可見，表面上看來，《集解》不過引用了宋唐仲友的「台州本」、明虞九章及王震亨合校的「世德堂本」，以及清代盧文弨、謝墉合校的《荀子箋釋》三個版本罷了，實則綜結了楊倞注疏本在唐降分化的三大系統，甚而更進一步揉和了其間許多支系，可以說是集目前所流傳的各荀書版本之大成！因此，《集解》在荀書流傳上所體現的意義，也正在於王氏在引用版本的揉納各派上，充分展現其於繼往開來間的用心。

〔註40〕高正便以爲當逕取台州本爲主，而不應取盧、謝合校本。

第五章　《集解》對荀學體系的貢獻

第一節　前儒在學理上的局限

向者已言，前儒對荀學評價不一，益以荀書流傳及保存的狀態不佳，故而前儒對荀學體系的涉及層面，雖不可謂不廣矣，然究其實，則畢竟流於浮面，不僅抨荀者未嘗卒睹全文，就連爲荀卿翻案的學者，也並不眞明白荀說的特處，眞正要論及深究，還當以注荀家較能全面觀照，故而此節前儒論荀學體系的範疇得失，筆者將分「評荀家」與「注荀家」兩個層面來探討。

一、歷朝評荀家所觸及的體系

歷代評荀家對荀學的意見，筆者大抵已在第三章中依時代先後陳述過了，然而由評荀家的角度，卻可概分出幾個荀學的子目來，這些範疇是否眞是荀學的綱領所在，歷代評荀家是否能把握箇中旨趣，將是以下探討的問題。

評論荀子學說，所涉範疇最爲全面之時，迺在宋明兩代，當時宋儒抨荀的角度，分爲以下四端：

（1）就內容精神而論，認爲荀說「大本已失」。

（2）就理論層面來看，荀書言論「全是申韓」。

（3）以學說架構析之，則荀子「好爲異說」，往往自相矛盾。

（4）自歷史觀點看來，則李斯禍秦，荀卿難辭其咎。

其中「大本已失」的認定，在於性惡禮僞的教育理論基礎及「非思孟」的癥結上，「全是申韓」的非議，則是考自荀卿的王霸觀點及「法後王」議題，至於文氣不貫與「其父殺人報仇，其子必且行劫」（蘇軾語）的問題，此時並不與學說相關，故棄而不論。

這些意見評得很重，爾後迄清，荀學仍無法跳脫這些論點的侷限，如此反反覆覆的辯論，對於荀子學說體系的成形化助益不大，相反地，反而容易模糊掉荀說的眞貌。始於劉向時，便指出荀書的要旨，在於「陳王道」上；(〈序錄〉) 徐幹也以爲，荀書旨在「明撥亂之道」；至於楊倞更直指「王道」乃周公「稽古」、「損益」、「制禮作樂」使「仁義理天下」之謂。性惡禮僞的問題，誠如韋政通先生所言，是「由禮義的實效問題逼出〔註1〕。」並非學說的中心；〈非十二子篇〉基礎上便是強調正名思想下延伸的產物；至於荀書的王霸觀點，更在《論語》中便已得見端倪〔註2〕；「法後王」亦與「失其宗法、忘其法度」(呂陶，〈荀卿論〉) 毫不相干，純粹是經驗性的議題。很顯然地，荀學體系在評荀家爭議焦點的設限下，基本上並未能成形，不過這些零散的爭論，對於荀說中的內部疑義澄清，也有實質的襄助，亦不能忽略。以下分就議題所涉體系分別詳述之。

（一）教育思想

在教育思想中，前儒的觀點，大抵只糾纏在「性惡」、「禮僞」的問題上而議論不休，宋明儒者對「性惡」說深惡痛極，如程頤指「大本已失」(《二程遺書・卷十九》)，朱子也因而叫學生「不須理會荀卿」(〈戰國漢唐諸子〉)，蘇軾亦以荀卿「獨曰：人性惡，桀紂性也，堯舜僞也。」遽斥其非。其中又以徐積的〈荀子辯〉對性惡及禮僞說，駁斥得最爲全面，共計有九辯 (《宋元學案・卷一・安定學案》)：

（1）人之性惡，其善者僞也。

辯曰：人之性既惡矣，又惡知惡之可矯，而善之可爲也。

（2）凡性者，天之就也，不可學不可事。

辯曰：若如此論，則上之教可廢，而下之學可棄也。

（3）可以見之明不離目，可以聽之聰不離耳……不可學明矣。

辯曰：其始也目不能視…而明可以察秋毫之末…奚物而不可學

（4）今人之性，飢而欲飽……辭讓則悖于情性矣…人之性惡明矣。

辯曰：無是性即無是行也……烏有性惡而能爲孝弟哉。

（5）凡禮義者，是生乎聖人之僞，非故生于人之性也。

辯曰：陶人因土而生瓦…聖人因人而生禮義也，何必曰僞。

（6）苟無之中，必求于外…人之欲爲善者，爲性惡也。

辯曰：賤願貴以其不足于中…故人之欲爲善以其善之未足也。

〔註1〕語見韋政通《荀子與古代哲學》，頁240。

〔註2〕此一考證筆者已於第三章〔註32〕條中略及，另詳見拙作〈秩序情結與荀韓關係〉一文，刊載於《雲漢學刊・二》。

（7）性善則去聖王息禮義，性惡則興聖王貴禮義。

辯曰：一陰一陽，天地之常道也…聖王之興，豈爲性惡而已哉

（8）凡人之性，堯舜與桀跖一也，君子與小人其性一也。

辯曰：未嘗有一人性善，其禮義何從而有哉？

（9）堯問于舜：人情何如？舜對：人情不甚美，妻子具而孝衰于親辯曰：

天下之性未嘗無孝……其所以不善者，外物害之也。

此九辯雖正與荀書反對，然而徐積抽絲剝繭的陳述方式，卻正爲荀子人性論的理論綱目進行完整的爬梳，前儒對荀卿學說進行最理論化的探索的，大抵莫過於此，此外便都只是些零散的議論罷了。由於徐積的議論相當精辯，後儒只得自其他方面來爲荀卿的人性論開脫，遂開發出其他相關議題來，如王鳳洲以爲性惡說的出現，旨在遂其「勸學之功」〔註3〕，《四庫全書總目提要》亦以爲其性惡禮僞的觀點，在「恐人恃性善之說，任自然而廢學。」(〈子部・儒家類・一〉)，清儒徐養原亦是主持「將以勸學」的意見，錢大昕「欲人之化性而勉於善」亦是此意，這些都是以「性惡說」的「動機論」爲荀子開脫者，也有因此斥爲生事惹非者，如陳澧《東塾讀書記・卷三・孟子》:「戴東原云：此於性善之說…若相發明…如此則何必自立一說？」；又有以爲荀卿之主持性惡，在於只取一偏以矯思孟，而其言太過者，任啓運〈荀卿論〉便是一例；桐城則反向議論，以爲荀子雖有救世之心，但「知道未眞」「不免雜於氣而不能純乎理」(方宗誠《讀文雜記》)，這是將荀孟之「性」區隔爲二類，比併高下的議論。總之諸見仍繳繞在荀孟「性」論的高下上，無法觀照全局。

有關「禮僞說」，雖有徐積「欲貴之而反賤之」的誤解，但黃震時已能接納楊注的說法，同意「僞」者，意或如「矯」也（然黃震又責以「擇言不精，遂犯眾罵」〔《黃氏日抄・讀諸子》〕，未免自相矛盾。），此後學者大抵持相仿的意見，迄至清儒更以訓詁學多方證明僞字義，如章學誠《文史通義・卷四》以爲「『僞』於六書，人爲之正名也。」，郝懿行〈與王伯申侍郎論孫卿書〉謂：「『爲』與『僞』古字通」，錢大昕〈跋荀子〉:「此『僞』字即『作爲』之『爲』。」皆同此，今可謂是定評。清儒固以禮教爲荀說的特處，就連非荀甚力的桐城學家也甚許其禮論〔註4〕，然而對

〔註3〕《諸子彙函・勸學》中記載，王鳳洲以爲：

令荀子而無性惡之說，無以堯舜爲僞，無以子思孟軻爲亂天下，其勸學之功，豈終外於名教哉？

〔註4〕如方宗誠以爲：

其論學之要在明禮，由禮救世之心甚篤也。(〈讀荀子〉)

後來如吳汝綸〈讀荀子〉之言，大意亦同此，但立說則在先謙《集解》刊成之後，故不論。

於「僞」的說法，便又以孟子的「四端」非議之，雖不乏以因時（戰亂無序）制宜（以禮端慤民風）之說爲荀卿開脫，然而實已深陷在宋儒窠臼中，不能見出荀卿禮論的特處。

總之，評荀家在往返辯論中，雖在議論上已把握荀書立場，但格局則仍無法開闊，只有見樹不見林的零星抉發，尚未形成體系。

（二）非思孟

由文字上來看，非思孟旨在「正名」，楊注中早已明指，荀子「子思、孟軻之罪也」的認定，便在二者「自敬其辭說」，假惑群眾，以爲乃「仲尼子游爲此言垂德於後世也。」然而宋儒以降的儒者，卻認定非思孟的作用在排除異己，也就是《四庫全書總目提要》所謂「朱陸相非」的觀念，恐不其然。觀荀書中，計有七條關於孟子的文字，其中有五條，在舉孟氏「性善」說而正之，此在〈性惡篇〉，雖然主持各異，但是荀子於此處卻全無惡辭，不曾對孟子進行激評；一條在〈大略篇〉，引孟子言行證明己論，雖爲弟子所輯，但符合荀卿意見，大抵可信。後人雖說「非思孟」是「朱陸相非」，但是荀書七條相關文句中，僅一條是批評對手，顯然事實並非如此。

荀書中唯一一條抨孟語在〈非十二子篇〉，內容如下：

> 略法先王而不知其統，然而猶材劇志大，聞見雜博。案往舊造說，謂之五行，其僻違而無類，幽隱而無說，閉約而無解。案飾其辭而祇敬之曰：此眞先君子之言也。子思唱之，孟軻和之。世俗之溝猶瞀儒嚾嚾然不知其所非也，遂受而傳之，以爲仲尼、子弓爲茲厚於後世：是則子思、孟軻之罪也。（《集解》，頁 232）

很明顯地，荀子指責思孟是在學行把握上並不完全貼同於孔子，卻處處假仲尼傳世，「案飾其辭而祇敬之曰：此眞先君子之言也。」明顯是指責思孟寓作於述，將個人意見假借先賢名義流傳於後，以致於「世俗之溝猶瞀儒嚾嚾然不知其所非也，遂受而傳之，以爲仲尼、子弓爲茲厚於後世。」，如此一來，反而湮鬱了孔學的眞實面貌。可見《荀子》原典中，非思孟與後述子張氏、子游氏、子夏氏相同，都是指責欺世盜名的觀念；不同的是，子張氏、子游氏、子夏氏是僞其言行，思孟卻是僞其學說，若就「正名」而言，《孟子》中許多不見於《論語》而假爲仲尼言談的議論，不論是非，都算是欺世盜名的行爲，這純粹是辨義正名的觀念，和「朱陸相非」的排撻異己並無關係。所以在他篇中，荀卿以「非禮義之中」、不合治道非議諸子時，皆不及於思孟，唯此篇旨在使「聖人之跡著」，完成正名的事業，才觸及思孟假學的問題。可見荀子的立場渠然鮮烈，並無意氣用事之處，與朱陸相非截然不同。

後儒顯然不諳荀義，以非思孟爲非學理，故蘇軾斥爲「剛愎不遜，自許太過。」（〈荀卿論〉）；賈同亦以爲荀子既學仲尼之道，復詆孟子，迺「是堯而非舜」（《宋文鑑・卷一二五》）的荒謬言論。這些都是誤解了〈非十二子〉正名的大旨。在揚孟抑荀的理學體系中，即令是對荀學能持平看待，但在「非思孟」這件事，是絕不能讓步的，畢竟，如果能肯定思孟可非，那無疑是將理學自身的血脈給刨根了。相關爭議直到紀昀編《四庫》，一句「是猶朱陸之相非，不足訝也。」，才終於稍稍敉平了各種意氣式的謾罵，但這畢竟還是錯解了荀書，這就是對荀學體系不了解所導致的誤解。清儒爲荀子開脫者，以爲「非思孟」與非子張氏、子游氏、子夏氏同，都是斥其門人（如李慈銘《越縵堂讀書記・荀子》），又有以爲非思孟迺後學攙入，非荀子本意者（如吳汝綸〈讀荀子〉），其中也有以爲非思孟旨在非性善說者（如方宗誠〈讀荀子〉），大抵是欲爲荀卿「文過」的心態，而不知非十二子迺正名理論的延伸，實不足取。

（三）政論體系

前儒非荀「全是申韓」者，特在荀卿的「王霸之論」及「法後王」上，尤以宋儒非之最甚，如黃震便以爲：

> 其於論王伯，曰：「粹而王，駁而伯。」，曰：「義立而王，信立而霸。」。幾謂王霸無異道，特在醇不醇之間，至於內心義利之分，則略之不及。（《黃氏日抄・讀諸子》）

呂陶則於〈荀卿論〉中斥「法後王」爲「失其宗主、忘其法度」的行逕，明歸有光更以荀子「後王說」「開暴秦是古非今、焚坑之禍。」，大抵抨荀者皆認爲荀子尊王而不賤霸的態度，違反了儒家一直以來以仁政諄誡當權者的主張，而「法後王」有擴張君權之嫌，故而以近法家視之。宋明儒者皆假「尊孟黜荀」來遏抑荀卿的政論，認爲孟子實有「法先王」、「尊王賤霸」的主張，正可與荀卿反對，然而以《論語》全書未見法先王與尊王賤霸的相關主張，《孟子》雖有「五霸者，三王之罪人」語（〈告子・下・第十二〉），卻又以爲「以力假仁」，「久假而不歸，惡知其非有也？」（〈盡心・上・第十三〉）這也是因時無王降而思霸的妥協，雖是在期待「以力假仁」者能將仁政的手段內化爲純粹的本質，但其實便是一種默許！如此一來，宋儒「誅心說」的動機論，似乎在孟子學說中也不能完全成立。況且荀卿用以別王霸的「先義後利」和「先利後義」的區別，也正在內心小大之綦上，說是「內心義利之分、略而不及」，未免委屈；而〈離婁篇・上・第七〉所謂的「爲政不因先王之道，可謂智乎？」是指「不忍人之政」而言，與荀書中三十八條先王的資料，大抵都在說明先王制禮樂一制度的本心，至於出現在〈王制篇〉的「法不貳後王」、〈正名篇〉「後王之成名」、〈成相篇〉「辨法方，至治之極復後王」及〈儒效篇〉的「法後王而一制度」，說明的都是一種文物進化的觀念，所謂法先王者法其意，法後王者法其法，一者爲「常道」，一者爲「應變」，立基不同，實不能相非。故知宋明斥非荀卿的政治理論，實又是一種錯解。

針鋒相對的議論，最容易自我設限了格局，明清評荀家便自限在「平反」的層次而鮮有開拓，雖然陳深能獨見「法後王」的特處〔註 5〕，但清儒在無力擺脫宋學影響的情形下，只得用「後王謂文武也」（劉台拱語）來文飾，以強合宋明新儒家的見解；而荀子的「王霸論」，儒者仍有異議，主要便是認爲此一「因時無王、降而思霸」（郝懿行〈與王伯申侍郎論孫卿書〉），脫軌了儒家一貫以來的仁政主張，故而有所微辭，然而不論孔子的許管仲，或是孟子的「久假而不歸，惡知其非有也？」，也都是一種「因時無王、降而思霸」的妥協，卻因此而獨非荀卿，基本上又是惡其非思孟的成見作祟了。

對荀卿的政論思想，明清評荀家除了有平反性質的零星散論外，有關荀說略近申韓的部份，則出現了相當特殊的青睞：

> 《荀子》三十二篇，不全儒家者言，而習稱爲儒者，不細讀其書也。有儒者之一端焉，是其辭之複而嘽者也；但其精摯處則即與儒遠，而近於法家，近於刑名家；非墨而又有近於墨家者言。（傅山，《荀子評注》）

這個大膽的新見雖然開發了另一種評荀的角度，卻有矯枉過正之嫌。荀學是有揉會百家以強化己說的情形，但這只是種工具的應用，是因應時代的進化。不論是用法家制約的械數，嚴格禮治本身的鬆散，或是以墨辯的運用，強化學說的理論層次，這些工具並未模糊了荀子本原的基調，中樞思想仍是儒家的君臣父子。傅山的立意雖是新穎，但只是投個人所好的曲解，不足以形爲定論。但此一意見畢竟令後人注意到荀說對儒家思想的改革與進化，形成了荀學研究的新範疇，故特此一提。

（四）評荀家所發展的荀學周邊系統

明清評荀家亦有能跳脫宋儒箝制的格局，而另起爐灶者，此大抵與當代學風不無相關。如明代以評點風氣特盛，開發了議論荀書文氣的範疇，當時如《諸子彙函》、

〔註 5〕陳深於《荀子品節・非相》中指：

> 荀卿此後王之論，於近世有補。

〈王制〉又云：

> 法後乃是特見，論卑而易行。

則陳深之許荀子者，似乎特在矯明儒之失。

《荀子品彙釋評》等書，都結輯有各家論荀卿筆法文氣的品評，其中又鍾惺、孫鑛合著的《荀子評點》最完整，雖然是所謂「非聖無法」的行逕（錢謙益在《賴古堂文選・序》中，批評孫鑛的「評經」舉動之語），卻也爲煙硝迷漫的荀子議論挹注入新鮮的空氣；到了清代以樸學最長，故而荀子其人其書的考證問題，也成了各家在爲荀卿平反之時往往觸及的對象，不論是以其時代開脫荀說主持太過乃「有以激之」，或是辨別僞句以釐清荀書眞貌，這些考證功夫的開發，誠然是廓清荀學體系時，必得參正的事項。

在荀學外緣問題的考證方面，以汪中〈荀卿子通論〉考訂生平、學統和楊倞，爲考證體系的初萌；而以胡元儀包括生平、姓氏、學統，偶及篇目考訂的〈郇卿別傳考異二十二事〉，考訂最爲謹愼，二者議論事項的綜合，正是荀學考證體系的建立，可說是別開生面的創舉。

儘管評荀家因侷限於辯論的模式，故而涉及的層面較爲狹窄，但是在議論間激盪出來的觀想，對於注荀家而言，也不啻是種啓發，而且明清評荀家的「平反」工程，也是啓迪清儒開始大規模注荀的因緣，故亦不能等閒視之。

二、注荀家對荀學的詮發

注荀家因爲觀照全局，故而往往有逸出評荀家局限的新觀點，同時也較能擺脫俗說的桎梏，是以注荀家對荀學的詮發，其著眼處，也往往可見出荀說的關鍵所在，從而構架其理論。

（一）楊倞對法後王的精見

楊倞的治荀學，大抵以梳順文義爲主旨，故而其訓詁內容，不脫考史明典、直解文句，是以清儒以樸學家的觀點議論楊注，自是疏漏難精，然而樸學家旨在精詮字義，而不在通貫全文，故楊注對匯通荀書旨義的貢獻，仍是不可磨滅的。

楊倞之著荀時，韓愈的〈讀荀子〉、〈原道〉等篇章已然行世，故而楊注中每有「韓侍郎」引語，同時，這也意味著「大醇小疵」、「擇焉而不精，語焉而不詳」的觀念已經流佈人心。楊注雖大抵只在直解文句，然而對相關「法後王」的詮解，卻是至深至辨，或者便是在對抗時論吧！楊倞的《荀子注》中計有七條解釋後王名義的注解：

（1）百王之道，後王是也。（〈不苟〉）注：後王，當今之王，言後王之道與百王不殊，行堯舜則是亦堯舜也。

（2）欲觀聖人之跡，則於其粲然者，後王是也。（〈非相〉）注：近世明王之法，則是聖王之跡也，夫禮法所興，以救當世之急故隨時設教，不必拘於舊聞…以後王爲法，審其所貴君子焉。

(3) 不知法後王而一制度，隆禮義而殺詩書。(〈儒效〉) 注：後王，後世之王。夫隨當時之政而立制度，是一也。

(4) 言道德之求不二後王。(〈儒效〉) 注：人以教化來求，則言當時之切，所宜施行之事不二後王，師古而不以遠古也。

(5) 道不過三代，法不貳後王。(〈王制〉) 注：論王道不過夏殷周之事，過則久遠難信；法不貳後王，言以當世之王爲法，不離貳而遠取也。

(6) 後王之成名，刑名從商、爵名從周、文名從禮。(〈正名〉) 注：後之王者，有素定成就之名，謂舊名可法效者也。

(7) 凡成相，辨法方，至治之極復後王。(〈成相〉) 注：後王，當時之王，言欲爲至治，在歸復後王，謂隨時設教，不必拘於古法〔註6〕。

當中楊倞展現了一個明確的方向，「後王」不論是指近世之王，後世之王，凡言「法」、「制度」、「道德」(楊注爲「教化」之意)、「治」之「法方」以及制名，一是以後王爲法，這些事項共通的特徵，在於他們都是一種與時進化、有「更革損益」的方法，而非定律和原則，也就是「用」的部份，而非「本體」，這與孟子所謂：「爲政不因先王之道，可謂智乎？」的立足點本就不同，孟子指的是大原則的把握。〈非十二子篇〉所謂「略法先王而不知統」，楊注云：「言其大略雖法先王而不知體統」，這大概是指〈大略篇〉「孟子三見宣王不言事」以「先攻其邪心」的記載吧！相對於荀卿於〈議兵篇〉對孝成王、臨武君直言：「凡在大王將率末事也，臣請遂道王者諸侯彊弱存亡之效，安危之　。」，荀子反對孟子「不知統」，就是指其雖能把握王道的原則，而行事不能通變。再相對於三十八條「先王」的記載，則楊倞所謂「隨時設教，不必拘於古法」，確實是扣緊了荀卿的眞意。

楊〈注〉以荀卿「有功於時政」而揄揚之，然當時已有「未知者謂異端不覽」的現象，故而楊注對此也企圖加以澄清，希冀能振升荀子的地位。在〈仲尼篇〉：「是事君者之寶，而必無後患之術也。」下，楊注云：

> 或曰：荀子非王道之書，其言駁雜，今此又言以術事君。曰：不然。夫荀卿生於衰世，意在濟時，故或論王道、或論霸道、或論彊國，在時君所擇，同歸於治者也；若高言堯舜，則道必不合，何以拯斯民於塗炭乎？

〔註6〕《荀子集解》頁739引楊倞注誤植爲：

謂隨時設教，必拘於古法。

必上缺「不」字，今依嚴氏《集成》第六冊「台州本」更正。

> 故反經合義，曲成其道，若得行其志，治平之後，則亦堯舜之道也。又，
>
> 荀卿門人多事於大國，故戒以保身推賢之術。（《集解》，頁 253）

將荀書爲人物議的「駁雜」，認爲是「意在濟時」的緣故，此後評荀家在爲荀卿平反之時，意見也往往類此，如黃式三《周季編略・列國》以爲「荀子況痛濁世之政……其與孟子軻之黜霸崇王大意相同。」，又郝懿行〈與王伯申侍郎論孫卿書〉：「荀矯孟氏之論，欲救時世之急……因時無王，降而思霸。」，意皆同此。

楊注並於〈非十二子篇〉中直解「非思孟」的議題，不在「法先王」、「法後王」或「性善」、「性惡」的癥結上，而是在「案飾其辭而祗荀之曰：此眞先君子之言」，使後儒「遂受而傳之」，以爲「仲尼子游爲此言，垂德厚於後世也。」的問題，這已經明顯地揭示了「非思孟」與「正名」思想間的關聯，但是後儒仍以「非思孟」是「朱陸相非」的議論，甚至斥爲是「是堯而非舜」、「不自量耳」的言行，完全漠視了楊注所提供的門徑，導致荀學千載不光，想來因異端不覽的現象，並未因楊注的出現獲得改善，不然也不致有此誤解了。

楊氏注荀，往往直解文句，雖然淺顯曉暢，然其間強爲曲說的情況在所難免，尤其是不明古今通假義，對後人研讀荀書時，反而造成了迷障。如〈榮辱篇〉直解「巨涂則讓，小涂則殆」爲「大道並行則讓之，小道可單行則後之。」，便是不明白「讓」字是通假字的緣故，連帶地擾亂了王念孫〔註 7〕；又如同篇「斬而齊，枉而順，不同而一，夫是之謂人倫。」下，楊注以爲：「斬而齊，謂強斬之使齊。」，然此解正與楊注前文「喻貴賤不同，不以齊一，而要歸於治也。」自相矛盾，這又是不明「斬」字乃「儳」字假借的原因。但是以當時畢竟無嚴謹的樸學條例，而荀書本身殘破難讀的情形而言，則楊氏的注解，畢竟仍爲研讀者開闢了入門的蹊徑。

（二）盧文弨的廣駁舊議

前文已云，盧氏案語大抵旨在校勘上，故而在學理上，盧文弨並沒有特殊的詮發，然當時平反的聲浪尚未蔚爲風潮，一般學者因朱學的盛行而多持宋儒的議論，是以盧氏在案語中每每對諸議多加反駁。如非思孟一直是諸儒在平反過程中繳繞無法釋嫌的一項爭議，故而盧氏在「〈非十二子篇〉第六」下，便注云：

> 《韓詩外傳》止十子，無子思孟子，此乃并非之，疑出韓非、李斯所

〔註 7〕王念孫便是受到楊注的影響，以爲「讓」固爲「讓行」之意，故而另闢蹊徑，詮解「殆」字以梳順文意：

> 「殆」讀爲「待」……小道只可單行，則待其人過乃行也。

實本句當如俞樾所解，爲：「涂無巨小，皆不可不謹」義，方能與上文「非地不安也、危足無所履者。」義合。

附益。(同上，頁224)

以爲荀子並未非思孟。此議後爲吳汝綸所承繼，然而朱一新於《無邪堂答問・卷四》中畢竟反駁了此說，以爲此乃「雖愛荀子，實失其眞」的舉動。又如〈仲尼篇〉「是事君者之寶，而必無後患之術也」中，以術事君的爭議上，楊注周旋許久，而以「曲成其道」圓說，盧氏則其斥楊非，以爲：

推賢讓能，人臣之正道也，以此爲固寵之術，亦不善於持說矣。注曲爲解之，非是。(同上，頁253)

認爲荀子不善持說，與《四庫》所謂「主持太甚」，議論相當。而〈正名篇〉「慮積焉、能習焉，而後成謂之僞。」，盧氏解「僞」爲「爲」，並解釋宋儒最詬病的「桀紂性也，堯舜僞也。」是「謂堯舜不能無待於人爲耳。」，則是延續前儒之說而向前推進了一步。再如同篇「無稽之言、不見之行、不聞之謀，君子愼之。」盧氏則發揚道：

案此篇由孔子「必也正名」之旨推演之，極言人不能無欲，必貴乎導欲以合乎道，而不貴乎絕欲。此荀子闢小家珍說，而與孔孟所言治己治人之旨相合，後儒專言遏制淨盡者，幾何不以雍而潰矣。

既駁後儒「雜統」(熊賜履語)之說，以爲與孔孟合謀；復又推演荀卿導欲合治的眞諦，此實爲不易之論也。

除了廣駁舊議外，盧氏案語也觸及了相關考證的議題。如〈致士篇〉末「賞不欲僭、刑不欲濫……與其害善、不若利淫」下，盧文弨考之曰：「此數語全本《左傳》，考荀卿以《左氏春秋》授張蒼、蒼授賈誼，荀子固傳《左氏》者之祖師也。」(同上，頁468)，考汪中《述學・荀卿子通論》於乾隆五十七年定稿，而《箋釋》固於五十一年付梓，則盧文弨顯然比汪中更早發掘荀卿傳經之功；再如「成相」的名義，楊氏以爲固《漢志》之成相襍辭之謂，盧氏則另解以：

《禮記》「治亂以相」，「相」乃樂器，所謂「舂牘」，又古者瞽必有相。審此篇音節，即後世彈詞之祖，篇首即稱「如瞽無相何倀倀」義已明矣。首句「請成相」，言請奏此曲也。

然王引之以楊氏或說駁之，以爲「成相者，成此治也；請成相者，請言成治之方也。」，俞樾雖同意盧說，但以爲「相」乃《禮記》鄭注所謂「古人爲勞役之事，必爲歌謳，以相勸勉。」，意即古樂曲之體，而非樂器名。雖有盧氏在考證上不甚精練，然而畢竟也有開疆擴域的功勞，亦不可小覷。

盧文弨雖亦有得，然而畢竟與全書五分之四的校勘成就相較，顯然遜色多了，上述案語亦是《箋釋》全書所僅見的寥寥數語，是以在校勘考證上，盧氏或有過人之處，論及詮發學理，則不逮楊注遠甚。

（三）王念孫強合荀孟

王氏《雜志》大抵以盧校爲底本，故而與《箋釋》相較，《雜志》在訓詁上的成就自更突出，不僅廣泛地運用「平列」〔註 8〕、「互用」〔註 9〕等條例詁釋辭義，同時也企圖彌合荀孟在主持上的差距，藉以提振荀子的地位，最明顯可見的證例，在解「後王」及「愼獨」說上。

〈非相篇〉:「欲觀聖王之跡，則於其粲然者矣，後王是也。」下，楊注以「後王」爲「近時之王也。」，前文已辨。然而王念孫引劉台拱所謂:「後王謂文武也。」，又引述汪中評史遷:「法後王者，以近己而俗相類，議卑而易行。」爲「斷章」語，否定楊注，並以爲〈不苟篇〉、〈王制篇〉、〈成相篇〉，以及兩條〈儒效篇〉、三條〈正名篇〉的「後王」都是指「文武」而言，如此則「法先王」與「法後王」其旨則一，都是在法前賢先聖，只是對象不同罷了。此說很明顯地是在救定宋儒對「後王說」「失其宗主、忘其法度」（呂陶語）的議論，但是如此一來，荀書進步的文物進化觀念，卻也就此蕩然無存。

王念孫強合荀孟的觀念，在解荀子的「愼獨說」時，企圖心完全暴露無遺。〈不苟篇〉:「夫此順命以愼其獨者。」，楊注解以《中庸》之「戒愼乎其所不睹，恐懼乎其所不聞」，郝懿行則以爲「愼者，誠也。」，「獨」則是指「精專沈默」「而後髣遇焉，不能言人亦不能傳」不可見之獨傳；並舉《大學》「愼獨」兩見於〈誠意篇〉爲證，明楊注非也。由於宋儒以《中庸》「十六字心傳」爲正法，故而後人在論及儒門的兩轡時，也以《中庸》爲孟子之學，《大學》爲荀子之學來區隔，這也就是爲什麼郝懿行不能接受楊注以《中庸》解荀的意見，而必以《大學》重釋的理由。而王念孫則解道：

> 《中庸》之「愼獨」，「愼」亦當訓爲「誠」，非上文「戒愼」之謂，故〈禮器〉說禮之以少爲貴者曰:「是故君子愼其獨也。」，鄭注云:「少其牲物致誠慤，是愼其獨即誠其獨也。」，「愼獨」之爲「誠獨」，鄭於〈禮器〉已釋訖，故《中庸》、《大學》，〈注〉皆不復釋。孔沖遠未達此旨，故訓爲「謹愼」耳。凡經典中「愼」與「謹」同義者多，與「誠」同義者少，訓「謹」、訓「誠」原無今古之異，唯「愼獨」之「愼」則當訓爲「誠」，

〔註 8〕如〈不苟篇〉「辨治」條，〈榮辱篇〉「注錯」條、「習俗」條，〈非十二子篇〉「察辯」條，……皆是用「平列」的方式解釋二字。

〔註 9〕如〈彊國篇〉「黭然而雷擊之，如牆厭之。」便是「而」、「如」互用的例子，王氏訓古書往往運用此法訓釋上下文句平列的對句。

故曰：「君子必愼其獨」，又曰：「君子必誠其意」。〈禮器〉、《中庸》、《大學》、《荀子》之「愼獨」，其義一而已矣。（《集解》，頁166）

將《荀子》、《大學》、《中庸》的「愼獨」劃一，也就是將荀子「虛一而靜」、「養心以誠」、「致誠則無它事矣」的「愼獨」觀念與孟子的「盡心」、「求放心」的觀點劃一了，這根本是強合荀孟的議論，完全失去荀子「認知心」的眞義。

王念孫之所以會有強合荀孟的舉動，大抵是肇因於其深受朱學影響的緣故吧！當時學界因科舉提倡而浸淫於朱子學中，王念孫之所以只承繼戴氏的樸學研究，而不能同意他《孟子字義疏證》的觀點，也是因此〔註10〕，故而王念孫雖企思振興荀學，卻無法擺脫宋學的觀點，只好「強荀以就孟」。王氏《雜志》因訓詁體例的創發，對於解荀襄助甚鉅，然而強合荀孟的舉動，卻嚴重戕害了荀學的眞貌，這也是《雜志》在解諸子時，最爲人詬病的地方。

（四）力抗宋議的俞樾

俞樾成《諸子平議》時，樸學條例已在王念孫的手中大形確立，因而俞樾在訓詁條例上的補正，爲了超越前人，不免有羅織太密的嫌疑，在前節已述及俞樾注疏上的諸多枉曲，此處不再贅述；然而就學說上來論，則俞樾生當諸子復興風潮大盛的年代，比起仍煙籠在宋學氛圍的王念孫而言，自然更能持平地發揮荀學的眞義。就以荀子的「愼獨」說而論，俞樾已能完全拋開漢宋對壘的局限，別見新意了：

上文云：「致誠則無它事矣，唯仁之爲守、唯義之爲行。」，所謂「獨」者，即無它事之謂，唯仁唯義，故無它事，「無它事」是謂「獨」，故曰：「不誠則不獨、不獨則不行」。言不能誠實，則不能專一於內；不能專一，則不能形見於外，楊氏未達「獨」字之旨，故所解均未得也（同上，頁167）。

和楊注引《中庸》爲說，郝懿行的繳繞立論及王念孫的強荀以就孟相較，俞樾此解，乃單就荀書內容來爬梳，自更能得見荀書的大旨。事實上，荀書全篇六十個「獨」字，大抵都作「單」、「只」義解，只有〈不苟篇〉例外爲專詞，則「獨」者，「篤」也，「愼獨」就是「誠篤」，「專一」之謂也，故「不誠則不獨」，不能誠致心神，就不能篤守仁義，不能篤守仁義，就不能行「變化」之天德，不能行天德，雖反覆申言，民眾「雖從必疑」，前後文意實一。俞樾「無它事」的解釋，旨與「篤」同，確實能與荀義相謀合。

再以「後王」說爲例，前云劉台拱、汪中、王念孫皆以「文武」釋之，企求能

〔註10〕有關王念孫對戴震學術偏取的傾向，詳見拙作〈湘學與晚清思潮的轉變〉，發表於成大中文研究所第二屆校友發表會。

杜絕時議，然而俞樾誠就荀書論旨，則以爲切切不然：

> 荀子生於周末，以文武爲後王，可也；若漢人則必以漢高祖爲後王，唐人則必以唐太祖、太宗爲後王，設於漢唐之世，而言三代之制，是所謂舍己之君而事人之君矣，豈其必以文武爲後王乎？蓋孟子言「法先王」、而荀子言「法後王」，亦猶孟子言「性善」、而荀子言「性惡」，各成其是，初不相謀，比而同之，斯惑矣。……後人不達此義，於數千年後，欲胥先王之道而復之，而卒不可復，吾恐其適爲秦王笑矣。（同上，頁 212～213）

並指劉汪王說是「皆有意爲荀子補弊扶偏，而實非其雅意也。」。俞樾此說確實傳達了經驗主義的荀子所可能具備的進化觀，故今人大抵以俞說爲不移之論。

俞樾因諸子復興的風潮，故而在立說上較無包袱，然而其持論立異的治學心態，卻也爲他在解荀的成就上蒙蔽了一層陰影。如〈不苟篇〉「以義變應，知當曲直故也。」，俞樾依荀書例，解「變」與「辯」通，亦可借爲「遍」，然君子可「以義遍應」，與其「知當曲直故也」的知所屈伸義上下不銜，故先謙以爲自是「以義變應曲伸」之意，且與孔孟思想相貫〔註 11〕，其實俞樾只要詳勘上下文義，便不致於出錯，但是沿用訓詁條例的結果，卻反而造成了迷障，也迷失了足以辨明荀子基調仍爲儒家的一個關鍵義證；再如「非思孟」的議題，楊注早已詮解過〈非十二子〉主旨在非思孟的欺世竊名，以遂己見行世的議題上，文義甚明，然而俞樾卻引他書釋例詁訓謂：

> 蓋荀子之意，謂仲尼、子游之道，不待子思、孟子而重，而世俗不知，以爲仲尼、子游因此而得重於後世，故曰：是則子思、孟軻之罪也。

如此雖是欲爲荀卿的「非思孟」彌合，反而更顯得荀卿立論刻覈、非賢太過，形如宋儒持議的註腳，而不能體現荀子正名的用心。

在學說方面，俞樾在彌縫荀說上的成就大抵毀譽參半，主要就在於俞樾往往墨守條例的緣故，但是畢竟較王氏《雜志》而言，是超前了一大步；就考證上而言，俞樾考證「成相」名義，以爲「相」乃樂曲，並以《漢志》「成相襍辭」爲證，認爲「古有此體」，此說駁盧王之非，今大抵爲研荀者所持說；而〈非相篇〉考「子弓」爲「仲弓」，然稱「子」者則並非「師」之稱謂，乃時云，「猶『季路』稱『子路』耳。」，如此一來解決了楊注中存在的年代相去太遠，不可能爲師承關係的問題，亦值得後人參考。

〔註 11〕詳見《集解》，頁 159 下，先謙案條。

三、小　結

就上綜述，則不論評荀家或注荀家，很顯然地，大抵仍停留在駁斥舊議上，鮮有突破之處，然而這些議論孰是孰非，在年代日遠後，實難有蓋棺論定的可能，使乾嘉諸輩大耗心神加以爬梳的結果，畢竟也只得到了個模擬兩可的答案，這或許就是爲什麼《集解》毅然揚棄了這些傳訟近千年的爭論議題，而另起爐灶的理由吧！

第二節　《集解》在學理上的成就

一、王氏對宋儒爭議略而不及的理由

相較於前儒，先謙在學說方面的議題，顯然更爲開闊，雖然他也處理了部份相關的舊議，但大抵只是一種前提性的導論，而不在注解中進行詮發。如在性惡的議題上，先謙只在〈序〉中提及荀子對「性」的定義當爲「善惡混」的主張，內文中則不再論述：

> 其言曰：「直木不待檃栝而直者，其性直也；枸木必待檃栝蒸矯然後直者，以其性不直也。今人性惡，必待聖王之治、禮義之化，然後皆出於治，合於善也。」夫使荀子而不知人性有善惡，則不知木性有枸直矣。

很顯然地，王先謙以爲荀子「豈眞不知性邪？」，乃「遭世大亂、民胥泯棼，感激出此也。」，以強調性惡面來規諍化善的必要，並非眞以爲性皆惡質的涵意。「感激出此」的議論，向前議論類此者不乏其人〔註 12〕，但以知人性有善惡，這主張和前儒所謂孟荀「皆爲偏至之論」（謝墉《荀子箋釋．序》），或是荀「特一偏耳」（歸有光《震川集．四．性不移說》）、「以氣質爲性」〔註 13〕「舉其一端」〔註 14〕的論點便

〔註 12〕如楊倞便於〈性惡篇〉篇目下注云：

> 當戰國時，競爲貪亂，不脩仁義；而荀卿明於治道，知其可化，無勢位以臨之，故激憤而著此論。（《集解》，頁 703）

又謝墉於〈荀子箋釋序〉中亦指：

> 顧以嫉濁世之政，而有〈性惡〉一篇，且詰孟子性善之說而反之……由憤時嫉俗之過甚，不覺其言之也偏。然尚論古人當以孔子爲權衡，過與不及，師商均不失爲大賢也。（同上，頁 26～27）

都是以性惡論乃「感激出此」的言論。其餘議論亦大抵如此，故不另行贅述。

〔註 13〕盧文弨《抱經堂文集．書荀子後》云：

> 荀子不尊信子思、孟子之說，而但習聞世俗之言，遂不能爲探本窮原之論……衆人以氣質爲性而欲遂之，荀子則以氣質爲性而欲矯之耳。

盧氏以「孟子爲能即其端」，則知盧氏論性主義理之性，但對荀子矯性用心仍持肯定

有了微妙的區隔，顯然先謙亦有彌合荀孟的心態，而造就此一態度的基始，則淵源於其桐城的背景。

一直以來，桐城雖有兼重理據的義法，但大抵仍宗主宋學，故往往訾議荀說，但愈近清末，議論愈客觀，方苞、劉大櫆並未盡刪〈性惡篇〉者，固是因其「文辭粲然有可觀」（《海峰文集．四．刪錄荀子序》），但大抵只用於修正宋儒存天理去人欲的觀點〔註15〕，到任啓運以爲可矯「孟子之偏」（〈荀卿論〉）、方宗誠視荀說以「救世之心甚篤」，「非故詆性爲惡」（《柏堂集．讀荀子》），已經能正視荀說的優點，但仍以爲「不自知其言之過」、「弊足以誣賢」；然而先謙以後，吳汝綸則以爲「孟子論性，本有未備」（〈讀荀子一〉），顯然已不全主性善之說，先謙的門生陳毅更以爲「其學爲千古修道立教所莫能外，而其文迺大醇而無所蔽」（〈虛受堂文集序〉），則知桐城末流，已經能擺脫宋儒的緊箍咒。這個鬆綁，《集解》的成書是一個很重要的關鍵。只是先謙雖然能認知荀說的特處，但是卻也無力擺脫宋學的扞格，譬如在光緒十六年，先謙爲郭嵩燾《中庸章句質疑》作序時，仍以爲天下之不治在於「賢知者歧其心思、騰其口說，亂吾教而賊吾道也。」，而文中則明顯可見「賢知者」其一，便是指荀子而言：

> 儒者之言亦曰：「禮生於聖人之僞，非生於聖人之性也。」……其言離禮與性而二之，使夫顓顓者皆曰：「吾性非有是也，是宰治天下者束縛而苦我也。」則禮壞而先王之道窮矣。

很明顯地，當時先謙對荀說並不贊同，故而他曾暗示：「取賢知者範圍之，使確然知吾教之不可易……而天下治矣。」（《虛受堂文集．五．中庸章句質疑序》），大概最初先謙之注解荀書，大抵是想和方苞、劉大櫆等桐城前輩一樣，純粹進行刪節的工程，然而浸淫日久，卻發現荀書「論學論治皆以禮爲宗」，對荀卿的態度，也由原本罪其窮先王之道，丕變爲「悲荀子術不用於當時，而名裂於後世流俗人之口，爲重屈也。」（〈荀子集解序〉）。此後先謙治學上，也由原本趨近宋學，轉而向漢學靠攏，可說《集解》的成書，同時也是先謙治學上的轉捩點。雖然先謙已經能正視荀學的

的態度，《箋釋》雖廣駁舊議，而對荀子性論卻並不加以維護，大抵在此。

〔註14〕徐養原謂：「孟子論性固兼二者而言之，荀子乃舉其一端。則荀子之識不逮孟子，然以荀子爲不識性，則亦不可。」（語出《詁經精舍文集．九．性情說》）則是孟子兼顧上智下愚之性，而荀子則只言氣質性，見識誠然不及。顯然徐盧二人都以爲荀子只知一偏，這和王先謙的主張便有差異了。

〔註15〕如方苞在《刪定荀子．天論》中，便對荀子在評宋鈃的部份持以肯定的態度：

> 宋子有見于情欲之宜少，而不知心能中理，不患情欲之多也夫欲多乃可以勸誘爲善，若皆欲少則何能化之。

這和宋儒「存天理，去人欲」的主持便不相侔。

特處，但桐城的背景仍使其無法完全擺脫宋學的包袱，故而先謙注荀時便略過了爭議無定的部份，而直接抉發荀學的摯處。

二、《集解》在學理上另闢蹊徑

採取了不與宋學掣肘的部份來另起爐灶，先謙將重心擺放在「禮」的奧義上，因此而抉發出以下的議題來。

（一）抉發治術特重明分

王先謙基本上是個有嚴格秩序觀念的學者，他的一生，都深受著人倫禮制的制約，不論是從政抑或治學，凡能合禮定分者，他都持以高度肯定的態度，反對者則予以痛斥，光緒二年先謙以「序爵所以辨貴賤也，序事所以辨賢也」取士，光緒五年又上疏奏請聚言路流弊，這兩件事乍看並無關連，實其旨則一，都是在嚴格名分差等上，企圖以金字塔形的結構穩定固有的秩序〔註16〕，也因此，有關荀子的政治理念，先謙的詮發也大抵落實在別分異的問題上。

1、提挈出荀子論治之要

在〈序〉中，先謙曾指出荀子的「一物失稱，亂之端也」的觀念，是「洞古今成敗之故」的見解，〈王制篇〉:「全道德、致隆高、綦文理，一天下、振毫末」下亦注云：

> 雖毫末之微，必振而起之，〈正論篇〉云:「一物失稱、亂之端也。」，此荀子論治之要。(《集解》，頁 334)

而〈正論篇〉:「一物失稱、亂之端也」下則注云:「失稱謂失其平」，可見基本上先謙認爲荀子之論治，必以「道德」「文理」爲權衡，「道德」「文理」「隆高」必得周行天下，而且纖毫畢現不可走作，方能懸爲權衡不逾矩度：道德在〈儒效篇〉已解作「教化」，文理則〈禮論篇〉自釋曰:「貴本之謂文，親用之謂理，兩者合而成文……夫是之謂大隆。」，則文理、隆高都是指禮義禮節而言。必極禮義以周行天下，方才能「振毫末」而不失稱。先謙可說是深得荀書三昧，並符應荀子「禮者，治辨之極也。」(〈議兵篇〉) 的大旨。

2、發揮禮治以兼群的大旨

然禮何以能成爲治辨之極呢？前儒雖能知荀子論治之要深於禮，但是禮治的功用，卻並不在申論之列，歷楊盧王俞及各本零星注釋後，各家大抵都只在餖飣字意，

〔註16〕相關情形，詳見本文第二章第一節〈生平〉部份的描述。

而未能抉發義理，只有先謙獨見於此，雖只是零星的詮論，而未組織成章，然已能隱現禮治體系的大要了。

（1）群道行而天下治

前儒雖明治道在禮，但不能推君王以禮治國之旨，此一問題荀子實已於書中自釋，然後儒往往忽視之。在〈王制篇〉荀子便曾自釋禮治謂：「禮義者，治之始也；君子者，禮義之始也。」下文「君子者……民之父母也」又云：「君者，善群也」，可見荀子的禮治主義中君主所揹負的重責乃在群道上，在於制禮義以行教化，使天下歸治，所謂「以群則和」（〈榮辱篇〉），故知君王以禮治辨的目的，在行群道，使「群居和一」（同上）而不至於爭。先謙深諳此理，故而於注文中屢屢發揮。如〈王制篇〉：「一舉一」，楊注直解以「一與一是」，然而先謙縱觀上下文意，而另解之曰：

> 「與」讀爲「舉」，上言以一行萬，是上之一也；喪祭朝聘師旅諸事，皆所以一民，是下之一也，以上之一舉下之一，故曰：「一舉一」。〈富國篇〉云：「故曰上一則下一矣」，義可互證。

則聖人以禮義行群道，舉一而行萬，百姓則奉時務以和群：就人群則立倫常之大本，以明分使群，故而百姓賢良，政令易行；就生態上，則因爲民眾奉守時務而不違，亦使資源不絕不夭，而達到「禮者，養也」的功效。君王以禮義爲懸衡，並舉行群道，使「上一則下一」，達到群居和一的目的，當然可說是「治辨之極」了。但是此「一舉一」的觀念，在後世爲政、爲學者的手中，被視爲專制集權的手段，而喪失了其上行下效的德治意義。王先謙提挈出此一綱領，正好讓意圖引入代議制的公羊家們找到了著力點，從而在內部大規模地引爆出排荀運動，再一次撼搖了荀學的學術命運。這種結局，只怕是忠實梳理荀書、企圖回復荀書地位的先謙所始料未及的。

（2）群道的功效

行群道何以能以禮養治天下呢？此一問題大抵是前儒所未曾發揮的，而先謙卻在注解中詮發得十分透徹。如先謙在解釋〈富國篇〉「兼足天下之道在明分」時，便直陳此「明分」與「明分使群」的群道同義，群道既然能長養裕民，自然也足以兼足天下；而同篇「養萬民兼制天下者」句，先謙亦據群道旨在裕民利民而不在制限的特質，推測此「制」字當爲「利」字的形苦；再以同篇「其竟關之政盡察，是亂國矣。」下，楊注以爲「亂國多盜賊姦人，故用苛察之政也。」，郭嵩燾卻詮解謂：「候徼支繚，多疑而煩苦；竟關之政察，析利而苛細，知此之爲亂，可與言治矣。」，楊注是亂世用重典的立場，郭說明苛政猛於虎之亂民，先謙於二說中黜楊注爲淺陋，也是基於「禮者，養也」的前提，故而以爲凡擾民不利民之政，都是亂之端也。先謙因知荀書微言，故而詮解上亦能發揮其正，是以搜尋先謙案語，而荀書論治大旨端倪畢現。如〈議兵篇〉「禮者，治辨之極也，強國之本也，威行之道也，功名之總也。」下，先謙解「強國」爲「強固」之訛，並詮解曰：「國以禮義，四方欽仰，無有攻伐，故爲強而且堅固之本也。以禮義導天下，天下服而歸之，故爲威行之道也。」（同上，頁 491），可見先謙在濬發群道的功效上，除了「養百姓」、「利民利國」等內政富國的問題外，更進一步發揮爲王天下的利器，以爲內政安定、民心團結，自然外侮難陵，爲「強固之本」，國威遠播四海。

3、精詮群道在明分的綱領

就群道行使的方式而言，群道之行既在於「一舉一」，自必有聖王之制禮義以明群道，百姓方能奉守時論群居和一，故而〈正論篇〉：「不應不動，則上下無以相有也。」，先謙據楊注「上不導其下，則下無以效上，是不相須也。」，將「有」字推測乃「胥」字的形苦，便是因爲明白這「一舉一」所蘊涵的前提，必得有分異的存在。先謙在光緒二年「序爵所以辨貴賤」的取士題目，及光緒五年防言路流蔽的奏疏，強調的就是明分的觀念及對安定秩序的渴望，自然在面對荀書諸多明分觀念時更是銘感至深，也因此，先謙在明分的議論上有許多精到的發揮。如〈富國篇〉「將以明仁之文，通仁之順也。」下，先謙注云：

> 此言先王將欲施仁於天下，必先有分割等異，乃可以明其文而通其順；若無分割等異，則無文不順，即仁無所施矣。」（同上，頁 348）

仁者，愛人。儒家一直都強調「親親之等」的觀念，荀子自也不例外，故而必有親疏之等，方才能行禮文並致誠愨；儒者皆深諳此理，是以在解〈榮辱篇〉「斬而齊，枉而順，不同而一，夫是之謂人倫。」時，注荀家便一致反駁楊注所謂「強斬之使齊」的見解：

> 儳互不齊，乃其所以爲齊也。（同上，頁 199，劉台拱語）儳而齊即〈正名篇〉所謂「差差然而齊」（同上，頁 199，王念孫語）

先謙也有同樣的共識，同時更對荀子將明分的觀念由人倫親殺，推展至治道的穩定上加以共鳴。如〈非十二子篇〉「曾不足以容辨異、懸君臣」下，先謙引荀書內文加以注解，並灌入「上一下一」的觀念：

> 〈富國篇〉云：『群眾未縣，則君臣未立也；無君以制臣，無上以制下』即懸君臣義。（同上，頁 228）

則必有分異，方能行一舉一之功效；故而〈君道篇〉「取人之道，參之以禮；用人之法，禁之以等」下，先謙更直指：「禁之以等，猶言限之以階級耳。」（同上，頁 434），很明顯地主張以階級等分來取士用人，以達到「賢不肖不雜」隆賢罷之分的功用，這也難怪先謙會有主張禁止越級上奏的觀念，大旨便在要求一個結構穩定的問題。

4、明分使群必以禮義

明分之旨在定倫，倫等定而群道可行，群道之行則天下治，這是荀書論治的邏輯，而貫穿明分使群的基本手段，則在於禮義的推行。

故而先謙在治亂的區原上，大抵都能把握以禮義明分的要旨，精準地詮發荀書要義。如〈儒效篇〉「先王之道，仁之隆也，比中而行之。」下，先謙便發揮道：

> 下文以禮義釋中，則比中即《論語》「義之與比」之意。（同上，頁267）

先王之道在「仁之隆也」，指的便是隆人倫別分異的問題，而推行的原則，則在比禮義以行群道的關鍵上，先謙於此處將之比附以《論語・里仁第四》：「君子之於天下也，無適也，無莫也，義之與比。」條〔註17〕，不僅把握了荀子的治術，同時也挑明了荀子爲儒家的基調，間接反駁了歷來視荀子「略近申韓」的難語。

5、以群道為治亂的權衡

先謙因爲特能抉現荀子禮治的精神，故而在王霸之辨上，先謙亦反對歷來對荀書「尊王而不賤霸」的認知，主張禮治在行群道以化民，故荀子基本上仍是尊隆王道，而斥霸道以遠不及的，〈彊國篇〉「然而縣之以王者之功名，則倜倜然其不及遠矣。」下，先謙便注云：

> 縣猶衡也，謂衡之以王者之功名則不及也。（同上，頁523）

楊注於此解懸爲聯繫之意，以爲秦主不足以有王者之名，先謙則以爲此當爲權衡以王者之功業，則秦主不及遠甚：雖然百官吏政朝野皆渾樸謹治有若古風，但「雖然，則有其諰矣。」，只是出於畏懼的心理，而非有所感化，無儒不足以化民，故懸以王者化育之功業不及遠甚。楊注談的是名分的問題，先謙重視的是功業的差距，則先謙此注實已爲荀子的王霸之辨立了最好的註腳：荀子書中每及「義立而王、信立而霸」，「粹而王、駁而霸」，「隆禮尊賢而王、重法愛民而霸」，差別也正在能化與不能化的區別上，而能不能化，端看當權者能不能起用儒者，能不能自行群道。故〈富國篇〉「儒術誠行，則天下大而富，使而功」下，先謙便注云：

> 「大而富」承上「萬物得宜」言；「使而功」承上「賞行罰威」言。（同上，頁259）

〔註17〕荀子此語雖大旨相彷，然實已較《論語》更精入一層，《論語》所謂無適無莫、義之與比，只是指君子行事當不偏不倚，一以合宜與否爲準則；荀子的「比中而行之」則已發揮到治術上，而不純以爲修身處世的準則，同時荀子雖以爲群道亦當合義以行，然而更進一步將合宜的標準加以界定爲「禮義」。在功效上推廣至治術的運用，在權衡的標準上則明顯地界定以禮義，則《荀子》的立論顯然較《論語》更精緻。

萬物得宜和序別謹秩都是群道的功效，也是儒術推行的理想，正呼應「粹而王、承而霸、無一焉而亡」的批評。不能行群道者則覆亡立見，故〈富國篇〉「夫是謂之至貪，是愚主之極也。」下，先謙案：

> 此言觀國之貧富有徵，伐本竭源，覆亡立見；故雖倉廩實，府庫滿，而謂之至貧也。「貧」「貪」形近而誤。（同上，頁370）

便是依據群道利民、萬物得宜的「禮者，養也」的性格，推測「貪」字當爲「貧」字的形訛。〈王霸篇〉「國危則無樂君，國安則無憂民。」下，顧千里以爲「憂與樂皆言君不言民也」，認爲「『民』疑當作『君』」，先謙便深詣此言，並發揮道：

> 人君，國危始憂，安時惟逐樂。深歎之。（同上，頁391）

光緒十一年，先謙奏請罷修三海工程以籌措長江水患的賑災經費，慈禧不允，自中法戰爭以來，邊防少事，然而外侮實已深入內陸，動搖國本，但朝廷一味割讓，內廷豪奢如故，先謙的感喟實是針對時勢而言。正因如此，先謙在解〈非十二子篇〉「古之所謂士仕者……樂分施者也」時云：

> 〈君道篇〉云：「以禮分施，均遍而不偏。」，「均遍而不偏」即「分施」之義。（同上，頁238）

〈君道篇〉此語是在回答「請問爲人君」的問題，如今先謙更將之詮釋爲士仕者（與處士相對，即爲官之士）的本質，則群道不僅是權衡君王治亂的根據，同時也被擴充爲士大夫修身爲政的準則，上下齊一群道，方成治世，實是對當時權貴的一種忠告啊！

6、內處必通倫類

群道既然被視作治亂的準則，故而如何應對上下，方爲合乎群道之舉，自然也是荀書陳述群道時必然會觸及的範疇。先謙深諳群道在明分之旨，故而對於群術的運用，也有相當精確的詮解。如在事君方面，〈臣道篇〉「過而通情。」下，先謙便注云：

> 君本過也，而曲通其情，以爲順善。（同上，頁459）

這是不能諫君的佞臣，是禍亂的根源；前儒無注，而先謙加以明言。先謙非常重視統御術的詮發，故詮述大抵都能切合荀書的原旨。如〈議兵篇〉「請問爲將？孫卿子曰：知莫大乎棄疑」先謙以爲此乃「用人不疑」（同上，頁485）之意，然而如何才能用人不疑呢？下文「行莫大乎無過，事莫大乎無悔。」，在荀書原文中是與上述用人不疑同爲將御之術，先謙則視爲是詮上文之語，注以：「當理而行故無過；慮必先事，故無悔。」（同上）用人以理自能服眾，施術先慮，則無用人不當之事，故無悔，如此升遷以理，用人得宜，自然不疑。先謙對將術的詮釋，顯然是著重在統御術上，將荀子原文詮發得更精淬而不浮泛。在君術方面，先謙同樣是對焦在御下之術的詮發上，如〈王霸篇〉「則天子共己而已。」先謙案：

> 此亦當作「共己而止矣」注「(垂拱)而已也」，正釋「而止矣」之義。（同上，頁396）

這是在說明天子對於臣子分歧的議論，要兼容謹聽，無私無偏，故而〈成相篇〉「聽之經明其請」先謙亦注以：

> 〈王制篇〉「聽政之大分：以善至者，待之以禮；以不善至者，待之以刑。」即「參伍明謹施行賞也」;「賢不肖不雜，是非不亂。」,「信誕分也」;「無遺善，無隱謀」,「隱遠至也」。「明其請者」彼云：凡聽，威嚴猛厲，則下不親；和解調通，則嘗試鋒起。」故非明其情不可也。（同上，752）

上述是用荀子〈王制篇〉的原文，說明〈成相篇〉的旨意，則知先謙對於君王行術上，仍舊強調在統御方面，故而要刑賞分明，要序爵以明賢罷，要兼聽無私，如此才能「明其情」而不為欲惡蔽，完全把握荀書對聖王不蔽的要求。是以〈成相篇〉「論臣過，反其施。」下，先謙又解道：

> 論人臣之過，當反其所施行，即下所云「拒諫飾非，愚而上同也。」（同上，頁735）

王者御下，若不能兼聽潢覆，無所私遺，則上位者「拒諫飾非」、下位者自多是些「愚而上同」的佞臣，覆亡自是指日可期。先謙在光緒朝間仕宦，期間上疏抨擊李鴻章用人不當、盛宣懷為小人蒙蔽、奏請罷修三海工程，又痛批李蓮英媚上張皇，然而朝廷全無回音，先謙所以特重詮發統御術的用心，或便即在此吧！

（二）修身著重於積學禮義

1、抉發荀子認知心的理論

有關於荀子論學的摯處，前儒大抵皆能徵知〔註18〕，然而「化性起偽」的觀念卻一直只處於實踐的效用上，理論則遲遲無法根植；學者往往只重視勸學的實效，卻鮮少觸及其基本的理論依據，關鍵便在於「性惡」的問題上。後學一直無法跳脫

〔註18〕如孫淇澳便以為：

> 荀子矯性為善，最深最辨。(《明儒學案．五十九．東林學案二》)

《四庫全書總目提要》亦指：

> 況之著書，主於明周孔之教，崇禮而勸學。

就連與荀說反對的桐城派，也深明荀子勸學之要：

> 世但以言性惡、詆子思孟子為荀卿罪，是不然：荀卿立言之旨蓋在勸學，其論學之要在明禮，由禮救世之心甚篤也。(《柏堂集．讀荀子》)

可見荀子勸學之功，大抵已為後學周知。

性善性惡的爭議，卻不知「性惡」在荀子成聖成治的體系只是一個環節，而且有趣的是，不論非荀護荀的儒者，對於「聖人化性起僞」的問題倒是毫無異議地全盤接受，沒有任何深究的意思，只有徐積〈荀子辨〉中：「未嘗有一人性善，其禮義何從而有哉？」的質疑曾經點出這個重心，然而徐積只用以反駁「性惡說」，遂使荀子的體系因此而鬆散無處著力〔註 19〕。開發出這個根源來的，便是先謙，他因爲發掘了「認知心」的理論，使得聖人「僞起而生禮義」的理論得到落實的可能，並梳理了荀書中繳繞難解的名義，釐清了認知心積學化性的進程，終於使荀子論學論治的根源因此而廓清，完整地呈現出荀子體系的大貌，可說是打通任督二脈，至此荀說的通貫圓融才得以完全地展現。

先謙對認知心的抉發，大抵是以名義的釐清爲主。心的認知功能，荀子實已說得極透，然而後儒在解荀時卻忽略此一步驟的理由，便在於名義的繳繞，楊注對此只以直解而無法通貫，王俞各家則往往略去，只有先謙，因爲把握了「認知心」的存在，故而解荀更是深入，如〈解蔽篇〉「人生而有知，知而有志；志也者，臧也，然而有所謂虛，不以所已臧害所將受，謂之虛。」下，楊注以「見善則遷，不滯於積習也。」釋義，王念孫則以爲「『積習』二字，正釋『所已臧』三字。」，據此，先謙乃改盧謝校本的「已所臧」爲「所已臧」；又同篇「心生而有知，知而有異也；異也者，同時兼知之；同時而兼知之，兩也；然而有所謂一，不以夫一害此一，謂之壹。」下，先謙案云：

> 「夫」猶「彼」也。知雖有兩，不以彼一害此一……楊注（既不滯於一隅，雖輻湊而至，盡可以一待之也。）未晰。（同上，頁 650）

同篇「心臥則夢，偷則自行，使之則謀。」下，先謙案云：

〔註 19〕荀子內轉體系之所以不能成形，便因爲性惡的緣故，導致後學雖能深明勸學之功，卻也有所疵。如朱熹〈戰國漢唐諸子〉便記載云：

> 或言性，謂荀卿亦是教人踐履……今於頭段處既錯，又如何踐履？

可見宋時便有學者爲荀卿的性惡說辯護以勸學之功，然而卻因性惡論而遭到抹殺。桐城方宗誠，也是如此：

> 若以爲人之性惡，須明禮，由禮勸學修身，則人將曰：吾性本惡，而何爲如是化性以起僞也？故余嘗以爲荀卿救世之心甚篤，而立言之旨反疏。（《柏堂集．讀荀子》）

其中以陳澧的攻擊最是透澈：

> 荀揚韓各自立說以異於孟子，而荀子之說最不可通。其言曰：「人之欲爲善者，爲性惡也。」黃百家駁之云：「如果性惡，安有欲爲善之心乎？」（《東塾讀書記．孟子》）

認爲此駁「雖荀子復生，亦無辭以對也。」，可見各家說法，皆不知荀子禮義自有其發生處。

夢、行、謀，皆心動之驗。或以「夢」爲夢然（即楊注云：「言人心有所思，寢則必夢、偷則必放縱，役用則必謀慮。」），無知，非。（同上，頁 650）

荀子所謂認知心，以心可以知道，心之所以知道，在於其有「虛一而靜」的功能，上述中我們可以徵知，各家雖大抵能解出「虛」字的涵意，然而對於「一」與「靜」的功能，卻都是曲解了，這個曲解的情況，便是起始於楊注的直解，楊注以爲「虛」、「一」、「靜」是一種達到大清明境界的進程，雖然在實效上確實如此，然而此處荀子旨在說明心有這三種功能，若依楊注的解釋，只在教導後學如何以虛一而靜的功夫徵知聖道，但是依先謙的解釋，則因心有「虛一而靜」的功能，所謂「兼陳萬物而中縣衡」者，故而聖人能以大清明的境界，創造出禮義道德之教化，雖人之性惡，並不妨礙有清明之心。如此一來，荀子體系中的一個矛盾（即徐積所謂：「未嘗有一人性善，則禮義何從而有哉？」），便被合理地邏輯化了。是故〈性惡篇〉「禮義積僞者。」下，先謙注云：

禮義積僞者，積作爲而起禮義也。（同上，頁 714）

聖人因常保大清明之心，應對萬物時皆能「兼陳萬物而中縣衡」，才能在積學中抽繹出禮義的形成，這個「僞起而生禮義」的要旨，先謙已經能完全地把握住荀子學說的精粹了。相反地，楊注雖能體貼大清明的境界，卻不明白「虛」、「一」、「靜」也是心的三種對等的功能，以致於在解荀時造成諸多的錯處。如〈解蔽篇〉「故曰：心容其擇也，無禁必自見，其物也襍博。」下，先謙案：

神明之主，出令是必自見也；物雖襍博，精至則不貳。（同上，頁 653）

此處楊注斷以「心容，其擇也無禁；必自見，其物也襍博。」並注爲：「心能容受萬物，若其選擇無所禁止，則見襍博不精。所以貴夫虛一而靜也。」，則又是同樣的錯誤：楊注以爲此句旨在表明虛一而靜的切要，先謙則徵知此處旨在闡明心君有其可一可雜的功用，而其容擇不受令於外物，故雖物極雜博，而心之精粹以對，自無旁騖。同樣的錯誤出現在〈正名篇〉時，因爲楊注不知〈解蔽篇〉已闡明心君有至一至雜的功用，故而在詮解名義時，也無法正確地分辨其區隔。如〈正名篇〉「所以知之在人者，謂之知；知有所合，謂之智。」先謙案云：

在人者，明藏於心；有合者，遇物而形。（同上，頁 673）

又同篇「心慮而能爲之動，謂之僞；慮積焉，能習焉，而後成，謂之僞。……所以知之在人者，謂之知；知有所合，謂之智。智所以能之在人者，謂之能；能有所合，謂之能。」下，先謙亦注云：

二僞、二知、二能，並有虛實動靜之分。（同上，頁 674）

也就是說，人有可僞、可知、可能之具，遇物而能形爲僞、形爲知、形爲能。然而楊注因爲在〈解蔽篇〉中忽略了心君的功能，遇此二僞二知二能，不能分別其有工具、功效的區隔，只得「強生分別」〔註20〕，分爲二讀或二字，如此卻將之獨立開來，而無法體現其原始虛實動靜的關聯。

認知心的抉發，在荀學體系上，是十分重要的關鍵，沒有疏通這個環節，便無法打通荀書成治成聖的脈絡，先謙雖能明陳荀子論治之要，但若沒有詮發出認知心的觀念，則聖人如何獨發上行下效的化育天德，便成了荀子學說的一個斷層，後學也無由組織荀說的體系了。

2、誠篤以修治

先謙因抉發出認知心的觀念，在心君可一可雜、可自容擇的情形下，自然必發揮以下的兩個關鍵，即學必愼獨及治學必知止的問題。荀子的愼獨觀念，歷來眾說紛紜，楊注以《中庸》釋愼獨，郝懿行則以《大學》重釋，至於王念孫，則將〈禮器〉、《中庸》、《大學》、《荀子》的愼獨觀念劃一，基本上三家都是引他書的內容來規範荀書的義理，只有俞樾是就荀書章法來看，而得出「愼獨」即荀書所謂「致誠則無它事」之謂，也就是誠篤的意思。這場觀念的混戰，先謙雖然避開了正面衝突的可能，但是他卻每每在注解中發揮致誠篤一的觀念，顯然先謙在「愼獨」的解釋上，更偏向俞樾的單純。如〈不苟篇〉「致誠則無它事矣。」下，先謙案：

〈群書治要〉引作：「致誠無它，唯仁之守，唯義之行。」(同上，頁165)

此一註解雖然是在反駁楊注「極其誠則外物不能害」的曲解，但另一方面，則隱隱呼應俞樾的解釋。在其他篇章中，先謙也每每發揮誠篤的觀念，以解釋荀書的義理。如〈非相篇〉「故事不揣長、不揳大、不權輕重、亦將志乎爾。」下，先謙案：

古之聞人，不以相論。故，事不揣絜長大、輕重，亦且有志於彼數聖賢也。(同上，頁204)

這是在說明那些名傳千古的志士，並非因相貌而流芳，乃是因其舉事不論輕重大小，一皆從古聖賢之遺教行志，迺得以垂光於後世丹青；又〈王霸篇〉「此夫過舉蹞步，而覺跌千里者。」下，先謙注云：

衢涂過舉蹞步，即覺跌至千里。喻人一念得失，可知畢生；不必果至千里而後覺其差也。(同上，頁403)

這又是在說明君王於榮辱之衢，當愼其所篤，否則一念得失，而榮辱安危存亡之幾，便存於此。誠篤的觀念，除了運用在修身、行事、處世之外，治學更須如此，如〈儒

〔註20〕此乃郝懿行駁斥楊注的改字改讀之舉。詳見《集解》，頁673～674。

效篇〉「道有一隆。」下，先謙案：

「道有一隆」謂有所專重，如下文問政則專重安存，問學專重爲士，問治法專重後王是也。（同上，頁300）

故下文「諸侯問政，不及安存，則不告也。」，先謙則舉例謂：「如衛靈公問陳，孔子對以軍旅未學。」（同上，頁301）；再如同篇「匹夫問學，不及爲士，則不教也。」下，先謙亦舉一例以形之：「如樊遲問學稼、學圃，孔子答以不如老農、老圃。」（同上，頁301），可見治學、處世都必以誠篤、必有專重。

3、治學必知止

然而專重於何道呢？不論處世、行事、爲政，都必以學以求全備，方能對應萬物，故而所專重之道，自當學中求之，〈解蔽篇〉荀子已自釋謂：「故學也者，固學止之也；惡乎止之，曰：止諸至足；曷謂至足，曰：聖（王）〔註21〕也。聖也者，盡倫者也；王也者，盡制者也。兩盡者足以爲天下極矣。」（同上，頁 665），可見學當以「聖王」的境界自我期許，而非能盡倫盡制之事則不學。「倫」在「明分」，「制」以「使群」，明分使群必以禮義，則知學者必當專隆以禮義，方能不偏移正道，而朝至足的境界邁進。先謙既能明白誠篤以學的手段，故而在對象上，先謙於注解中亦多所著墨。如〈勸學篇〉「小人之學也，以爲禽犢。」下，先謙便注云：

荀子言學，以禮先人，無禮則禽犢矣。上文云：「學至乎禮而足矣。」是其學之宗旨，又云：「爲之人也，舍之禽獸也……小人學與不學無異。」（同上，頁121）

先謙已經察知「至足」必「至乎禮而足」，故知學必足乎禮，可見先謙已能抉發荀子論學之要了。只是先謙太專心在抉發勸學治學的理念上，卻忽略了上下文的通貫。實此處當如楊、郝二人解作「餽獻之物」：小人爲學，旨在作爲誇耀之寵玩，並非爲「美其身」；故而荀書在前文言：「古之學者爲己，今之學者爲人。」，便是此意。先謙因太偏執在勸學上，反而忘了照上下文義的通貫；然而其抉發出學必「至乎禮而足」的命題，則是正確的理解，不可盡棄。至於同篇：「故隆禮雖未明，法士也。」下，先謙案云：

「法士」即好禮之士，〈修身篇〉云：「學也者，禮法也，非禮是無法也」又云：「好法而行，士也。」皆可互證。（同上，頁126）

〔註21〕楊氏於「聖也」下注云：

或曰：「聖」下更當有「王」字，誤脱耳，言人所學當止於聖王之道及王道，不學異術也，聖王之道是謂至足也。（《集解》，頁665）

依上下文例之，或說當是。

其意亦同，皆指出學的內容必以禮，隆禮以行方能爲「士」，「士」在荀子的人生理想中，是個入手的基礎，所謂「學惡乎始？惡始終？……其義則始乎爲士，終乎爲聖人。」（〈勸學篇〉），故知隆禮在荀子的人生規畫中是自我提昇的基礎，並成爲行世修治的準則。然而先謙雖能抉發論學之要，但卻也不免迷惑於荀書名義的迷障，〈修身篇〉「夫堅白同異、有厚無厚之察，非不察也，然而君子不辯，止之也。」下，先謙案：

> 「止」與《大學》「止於至善」之「止」同意，言君子之辯、之行，皆不止乎此。〈解蔽篇〉云：「故學也者，固學止之也；惡乎止之？曰：止諸至足。」，與此「止之」義合。（同上，頁 144）

下文「倚魁之行，非不難也，然而君子不行，止之也。」下，先謙又注云：

> 〈不苟篇〉：「申徒狄，行之難爲者；惠施鄧析，說之難持者。然而君子不貴。」亦即此義，文可互證。（同上，頁 145）

此處先謙將「止」字牽合上《大學》「止於至善」，以爲申徒狄懷石負河、惠施辯合同異、鄧析持兩可之說，都是奇詭非常之事，非常人所能行，非常人所能言說，然而君子不貴者，「皆不止乎此」。這不能說是先謙不懂「止」字的含意，只是在套合上《大學》之後，在梳理過程中產生了混亂。事實上〈不苟篇〉在論述三人的「難爲之行」、「難持之說」後，都曾自釋謂：「然而君子不貴者，非禮義之中也。」，因其不合於禮義之中道，故止而不行、止而不持。可見「止」字絕非如先謙所謂，是「皆不止乎此」的含義，而是因其不合禮義，故止而不行。先謙的說法，是指三者尚未到「至足」、「至善」的境界，故而君子不貴，和荀子黜斥爲非禮的本意有著明顯的差距，這個謬差便是肇因於比附的問題，很顯然地，先謙雖然能把握荀書論學在禮的要旨，但仍然不免爲荀書繳繞的名義給困惑了，以致產生了偏差，這是很可惜的。

4、積學成聖

荀子一直企圖在他的自然天論下找出一個禮義的根源，圓成整個體系；如今在具有可知之能、可權輿自主的智識心下，得出聖人生禮義的可能性。於是以智識心爲體道制道之具、以誠篤爲修學行道的竅門、以禮義爲修治得道的權輿，形成一個相當完整的邏輯：沒有智識心便不足以體道，不誠於體道則行道不堅，不以禮義權衡則體道不眞；而體道行道的最終理想，則在於成聖。一切便合理地組成完美的構架。因此，在詮解了智識心的存在、誠篤的重要、權輿萬物純粹於學禮之後，一切猶箭在弦上，只等著朝標鵠疾射而去。而這個透過智識心過濾一切雜質的唯一目的，便在於成聖這個終極。是以〈勸學篇〉「其義則始乎爲士，終乎爲聖人。」下，先謙便詮發荀書的文例，以爲：

> 荀書以「士」、「君子」、「聖人」爲三等，〈修身〉、〈非相〉、〈儒效〉、〈哀公〉篇可證。（同上，頁118）

〈修身篇〉：「好法而行，士也；篤志而體，君子也；齊明而不竭，聖人也。」，〈儒效篇〉：「彼學者，行之曰士也，敦慕焉君子也，知之聖人也。」，都指出爲學的終極目標便在於成聖，但是學如何能成聖呢？〈勸學篇〉所謂：「積善成德，而神明自得，聖心備焉。」聖者，知道、明道者也，〈解蔽篇〉云：「夫道者，體常而盡變，一隅不足以舉之。」可見學以成聖的關鍵，即在由積而明的過程。故而〈解蔽篇〉「一家得周道，舉而用之，不蔽於成積也。」先謙注云：

> 孔子爲《春秋》一家之言，而得周之治道，可以舉而用之，是匹夫而有天子之道，由其不蔽於成積也。〈儒效篇〉云：「并一而不二，所以成積也。」「并一而不二，則通於神明，參於天地。」「涂之人百姓，積善而全盡，謂之聖人。」道由積而成，故謂之「成積」，「不蔽於成積者」，猶言不蔽於道之全體。（同上，頁647）

〈勸學篇〉「積善成德，而神明自得，聖心備焉。」下，先謙又指：

> 〈榮辱篇〉云：「堯禹者，非生而具者也，起於變故、成乎修爲、待盡而後備者也。」與此言「積善成德」「聖心乃備」義合。（同上，頁114）

都是在說明積學成聖的可能，在於需備道全盡也，唯有積學自修，方能脫離人性原始情欲的困擾，而直通往成聖成德的道路。〈正名篇〉例云：「欲過之而動不及，心止之也。」，先謙便注以：

> 所欲有過於生，而動不及於求生者，心之中理止之也，故欲雖多，不傷於治。……如　很亡身之類，心之失理使之也，故欲雖寡，無止於亂。此在心不在欲也。（同上，頁694）

此注全然發揮了荀子勸學的眞諦。荀子勸學之旨，在於人性有欲惡，勸學旨在以禮義積僞化性，然而其「禮者，養也」，竟又是企圖以禮義「養人之欲，給人之求」？乍看之下，彷彿是個矛盾，然而禮之所以養欲，需透過「群道」以制，方能兼足天下，這在前述已經提及了，故而欲不在多寡，而在於心之中理與否，是否能合於禮義，合於群道，當理則欲雖多而心自止之理，不當理則欲雖寡仍是侵權害政之舉，先謙此注，足見其已深明荀子的禮治精神，必有教育的配合了。也因此，如何宣化百姓接受教化，積漸以通達成聖成治的目標，才是勸學的精神，〈榮辱篇〉所謂「安知廉恥隅積？」先謙注以「皆人之所不可不知者。隅，道之分見者也。積，道之通貫者也。〈解蔽篇〉云：『道者，體常而盡變，一隅不足以舉之，……惟孔子不蔽於成積。』此即『隅』『積』之謂也。」（同上，頁 190），唯有知己道爲「隅」者，方能知「積」的存在，而產生通貫的理想，而通貫的終極目標，則在於成聖。以認知心體道，以愼獨觀念行道，以禮義權衡合道，知隅知積，致誠而無它事，以備聖心，故而學止乎至足、至成聖而足，荀子人生理想的實踐綱領，至此已昭然若揭。

（三）聖人重應對權變

先謙特重「宗原應變」，這或許是先謙身處中國五千來遭遇的最大變亂之中的緣故。在此之前，中國雖有無數遭受異邦侵陵的經驗，但侵略者很明顯地在社會文化方面都遜色於我，故而政治上雖然受制於異朝，但就文化上，我國仍可自矜爲上邦天朝。鴉片戰爭後，朝野間明顯感受到屈居人下的恥辱感。先謙在平太平天國之亂的期間，看到曾國藩因應局勢，採取洋人槍砲，太平天國亂定後，所有參予此役的人幾無二致將勝因歸功於洋務的採行上，先謙也不例外，加上與其相友的郭嵩燾甚至是個出國考察過、深知歐美文明精進程度的洋務派份子，因而他將因應當時切務而採行的洋務措施，都視作是「宗原應變」的必然，故迺在此上多所著墨，甚至上推至孔孟。如〈不苟篇〉「以義變應，知當曲直故也。」下，先謙條注云：

> 「以義變應」者，以義變通應事也。義本無定，隨所應爲通變，故曰：「變應」。孔子言：「無適無莫，義與之比。」，孟子言：「言不必信，行不必果，惟義所在。」正「以義變應」之謂。（同上，頁 160）

如此一來，便將「宗原應變」的議題上扣至孔孟，視爲儒家的基準，此後再針對權宜的議題進行發揮。〈非十二子篇〉「宗原應變，曲得其宜，如是然後聖人也。」下，先謙注云：

> 〈王制篇〉云：「舉措應變而不窮，夫是謂之有原。」注云：「原，本也。」。宗原者，以本原爲宗也。應萬變而不離其宗，各得其宜，是謂聖人。（同上，頁 244～245）

聖人既然以知統通類，能「宗原應變、曲得其宜」爲準，那麼不論是上位、或是爲臣下，自然也一以「宗原應變，曲得其宜」爲處世應對的準則。〈王制篇〉「分未定也，則有昭穆。」先謙案：

> 此即下文所謂「以類行雜」。（同上，頁 304）

即使制度尚不明確，只要行事合宜，以禮義之統類應對，應無不當。是故〈君道篇〉「有治人、無治法。」下，先謙案云：

> 無治法者，法無定也，故貴有治人。〈致士篇〉云：「有良法而亂者，有之；有君子而亂者，自古及今，未嘗聞也。」，意與此同。（同上，頁 409）

指的便是聖人能「宗原應變、曲得其宜」，故而雖無治法，但只要有能知統通類的治人，自然就能成治世。不僅在上位的統治者如此，就連輔臣也應如此，〈臣道篇〉「推類接譽，以待無方，曲成制象，是聖臣者也。」下，先謙以爲「譽」即「與」字（同上，頁 447），則「推類接譽」，指在無法可定的範疇內，例推以統類以接應相似的突發狀態。能夠在面對危急時，仍以類相應如常，這當然是國君可寶之聖臣了。

（四）名 學

先謙除了能詮解荀子成聖成治的體系外，對於荀卿的名學系統的建立，先謙也握有關鍵性的地位。荀書的名學有三大組織，第一是先確立聖王制名在於定名實以別是非貴賤的前提，故而名實亂是即亂治也；其次在標舉制名的三標，在於「所爲有名」、「所以緣同異」及「制名之樞要」，此三者是使名符其實，名實不亂的準則；最後則是以此三標驗天下亂名亂治之非。如果不明制名的前提，便不知何以亂名實者則亂治也，不知制名之三標，則不知天下囂囂之言，何者是亂名實之言說，故而欲正天下之名，便不得不釐清制名的前提及制名之三標的困惑。楊注大抵在直解文句，故而關鍵處往往含糊帶過，盧王俞諸家則志在詁訓校讎，因爲「目無全牛」，有時更忽略了上下文句的通貫，而造成愈解愈成迷障的窘處。先謙則在切合文旨上下了功夫，故而梳順了諸多前儒的錯處。如〈正名篇〉「散名之加於萬物者，則從諸夏之成俗曲期。」下，先謙案：

> 萬物之散名，從諸夏之成俗；以委曲期會於遠方異俗之鄉，而因之以爲通。所謂名從中國是也。（同上，頁 672）

此處談論的是名詞翻譯的問題，名詞的制名當從中國之本有者，至於外來語則應應對中國的成俗，如此一來才能令人明白二名一實的問題；郝懿行雖亦斷屬下文，然而卻解「曲期」爲「委巷」，即偏遠地之謂，若依郝注，則「名從中國」的基本概念便無法成形，也就無法解釋篇首「後王之成名也」的眞正意旨，即在駁斥析辭離實以亂正名的現象，如此一來則以下駁斥亂正名的文句，便無處著力了。實必得有「名從中國」的準則存在，才能議論「後王有素定成就之名」的可能，也才能解釋亂名與亂治間的關聯，發揮「正名」的必要。故同篇「若有王者起，必將有循於舊名，有作於新名。」，先謙又解謂：

> 「舊名」，上所云：「成名」也；「新名」，上所云：「託奇辭以亂正名也」。既循舊名，必變新名，以反其舊。（同上，頁 676）

因爲有「後王之成名」，故而析辭亂名者，才需治以「爲符節度量之罪」，王者起才必須循舊名以變新名，故而不解上文「曲期」之意，自不能明此循舊名作新名的意旨，楊注解以「名之善者循之，不善者作之」，雖然文義曲通，但是「名從中國」的觀念所累積的「正名」的必然性，卻也就此蕩然無存。

再以三標而言，「異形離心交喻，異物名實玄紐。」是「所以為有名」的制名指實的關鍵，「緣天官」以分合，則是制名時「所緣以同異」的標準，「同則同之、異則異之」「約之以命」則是「制名之樞要」也。此三標不僅是後王成名的標準，同時也是權衡正亂的基礎。先謙因能神會，故而同篇「異形離心交喻，異物名實玄紐。」下，雖各家繳繞辯難，然先謙卻更能明察：

> 異形者、離心交喻，異物者，名實眩紐。此所以有名也。（同上，676）

釐正了楊注錯誤的句讀，同時也挑明了荀書的意旨。再以「說、故、喜、怒、哀、樂、愛、惡、欲以心異」為例，先謙既明荀書緣天官以別同異的經驗主義觀念，則知「說故」二字並不當如楊注解為「脫故，猶律文之誤故也。」，而當同餘七事一般，皆是情緒的分別，故解之曰：「說者，心誠悅之；故者，作而致其情也。」，也就是衷心悅之，還是習而好之的分別，如此一來，更能切合「緣天官」這個主旨，而眞正表達了荀書「後王之成名」的涵意。

三、提挈荀學體系的樞紐

由上所述，我們可以知道，《集解》對荀子學說體系的最大貢獻，基本上便在於釐清了關鍵性的議題，從而使後學能通貫全文，如此才能進行提綱挈領的功夫，也才能建立起整個體系，如果沒有王氏的梳理，只怕後學今仍須耗費在訓詁的工夫中，而無法逕行架構鳥瞰的組織，有關荀說的抉發，也無法在短期內建構起完整的體系。使《集解》能快速結束傳統治荀方式，為新的研究方式立基的根源，在於以下問題的澄清：

1、抉發出智識心的存在：

在王氏以前，並沒有人注意到「虛」「一」「靜」不僅是成聖的進程，同時更為每一個人的智識心都具有的工夫，是故孟子論性善，以為「人皆可以為堯舜」，是順理成章的推論，然而明性惡的荀子，也以為「塗之人可以為禹」一事，卻令清儒百思不解，戴震以為二者可「相若發明」（《孟子字義疏證・中・二十五・性》），陳澧則黜斥謂「如此何必自立一說乎？」（《東塾讀書記・卷三・孟子》），江瀚《愼所立齋文集・一・闡性》更斥道：「夫皆有可以知仁義法正之質，皆有可以能仁義法正之具，非性善其能然乎？」。戴震的可以「相若發明」，只是指這兩句話的性質，而非其由來相近之謂，陳澧的「何必自立一說」和江瀚的「非性善其能然乎？」，則完全忽視了智識心的存在，然而待先謙抉發智識心的問題，澄清「可以知仁義法正之質」指的便是「虛」「一」「靜」的手段之後，荀子「化性起僞」的體系至此才被完全地呈現出來，後來才有章太炎以唯識論比附荀子心性說的出現。

2、以明分為禮治的中心

智識心是先謙無心插柳的呈現，但影響荀學的發展，卻是至深至遠；相反地，明分的觀念是先謙著意詮發的關鍵，雖然對體系的完成也頗有助益，然而眞正的影響，卻是在先謙的政治風格上。事實上，與其說先謙是受到荀說的影響，不如說是中國人一直以來都存在著根深蒂固的秩序情結，而禮治主義中明分謹秩的觀念便反應著千古以來對秩序穩定的渴望，是故在二千多年的荀學史中，荀卿雖然曾飽受批評，但是在禮治精神方面，卻一直深深虜獲歷代文人的肯定。以先謙本人的行事風格來論，光緒二年的取士和光緒五年的奏議只是先謙秩序情結的初發，戊戌時反康梁的舉動，則是其秩序情結的全然呈現。初先謙以爲康梁倡行西方思想，是基於洋務之所需，故而甚至反斥反康梁者不是，迨知康梁倡行民權及代議制等「無君無父的邪說」、「無異叛逆」之後，起而奮身反抗的理由，便在於對秩序變亂的恐懼；同年先謙作〈群論〉（見《虛受堂文集．卷一》），以爲「天下之大患，曰：群」，此「群」字已非荀子所謂「明分使群」、充滿禮治差等的群道，而是嚴復引入的，具有結社意識與權利思想的群學，先謙對此深惡痛絕，以爲「群者，學之蠹也」，「群之害成於學，則人才喪其泰半」，並與王莽糾舉太學生成群黨爲例，痛斥其非，觀此可知，先謙斷然改易其於康梁的態度，並大舉攻之的行爲，實便於此。然而「群道」除了有「明分」的限制之外，還有「養」的意義，荀子的禮，本不單只是階級義務，也包括著生養育化、相持相扶的權利享受，基本上便有嚴復群學的雛形；而王先謙在受限於階級意識的情況下，卻忽略了荀子群學的另一個面向，導致康梁大規模的排荀運動，對荀學的眞貌，也產生了狃差。

3、對於權變思想的著重

先謙對「宗原應變」思想的全盤發揮，大抵是因應時勢而產生的危機意識使然，而其本人也奉行權變的原則，是以他封建制度上的保守態度，和他對西學洋務的開放幾乎不成比例。他很早就投資火柴工廠，而且很賺了一筆，在朝廷中也常常建言洋務的行使，他和曾劼剛、郭嵩燾等主持洋務，甚至留洋觀察過的前進份子過從甚密；戊戌後，其普建學堂的主持也從不輟廢。他在光緒二十四年作〈群論〉反對康梁結黨的同時，卻又作〈工商論〉嘲笑朝中一班沒有遠見的權臣，以爲「今人之言製造，以火器爲先，而工政與軍政不辨；言變法以亂黨爲戒，而忠謀與邪謀不辨。」，顯然康梁的例子並沒有改易其於洋務上的開明態度，也沒有稍減他對時局危亂企思自強的企圖；他在戊戌前後都作有〈科舉論〉，前者是在呼應光緒帝的廢制藝，故而戊戌失敗後，先謙受到很多譏訕，然而他卻又再著〈科舉論〉，以爲：「人才消耗，半由於此」，仍然堅定他廢科舉的想法，可見其與時權變的思想，只要能收其實效，基本上他並不在乎是誰提倡的主張。這種相當功利主義的精神，與荀書「宗原應變」之旨，可謂不謀而合。

4、對正名理論的梳理

正名思想是後人對荀說大力稱頌的一環，認爲極富有邏輯科學的觀念。章太炎與梁啓超也曾特別標明荀書的名學理論，尤其是章太炎，以唯識學的「所緣緣」及「增上緣」借釋荀子名學中所謂「緣天官」、「五官簿知」的功能〔註22〕，雖然並不全持肯定的態度〔註23〕，但是已經能注意荀卿名學的特處，這現象在以前並未出現，一方面是由於從前諸子深受打壓，學者並不重視名論，另一方面也是因爲荀卿的名論含混難解的緣故，而先謙對荀子名學的梳理，正好爲即將成形的研究爬梳出完整的脈絡來。

先謙對荀學的抉發，一方面對前儒的疏漏加以補足，另一方面也爲爾後荀學體系的研究釐正出清楚的輪廓，影響後世學者至深，更直接左右了他一生處世的風格，故而先謙之於荀學、荀學之於先謙，實有其水乳交融、交濡難分的意義。

〔註22〕詳見章太炎《國學略說．諸子學略說．論名家》的詮發。

〔註23〕章太炎以爲：

> 荀子惟能制名，不及因名之術，要待墨子而後明之。（《國學略說．諸子學略說．論名家》）

第六章　結　論

第一節　《集解》在荀學史上所據有的關鍵性地位

王氏《集解》既然能被後學略過宋明清千餘年的所有研《荀》者，而直接上承以劉、楊，以爲足以與劉向輯《荀》、楊倞註《荀》的功蹟相比，則除了本身的淵博雅正、足爲後學稱道外，其於荀學史上所蘊涵的特殊地位，也是吾人不容忽視的一環。在前文中，筆者已對荀學史的演變，及王氏荀學的成就加以詳述，現在筆者將企圖解構《集解》一書的出現及其成書義法，對整個荀學史的發展正接榫了一個什麼樣的關鍵，以致《集解》竟脫穎而出，成爲今日研《荀》者案頭必備的教材，從而體現王氏荀學在學術史上的傳承價值。

一、自荀學史的曲線鳥瞰

荀孟雖同爲儒門的流裔，但是鳥瞰總體學術的演變，相對於孟學於主流學術中所受到的尊顯，則荀學顯然不逮遠甚。在第三章中筆者已述及歷代荀學史的曲線，得知荀學之所以無力在主流學術中佔有一席之地，一方面，固然是荀學本身與佛學的不相應，導致學術界在因應文化衝擊的調適中，忽略了雙鞍並轡的重要；但另一方面，荀書本身的罣漏及疑義不清，也是使人們對其多所疵論的原因。要知道，荀文並不若孟子早已成書定論，而是以單篇論文的形式流傳了一兩百年〔註 1〕，因此內容眞僞頗難認定，至西漢末，劉向雖然已將荀文加以集結成書，但擷選時的完整

〔註 1〕漢武帝年間，史遷於〈孟荀列傳〉中，言荀卿「著數萬言而卒」，而不直書以書名，可見當時尚未有專書出現，如此，至劉向輯《孫卿子》書時，荀文早已零落地流傳了百餘年之久了。

與精準性的確認，也是頗值得商榷的問題，復以流布兩千年，更不免歧誤，延宕至今，便形成了許多公案，這些公案對荀學的進程造成了很大的阻礙，以至兩漢迄清末的荀學盡繞在這些問題上打轉，而無力觸及核心奧義的抉發。宋明固然，清代所謂的「復興」，亦只是自考證釋義的功夫上著手，就連徐平章先生認定關涉密切的兩漢儒學，洋洋灑灑的五大系聯，究其實，則不過是外部構架的雷同，而非內在學理的勾結，這和孟學深入中國學術的命脈、密不可分的情況，是截然不同的。

徐平章先生於《荀子與兩漢儒學》一書中曾指出以下五點爲荀子與兩漢儒學間的臍帶，並且加以詳述：

（1）荀子與兩漢儒學之關涉，植基於聖門六藝之承傳。

（2）荀子與兩漢儒學之系聯，根元於論性及陽儒陰法之時會求索。

（3）荀子與兩漢儒學之關繫，樹本於人事戡天之致用功實。

（4）兩漢儒家諸子大抵荀卿之傳，同屬齊教義外之學。

（5）兩漢儒家諸子率皆出入申韓，染溉於荀子義外之假學。

然而仔細分析此五點，卻都是自外緣上剝裂漢學與荀學間相仿的包裝，忽略了二者並無任何染互證據的事實。

「聖門六藝的傳承」，指的是其於傳經上的功勞，後人如梁啓超等，則以爲家法考據的流毒亦併生於此。荀書中嚴謹的教育理論，確是導致荀門有傳經之功的理由，是故汪中的〈荀卿子通論〉所言不虛，然而此一承傳能否如梁啓超所說，將「流毒兩千年」的考據學（姑且不論考據學的貢獻問題）完全轉嫁爲荀學的影響，這卻是不能的，荀學只教人要讀書，卻不曾教人要考據呢！究其實，考據家法的興起，是肇因於始皇焚書所導致的歧義，故而不得不以校釋來敉平爭執，與荀門的傳經關係並不那麼密切；其他四點則大抵在指出荀卿的「出入申韓」是兩漢儒學「陽儒陰法」的基源，不過，與其說這是出自荀學的染溉，倒不如說是漢儒在面對孟荀峰峙致使儒學分裂兩道的窘境下，所發展出來的雙鞍並轡的心態。漢儒在許多方面，都明顯地採行著調和荀孟的基調，避免進一步的對壘造成儒門的分裂：如論性上，漢儒常執善惡二元論，聖人修其善、斗筲者順其惡，中人者則「善惡混」，此一三品論自董仲舒已萌其端，歷揚雄、王充而大備，基本上便是在調和孟荀歧出的性論，但因爲承認有性惡故，迺特重於積學起僞的功夫，無形中便與荀義靠攏；然另一方面，將陰陽災異的勘合人事，說成是荀學的影響，則委實太枉曲荀卿了，以「相反而相成」〔註2〕的論點，硬將持非相說及自然天論的荀卿，冠上「感於陰陽」（徐平章語）的

〔註2〕此乃徐平章先生引自熊十力先生語，詳見《荀子與兩漢儒學》頁32。

說法，實在牽強，其實漢儒於陰陽學的引用，卻與思孟學派脫不了干係，在〈非十二子〉篇中，荀卿所謂「材劇志大、聞見雜博，案往舊造說，謂之五行。」的批評，即是針對思孟學派來說〔註 3〕。漢儒於天論上不取荀子戡天的議論，改採思、孟的將災異致用於人事上的觀點，這又是漢儒企圖調和孟荀，並按己意加以去取的一個實證。這種學術趨勢在漢儒的著作中俯拾皆是。

漢儒企圖調和孟荀、並建立己說的學術方向，其實是相當建全的心態，然而這種雙鞍並轡的取向，卻在典籍殘落的現實下無法獲致盡情的發展，人才因侷限於現實的考量，不得不轉向投入校讎的功夫裡，爾後在佛道的衝擊下，導致學者為了因應調適而棄守荀學，甚至反過來抨荀，造成學術的窄化。明末清初，荀學雖獲致了部分的矚目，但在冷落了千餘年之後，學者們所面對的第一個課題，竟又是如何恢復原書的舊貌！這種學術現實所反應的狀況，使得表面上看來起起落落的荀學發展史，至清末仍舊是原地踏步的局面，尚未觸及核心的研究，真正正視荀書義理的抉發，卻是近六七十年的事了。

乍看之下，清儒論荀的觸角極為廣泛，從人性論、禮偽論、後王說、非思孟、王霸之辨及因生罪禍及師門等議題，都在清儒矚目的範疇內，但是清儒在面對這些課題時，其主張並非經過合理的辨證過程所產生，而是採以感想的形式來發抒的，這使得清儒的觀點產生了極大的主觀成份。如性惡論上，清儒大抵寄以同情的了解，以為荀卿乃「嫉濁世之政」（謝墉〈荀子箋釋序〉）、「恐人恃質而廢學，故激為性惡之說。」（丁丙《善本書室藏書志・荀子》條）；禮論雖多被視為荀卿的特處，以為「卿之學要為深於禮。」（吳汝綸〈讀荀子〉）、「其論學之要在明禮」（方宗誠《柏堂集・讀荀子》），但於精義上則鮮見發揮；法後王被清儒目為「所以譏異端之徒高五帝而卑周禮也。」（黃式三〈讀謝校荀子〉），以為「所謂後王，即三代之聖王也。」（吳汝綸〈讀荀子〉）……等，這些論述既未經過學理的檢驗，又往往流露出極大的同情成份，算不上是客觀的學術論證，尤有甚者，上述被視為是「翻案」文章的言辭，卻幾乎全出自如〈讀荀子〉、〈書荀子後〉，或是藏書家的書目提要裡，這些文章或是感想、或是概論，基本上便缺乏學術作品的嚴謹，因此荀學在清季的復甦，是否真如各本論述時的浩瀚有成，怕是並不盡實，真正對荀書有較精密的抉發的，還在章太炎以後了。

章太炎的尊荀是荀學史上很重要的一環，在前節中，筆者已加以論述，認為章太炎特能逸出前人論辨的侷限，觀照荀學的其他特處，如〈正名〉、〈禮論〉等思想

〔註 3〕有關思孟學派與五行說的關係，章太炎先生於《國學略說・諸子略說》中曾加以考辨。

及〈王制〉、〈議兵〉等方略都是章氏新闢的論荀蹊徑。由於長久處在爭議的風暴圈內，荀學因此在辨證中局限了學理本身發展的格局，失去了自我的性格，就像河岸線一般，隨著孟學的漲落而屈伸；如今太炎基於實效的觀點，將目光轉移至政制及〈富國〉、〈議兵〉的立論上，在清末民初的動蕩局勢中，格外突顯出其強悍的救亡圖存的企圖心，爾後，國粹派〔註4〕的「自然人性論」，以及反對禁欲、主張以禮義「養欲給求、而爲之度量分界。」（章太炎，〈菌說〉）的倫理思想，便是建立在荀學的基礎上。更可堪注意的是，章太炎對荀學的奉行，並不僅僅潛伏在其政論的架構中，筆者以爲，其於正名思想的青睞，也反應在章氏對新文體的疵論裡〔註5〕，可見荀學對清末思想的影響，已經溢出了政治上的需求，而體現在新舊文化的衝擊中了。然而由於國粹派旨在「激動排滿之思潮」（馬敘倫《石屋餘沈》），其推崇諸子佛老，不過是爲打擊反動當時猶奴隸於專制政體手下的儒家孔子，是以眼光雖有獨到之處，細探則難有實質的歧出成就，故而民國元年，《國粹學報》停刊後，國粹派也因此漸至風流雲散，成爲純爲學術而學問，走入文獻主義一途了，荀學也就此又走回校勘釋義的漢學胡同裡。

章太炎的尊荀，一般都上推至其師俞樾的影響上，然而在前述的章節的探討中，吾人卻可發現，論斷大膽的俞樾基本上仍著重在校釋的層次上，而「禮者，養也。」的富國觀念，和「智識心」及「名學」的掘發，都是《集解》獨到的成就，俞樾尚不及見此，則章太荀的「尊荀」，應更是有得於先謙的卓見。足見《集解》的成書，對後儒在解《荀》時開闢新觀點的工作，實有著前導的作用。

王氏《集解》成書於光緒十七年，雖說是早了些，但是已經足夠徵引與他年代相去未幾的《諸子平議》了，俞樾之後，就是他的弟子章太炎，因此就荀學史的曲線來看，王氏正好總結了國粹派以前注《荀》的傳統，再由章氏對《集解》的稱道

〔註4〕「國粹」思想原是日本在新舊思潮衝擊下，所產生的兩大主義之一，爾後並與軍國思想相結合；傳入中國的「國粹」思想則被界定在保存固有文化，並與革命思潮相結合。故而鄭師渠指出：

> 他們（國粹派）一身二任：既是激烈的排滿革命派，又是熱衷于重新整理和研究傳統學術、推動其近代化著名的國學大家。

（《國粹、國學、國魂》，頁9，文津出版社。民國八十一年八月初版。）

〔註5〕章太炎深切以爲：「今人思以白話易文言，陳義未嘗不新，然白話究能離去文言否？」（〈白話與文言之關係〉）故而主張：

> 果欲文言合一，當先博考方言，尋其語根，得其本字，然後編爲典語，旁行通國，斯爲得之。（〈博徵海內方言告白〉）

因此，章太炎並不反對白話，然而對於當時許多主張以外國文字或世界語來代替漢字漢語（如錢玄同），則期期以爲不可，必以國粹視之，故主張語、言的分家並行。

看來，顯然太炎在對荀書的理解中借力於《集解》之處頗多，故而乃有此知人之言。可見一方面，王氏總結了傳統的成就，再由於是書的精斷及傳布的廣遠，亦成爲新學入手奠基的基礎。因此，若就荀學史的演進上來分析，王氏《集解》卻恰巧成爲一道分水嶺，並在繼往開來間接榫了一個關鍵的地位《集解》流傳不廢的理由，其所處地位的楔要，亦或是一因；至於王氏《集解》所扮演的過渡性質，是否能在是書的內容中眞正地見出呢，筆者將於下節中一併陳述，此處只探討外緣性質的問題，

二、以歷代荀書的傳承來定位

王氏《集解》之所以被後人視爲研《荀》的教科書的理由，固然肇因於其於荀學史流變上的關鍵地位，但就荀書本身流布情形的窘境來觀察，則王書的重要性，更突出在荀書統系的紛紊上。

最初荀文是以單篇著作的形勢流傳在學術界中，自劉向「校讎孫卿書凡三百廿二篇，以相校，除複重二百九十篇，定著三十二篇」後，才有荀書的出現，《漢書·藝文志》的著錄中雖曾被誤植成「《孫卿子》三十三篇。」，但至王應麟《漢書藝文志考證》時已加以修正，故在篇數上尙無疑義，爾後的版本才在分卷上互有出入。

到了《隋書·經籍志》的著錄時，雖仍爲三十二篇之數，但在作者及分卷上已有差異，《隋志》記載道：

> 《孫卿子》十二卷，楚蘭陵令荀況撰。(〈子部·儒家類〉)

劉向所稱之「孫卿」與「荀況」異名，今研荀者雖大抵視爲同一人，孫、荀不過一音之轉，但也有例外被視爲判然二人，因持論據不夠充分，故筆者仍從大多數學者之議〔註 6〕；在卷數的爭執上，徵之於史，則《漢志》並未記載分卷之事，故而十二卷本是否是劉向時的版本，則顯然還有待商榷，異者不強爲之同，或可視爲另一傳本。再如楊倞爲荀書作注時，曾有〈序〉云：

> 分舊十二卷三十二篇爲二十卷，又改《孫卿新書》爲《荀子》，其篇第亦頗有移易，使以類相從云。

則其所見版本雖篇數卷數與《隋志》同，書名卻異，或又是另一寫本了。事實上，楊倞每每於書中有「一本作……」、「或本作……」的字句，可見荀書因爲漢魏以降的忽視，至唐時因傳本日歧，已出現了各種異文。因此，楊倞的注《荀子》，其關鍵地位，不僅僅在於他是第一個爲荀書作注的註疏家，同時也在於他敉平了荀書因歧

〔註 6〕持此議者，有劉道中《荀況新研究》，筆者對其論點的辨證，詳見拙作〈論荀學的兩度黑暗期〉，刊載於《雲漢學刊·三》，民國八十五年六月。

義脫誤而出現的各種版本紛爭，並加以梳理，這些工作爲荀書的傳承奠定了紮實的基礎，唐以降荀書便大抵以楊倞改易後的形態流傳於世。

宋明兩代的非荀風氣，影響所及，不僅動搖了荀子的學術地位，連書籍的流傳也因此近乎斷層，十二卷本的統系明代後便已失傳，楊倞寫本亦已不存，就連宋代由官方開刻的《荀子》版本都因此而寖微。尊荀的司馬光在皇祐二年上〈乞行荀子揚子法言狀〉後，到了熙寧元年，由國子監正式開版，當時所選取的版本爲楊倞的二十卷本，這是《荀子》一書最早的刻本，然而不過一百年的時間，監本竟然已經失傳了，考南宋唐仲友〈荀子後序〉一文，便記載道：

> 中興蒐補遺逸，監書寖具，獨《荀子》猶闕。……仲友于三館睹舊文，大懼湮沒。訪得善本，假餘隙乃以公帑鋟木，悉視熙寧之故。

錢佃〈荀子跋〉亦指出：

> 舊嘗患此書無善本，求之國子監，亦未嘗版行。……末乃于廬陵學官藏書中得元豐國子監刻者，遂取以爲據。

可見荀書在宋朝不受重視的程度，竟連官刻也不能確保其書的流傳，此後南宋雖亦使國子監開刻纂圖互注本，但已爲帖括之書，大抵不全了，再經宋明儒者刪削的結果，竟使荀書大貌湮鬱不顯，至清諸子翻案，才得以恢復舊觀。

唐氏所刻的版本被稱爲「台州本」，雖自稱是「悉視熙寧之故」，但許多諱字卻以當朝爲準，可見只是保存了概貌罷了；錢佃本雖爲元豐監本，然元豐與熙寧時代相近，又無當時開版的實錄，當是用熙寧舊版印刷無誤，故不論台州本或錢佃本，都是監本的支系，此外尚有一浙北本，據說是南宋時浙北所翻刻的監本，也是此系的支派。

錢佃本除引監本之外，另於民間藏書中得「二浙西蜀本凡四」，用以校監本之誤，「凡是正一百五十有四字。」(〈荀子跋〉)，故錢佃本與熙寧監本並不全同，此蜀本系統，疑爲楊倞所衍生的另一寫本，並與南宋《纂圖互注》本相近，皆爲民間流傳的俗本。南宋以後至清代以前這段時間所刊刻的荀子版本，大抵皆由纂圖互注本所衍。

據此我們可以對荀書的歷代系統加以整理：劉向所輯的不分卷本及十二卷本均已不傳，楊倞二十卷本亦不見。所衍生的三大系統：即監本、蜀本、及纂圖互注本中，官方系統的監本流傳不廣，民間則大抵以纂圖互注本爲底本，直到盧謝校本，官方及民間系統才得以獲致初步的揉合，完整地融爲善本則更待先謙《集解》的努力。在第四章第三節中，筆者曾製作了一個傳承統系表，表中清晰可見，《集解》一書在版本上不但已綜結了楊注所分化的三大統系，更進一步地融合了其間的支派，可說是集其大成。因此，《集解》在荀書流傳上所體現的意義，也正在於王氏在引用版本的揉納各派上，充分展現其於繼往開來間的用心。

三、王氏成書義法對荀學傳承的價值

就學術著作而言，作者本身所採行的方法，也是決定書籍呈現價值觀取向的一個路徑，因此王氏成書義法對於《集解》的傳承的定位有什麼樣的標的作用，便是此節所欲探討的課題。

（一）羅備眾說

王氏治學堂廡特大，這在本書第二章中已經提到過了，這種治學風格，展現在成書義法上，則特在能羅備眾說、兼采諸家，不論是在校刊書籍的版本引用，或是疏解古籍時的兼賅諸家上，都可明顯地見出王氏此一成書義法的影響。如《世說新語》雖用紛欣閣本刊行，但王氏另將吳郡袁氏本與此對勘，並與各本史書、類書相比，補成〈校勘小識〉一卷；《水經注》則兼採永樂大典本、朱本、趙本、孫本並各家互校。只校刻已兼賅至此，更不用說是其他集釋的著作了。如《漢書補注》取汲古本爲主、併入張佖校說，並各本異同，皆加以詳載；《尚書孔傳參正》則「自史、漢、論衡、白虎通諸書，迄於熹平石經，可以揮發三家經文者，采獲略備，兼輯馬、鄭傳注，旁徵諸家義訓……」（〈序〉），可見王氏在資料的采集上，並不局限於諸家傳注，其餘史書、諸子中可用者亦不闕漏，甚至連考古資料也在引用之列！王氏治學時觸手的廣泛、眼界之開闊，著實令人嘆服不已。就連被目爲「疏漏」（見〈六十年來之莊子學・義理—莊學之發展〉）的《莊子集解》一書，所引述的治《莊》前學也有二十餘家之數，而且所引證的經史子籍高達四十餘種，錢穆先生稱美其書「頗費淘洗之功」，確是識人之言。

《荀子集解》被章太炎先生譽爲「唯一可傳之書」的理由，便在其「取諸家校本，參稽考訂，補注楊注凡數百事。」上，故被譽爲「蘭陵功臣」（《清代樸學大師列傳》，頁641。）。歷來荀書本就乏人問津，楊注之後，歷宋明兩代，或削或刪，就算能以纂圖互注本完整校行，所採注家，亦只楊注而已，再無別疏了；這種窘境，入清後總算有了改善，各家校釋紛紛出籠。乾隆五十一年，盧謝合校本刊行，當時雖被目爲善本，終究因爲一家之言，加以底本竟採自元代的纂圖互注本及影抄的浙北本，訛誤不少，故而王氏《集解》一出，各家都逕取王書校讀，謝本遂沈寂了下來。

王氏《集解》之所以能取代謝本，一來在版本的選取上視謝本精全，二來又不僅僅是一家之言。謝本與《集解》相去百餘年，這之前乾嘉學者以及後學致力於荀書的校釋上的，雖不過十餘家，兩三百條的注釋罷了，王氏卻精校了五百九十五條的注釋，攙合了包括楊注及盧謝等十五家的校釋，可說是光緒十七年以前，史上的注荀家，幾乎被《集解》全兼賅了。雖然其間去取難以全然精當，但對荀書而言，卻是最重要的一次整合，沒有《集解》的出現，今日的我們仍然得日復一日的進行校釋比併的功夫，也就不可能在短短百年間建立起荀學的體系來。

（二）著重於樸學的引用

在第二章中，筆者已說明了王氏《集解》無力跳脫考據型態的理由，一方面是肇因當時的諸子學風，本就停留在原籍的校釋功夫上，另一方面是桐城學派並無歧出的治學方法，事實上連一心跳開乾嘉牽絆的公羊家也不得不引用考據學作爲論據，因此，樸學的運用，其實是整個清代學者的一個共通特色。整個荀學史演變了兩千年，從楊倞第一次作注，到王先謙的一個整合，這十五六位學者，雖然總算大致釐清了荀書隱晦不彰的面貌，但卻也無力抉發荀書間的奧義了。

《集解》雖無法跳脫考據學的框架，但也在這框架中構築其於荀學史上不可動搖的地位。王氏《集解》雖然以盧謝《箋釋》爲底本，許多地方則脫出了盧謝的成就，《箋釋》大部份仍沿用楊氏舊注，王氏則綜結各家成就，於楊注上訂正頗多，這對於荀書的詮解有莫大的助益；有關於王氏《集解》的特色，鮑國順先生曾於《荀子學說析論・附錄》中臚列四項，即：列考證、存古注、擇善本、集眾說，這四項特點便大抵都是觀照王氏在成書義法上所下的功夫，書前的考證固是「最大的特色」（《荀子學說析論》，頁 194。），存楊注則沿襲《箋釋》的凡例，也頗爲利便，版本選取上揉合諸派系統、內文考釋上則兼採眾說，並不妄斷去取的用心，也是王氏治學的特處。因此，《集解》雖是著力於樸學上，但對後學而言，其整合了研荀者的心血，不僅綜結地釐清了荀書上的許多疑義，深便利於後學索驥，也爲爾後的荀學體系化的研究提供了絕佳的腳本。

四、小　結

因此，綜上所述，王氏《集解》在荀學史上的價值，我們可自外緣上加以分析，而得出以下三點結論：

1、就荀學史本身的曲線而言，《集解》正處於一新舊學交替的埡口，據有一關鍵性的地位。

2、就荀書的流傳上來說，則《集解》揉納了荀書歷來紛紊的統系，在各種歧出的版本間作了一個整合。

3、就《集解》的成書義法來論，其在考證、版本及內文注釋上，都採取了羅備眾說的立場，恰好爲傳統學術在荀學上的貢獻作了個集大成的功夫。

王氏《集解》一方面是綜結傳統學術在荀學上的成就，再者又處在傳統與現代的分水嶺上，爲荀學的出路紮下了一個紮實的基礎，據以溯古、據以開來，都極其便利，可以說是荀學史上的「好望角」了，其所以特能於二千年間脫穎而出，成爲研荀者案頭必備之物，或便在此上。

第二節　《集解》對荀學體系內部建構的貢獻

荀學在二千多年間，一直都處在乏人問津的窘境裡，而且論辨亦大抵只對焦在宋明以來的爭議焦點上，直到清代仍不脫「性惡」、「禮僞」和「非思孟」、「法後王」等陳腔爛調的議論上。當盧、謝力陳「性惡論」「本意則欲人之矯不善而之乎善」時，余廷燦還在疾呼「若〈性惡篇〉，例以孔子不言之教，則剷燒之可也。」(《存吾文稿・書荀子後》)；在俞樾解「法後王」是「天下之君」時，吳汝綸也仍舊在爲荀書文飾道：「後王即三代之聖王也。」。然而這個繳繞千年掙脫不開的侷限，卻在幾十年間逆轉了，各家研荀時已能掙脫此一泥淖，進而詮發荀書內部體系的精緻處，進入民國後，更是爭相詮組荀學體系的大貌，與數十年前鑽繞不出的研究方向相較，直是不可同日而語。這個扭轉的關鍵，事實上就在《集解》的成書上。一方面《集解》梳通了荀書內部許多誤錯的文句，通貫荀書的內在文理；另一方面則發展了前人忽略的關鍵，浮凸荀書體系的樞紐。是以後人在按圖索驥之餘，也能經由《集解》的呈現，觀照荀說的特處。今茲將以分述如下。

一、完成了荀書內部梳理的工程

荀書在歷經二千年餘的傳鈔，其訛誤脫漏，實在所難免。故而注荀家往往投注心力企圖規復原籍的眞貌，這自然須借助各種校詁工具的輔助才行。楊盧在訓詁和校勘上的成就，因其時並沒有明確的學理可資佐證，故而成就並不彰顯，然而王氏父子和俞樾都是樸學大家，一個是訓詁校勘條例的先詮者，一位是條例的嚴格組織者，二人在遍校群籍之餘，對於荀書的校詁自有倍於前人的成就。以校勘爲例，楊注存古本，盧校重整合，《雜志》方法周嚴，《平議》別出新見，各本特色迥異；再就詁釋上來說，楊倞直解文句，《箋釋》略事存古、《雜志》特重通假、俞樾論斷大膽，風格亦是截然不同，處在一綜結地位的王先謙，如何處理各本間的歧義，可說是兩難求全。然而先謙的成就，卻是耀眼非常，不僅補足了前儒闕疑的部份，更進而糾正兩大樸學大家的諸多錯處。關鍵就在治學態度的差異上，以校勘上來說先謙因爲得到近古的日本影宋台州本可資考校，故而在對校上便採用影宋台州本，梳解了許多版本間的歧義；在本校上，延續《雜志》所確立的方法，將《雜志》並《平議》罣漏之處補校甚多；就他校而言，同俞、王相較更爲謹慎的處理素材心態，反而減去了附會爲說的可能，增加了校注的可信度；至於理校方面，嚴謹的校勘心態，扭轉了俞樾太過附會的治學理念下舛錯百出的窘境，而先謙漢宋兼采的桐城背景，亦使《集解》與純粹樸學家的《雜志》相較，更能貼近荀書的眞要。《集解》不僅在版本保有優勢，治學上亦更是謹愼，除非有版本資料可供參考，否則先謙亦不臆改原籍，只是將創見列於注文中聊備一格，與《雜志》大而無當的取材方式，及《平議》輕率改動的校改心態相較，不論是在選材或處理態度上，都更令人信服，凡《集解》更動的校勘，後人幾無異辭，至於其他因證據不足而闕疑之處，王氏則留待後人的研究突破，絕不自是其非，這種負責的心態，正是使《集解》在各本成就耀眼的注荀書中，仍能脫穎而出，甚至取而代之的主因，也是後人逕以《集解》取代各本，視爲傳統荀學的集大成的理由。

再以訓詁成就而言，先謙亦一貫以謹愼治學的態度，而不自是其非。王先謙正長於樸學內在體系成熟的蛻分期，不論在訓詁條例或是方法上，前人都已濬發無餘，故而要論及方法上的推陳出新，先謙的成果自是不及，然而他特重荀書本身內在文理的訓解方式，卻在糾正前儒上有了卓絕的成就，並對廓正荀書襄助至鉅，究其實，與王氏的兼修漢宋的背景不無關係。訓解古籍，特別是哲學名著，自不能不深究其內在義理，文例不過是種通例，不見得能普遍應用在古籍中，更何況還有性質不同、時代晚近、地域區隔的差異，故而仍當就荀書本身訓解之，才是較不出錯的正確態度。是故先謙雖在運用訓詁條例上多所著墨，本身更整理了許多荀書內在的行文規律，然而他最重視的，還在上下文義的貫串上。藉此，他不僅糾正了前儒忽略荀書義理的錯處，更進而抉發了前儒在受限於條例下，無法通釋的諸多疑義，不僅集成了前儒的成就，更以此爲基石更上層樓，許爲蘭陵知音，當之無愧。

特重上下文義的通貫，使先謙在校詁荀書上得致全面的成就，此後研荀者因而得以跳躍訓詁這煩瑣的工作，而直接進入抉發義理的工程，此即《集解》在接榫荀學史的發展過程中，扭轉荀學史走向的關鍵。

二、學說上梳解了荀書的關鍵性議題

然而《集解》之前，《雜志》和《平議》對於荀書的校詁基礎也底定了大半，何以卻開不出體系化的研究方向呢？此乃肇因於二書畢竟只是用條例進行校詁群籍的實驗，而往往忽略了荀文本身的義理架構，而《集解》因專力於抉發原籍，故而更能通貫全書。其中不可不注意的是，《集解》在通貫荀文時，連帶地抉發了前儒忽略的關鍵，這些關鍵的打通，恰好可浮凸荀書內在體系的脈絡綱紀。而使《集解》能快速結束傳統治荀方式，爲新的研究方式立基的根源，在於以下下問題的澄清：

1、抉發出智識心的存在

在王氏以前，並沒有人注意到「虛」「一」「靜」不僅是成聖的進程，同時更爲每一個人的智識心都具有的工夫，是故孟子論性善，以爲「人皆可以爲堯舜」，是順理成章的推論，然而明性惡的荀子，也以爲「塗之人可以爲禹」一事，卻令清儒百思不解，待先謙抉發智識心的問題，澄清「可以知仁義法正之質」指的便是「虛」「一」「靜」的手段之後，荀子「化性起僞」的體系至此才被完全地呈現出來，後來才有章太炎以唯識論比附荀子心性說的出現，而荀子的智識心觀念，也才深爲後人所通曉。

2、以明分為禮治的中心

智識心是先謙無心插柳的呈現，但影響荀學的發展，卻是至深至遠；相反地，明分的觀念是先謙著意詮發的關鍵，雖然對體系的完成也頗有助益，但在荀學史上卻造就了後人對荀子禮治主義正反兩極化的評價。先謙對明分的觀念，大抵都冠以政治階級的意識，故而雖然強調明分是爲謹禮治，但是在主張平等民權的今日，卻成爲學者詬病的對象，主張嚴復所引進、有對等權利義務的群學，如康梁等人，便黜斥荀卿尊君權、謹禮教的群學，禍害中國兩千年。相反地，章太炎拋棄階級色彩，純由分工的觀念談「明分」的問題，於是尊爲社會進步的泉源。二者截然不同，純粹是基於詮釋角度差異使然。

3、對於權變思想的著重

先謙對「宗原應變」思想的全盤發揮，大抵是因應時勢而產生的危機意識使然，而其本人也奉行權變的原則，是以他封建制度上的保守態度，和他對西學洋務的開放幾乎不成比例。基本上這種「權變」思想是相當功利主義的，故而凡是曾起意變法的清末學運份子，都曾經引用過這個觀念，如康有爲早期尊荀的理由，有一部分便在於「荀子欲法後王，故經世之學令今可行。」（《長興里講學記》，頁 23），章太炎也欲爲「荀子之徒」，關鍵就在權變思想對徵引西學提供了一個很好的基礎。

4、對正名理論的梳理

正名思想是後人對荀說大力稱頌的一環，認爲極富有邏輯科學的觀念。章太炎與梁啓超也曾特別標明荀書的名學理論，尤其是章太炎，以唯識學的「所緣緣」及「增上緣」借釋荀子名學中所謂「緣天官」、「五官簿知」的功能〔註 7〕，雖然並不完全持肯定的態度〔註 8〕，但是已經能注意到荀卿名學的特處，這現象在以前並未出現，一方面是由於從前諸子深受打壓，學者並不重視名論，另一方面也是因爲荀卿的名論含混難解的緣故，而先謙對荀子名學的梳理，正好爲即將成形的研究爬梳出完整的脈絡來。

三、《集解》與康章分峙

（一）《集解》與康門的排荀

康有爲於光緒十七年於萬木草堂講學時，仍是主張尊荀的，然而在光緒二十五年戊戌政變前後，立場便有了動搖；政變後的著作則大抵改易了孟荀的比重，甚至以爲荀學是使孔子大同至道不行的根源，並從而引發非荀運動的出現，這在第三章第四節中，筆者已大抵說明了。然而康有爲何以改易了其尊荀的態度呢？

光緒十七年，正是王氏《集解》付梓的年代，此後康有爲便漸漸大幅改易了他尊荀的主張。光緒二十五年，康氏弟子梁啓超發表了〈論支那宗教改革〉，認爲荀卿「尊君權」、「排異說」、「謹禮教」、「重考據」流毒中國兩千年，其中「尊君權」造成政治改革的阻礙，最爲康門所詬病，而明分定制的禮教主張，也被視爲是拖絆了改革的腳步。

荀子論治，主要重禮；禮治使群的權輿，「明分」最爲關鍵。而正式提挈出「明分」這個議題的，卻是王先謙《荀子集解》，《集解》一書的諸多注解中，先謙總是一再地強調明分甚至是嚴格差等的重要性，這在第五章第二節中已加析論，此處不贅述。康門的排荀，正是爲反對荀卿尊君權、重差等，妨礙代議制及民權的推行，可見康有爲學術理念之轉向、進而牽動康門排荀風氣的理由，其實便肇因於王先謙。就是因爲他對明分觀念的側重及著墨，掩蓋了荀子群學另有其明倫盡分的進步主張，只凸顯了對階級觀念的嚴格鞏固，而無法強調荀學養護社會兼足天下的用心，從而導致大規模的排荀運動。王先謙的偏執，對荀學命運的再度落

〔註 7〕詳見章太炎《國學略說．諸子學略說．論名家》的詮發。

〔註 8〕章太炎以爲：

> 荀子惟能制名，不及因名之術，要待墨子而後明之。(《國學略說．諸子學略說．論名家》)

陷，實是難辭其咎。

（二）《集解》與章太炎的尊荀

與康梁相反地，章太炎卻在《集解》中尋覓出荀學進步的特處。這必須明白荀學與章太炎及國粹派學術間的關聯，方能抽繹出《集解》與章太炎尊荀的連繫。

章太炎的尊荀，與其揹負的時代課題，是密不可分的。當時中國情勢危殆，許多知識份子傾心於西學，然而以孔孟心性之學爲主體的舊勢力卻是反對向西方學習的，孟子那「求其放心」的學術態度，成了阻撓文化融合進步的圍城，相反地，荀子積學起僞的理念，反而更能迎合亟思自強的新知識份子的需求，成爲就教西學的理論依據。當時如章氏之師俞樾，便曾對其門下弟子指出：

> 無荀子不能開三代以後之風氣，無孟子而先王之道幾乎熄矣。今將爲荀子之徒歟？西學俱在，請就而學焉；將爲孟子之徒歟？……願與諸君子共勉也。（《詁經精舍課藝·八·序》）

可見孟、荀的差異，在亂世間更形浮凸。各取所需的結果，章氏選擇成爲荀子的信眾，更在荀子的「法後王」「制天命」的思想中，得到異於儒家綱常倫理的支持，加強其改革的信念。

章太炎的尊荀是荀學史上很重要的一環，在前節中，筆者已加以論述，認爲章太炎特能逸出前人論辨的侷限，觀照荀學的其他特處，如〈正名〉、〈禮論〉等思想及〈王制〉、〈議兵〉等方略都是章氏新闢的論荀蹊徑。然而隨著國粹派的起伏，荀學的研究面貌，也跟著轉變，大抵說來，荀學的面貌因著國粹的特質轉化：

1、「古學復興」〔註9〕的影響與荀學的研究面貌

（1）禮論的提倡：章氏對荀書中的禮治思想，雖有極高超的評價，但檢驗章氏的學說，眞正在禮治上的主張反而不多見，而大抵旨在進行一非政府、自主獨立的社會運動〔註10〕，然而章氏對荀子禮論的稱許不過是空言嗎？筆者以爲其雖有無政府主義的主張，但究其實，則目光仍落在排滿及國粹保存的現階段進程上—以恢復漢族文化爲標竿，是故章氏曾自述云：

> 所以存禮樂、絕腥羶，非獨爲明室之宗稷而已。（〈張蒼水集後序〉）

於是，國粹的保存成了國粹派所主張的政治目的下必需的手段〔註11〕。諸子學本爲

〔註9〕「古學復興」是歐洲文藝復興的別稱，光緒三十一年十月，國粹運動的中堅份子鄭實，在《國粹學報·第九期》中專文發表〈古學復興論〉，以爲歐洲古學已復興於十五世紀，亞洲古學於二十世紀時復興，亦爲必然。

〔註10〕詳見王汎森《章太炎的思想·社會政治思想》的析論。

〔註11〕有學者以爲這是一種倒退——如王汎森先生——是使國粹派重蹈漢學覆轍的理由，雖

國學〔註12〕的一環，亦在復興之列，而荀卿的禮治思想更符應了國粹派企圖透過「存禮樂、絕腥羶」的文化復興過程來「陶鑄國魂」〔註13〕、強化體質、重建秩序的思路，是以在國粹派的主義中，已揉和了禮治精神的部份面向。先謙在《集解》中對禮治精神的極力詮發，正爲國粹派的研荀提供了良好的基礎。

（2）名學的重視：另一方面，國粹派對荀學的發凡，也落實在名學的鉤玄上。據陳秋虹先生在《清代荀學研究》一書中指出：「在西方論理學、印度因明學刺激下，對荀子〈正名〉篇進一步解析與肯定，如章太炎以近西方認識論釋之，又旁借唯釋學解之。」〔註14〕，則國粹派於名學的研究，除了呼應晚清熾烈的佛學研究外，更前進至西學的比附了。章氏對荀子名學的抉要確實深闢，以爲「名家最得大體者荀子」，更進一步開發荀子名學中「單足以喻則單，單不足以喻則兼。」（〈正名〉）所蘊涵的先進的物類思想〔註15〕，爾後劉師培亦在《國粹學報》上發表了〈荀子名學發微〉一文，足見荀子在名實觀上的成就，已深爲國粹派的成員所肯定，而名學的樞要，正是先謙的詮發，沒有先謙的爬梳，便不足體現荀子名學的全貌。

（3）人性論的詮解：就章太炎而言，以爲性論則孟荀「二家之說俱偏，惟孔子性相近習相遠之語，爲中道之語。」〔註16〕，並揉以佛法說明荀、孟、揚性學之失，如此一來似乎否定了荀子的性論，然而事實上在國粹派的成員中卻大抵都主張一種自然的人性論，這種自然的性無善惡的觀念，大抵是繼戴震而來，劉師培、章太炎都服膺其《孟子字義疏證》一書的論性，反對宋儒的判性爲二的見解，並將之演繹成「性有體用」的自然人性論〔註17〕。正因爲國粹派主張「自然性」，對「情欲」一物自便非持否定的態度，以爲情欲正是進化的源泉，不必盡去，這一與宋儒、與孟學對立的主張，正與荀書中因性惡論而引發的「欲雖不可去、求可節也。」（〈正名〉），導欲、引欲的觀念相吻合。

非盡然，卻也切合了一部份的實情。

〔註12〕鄭師渠先生《國粹、國學、國魂》一書中，對此定義云：

> 國粹派所要復興的「古學」，是指他們所謂的先秦未受「異學」、「君學」浸染純正而健全的中國文化，即「國學」。

具體說，是指包括儒學在內的先秦諸子學。（頁140）

〔註13〕此一論點爲革命黨人專有的旗幟，「代表本國自尊、自信、自強至可寶貴的民族精神」，「又是保持民族堅強凝聚永不枯竭的力量源泉。」（《國粹、國學、國魂》，頁123。）

〔註14〕語見陳秋虹《清代荀學研究》，頁89。

〔註15〕語見章太炎《國學略說．諸子略說》，頁185及190，文史哲出版社，民國76年5月再版。

〔註16〕同註87，頁144。

〔註17〕參見鄭師渠，《國粹、國學、國魂》，頁266。

2、以西學比附荀學

國粹派的另一個主張，則在引西學以研究古學，並認爲古學復興的途徑，必欲由西學的引附而得致〔註18〕，荀學亦成爲國粹派比附的目標之一，然而弔詭的是，國粹派根本上是自西學中見出荀學的好處呢？還是在研《荀》的過程中發現了荀學比西學更先進的地方，這個繳繞的問題，已非今日有限的文獻所能處理的玄解，只知道當時國粹派確實曾進行了比附的行爲：

（1）法後王與進化論：國粹派對進化論的包容，甚至比西方學者更加寬厚，不論是天體的演進與運行、甚或猿猴化人的思想，國粹派中幾乎無二辭地立即接納並加以闡揚，甚至還有人作詩加以詠讚〔註19〕。法後王一論，在俞樾時已加以釐清，以爲：「法先王者法其意，法後王者法其法。」（《春在堂雜文四編・七》），進化論的出現正好爲荀子法後王的觀點提供了科學上的證據，國粹派演繹進化論來說明社會制度風俗的移易，甚而將人欲視爲是進化的源泉，社會的日進緣於「人類對生活美的執著追求」「緣是而風俗日侈而歲縏」〔註20〕，這種觀點將歷來厚古薄今的觀念大大地作了修正，將士大夫認爲是淳樸美好的三代治世，視爲未脫圖騰風氣的原始部落而已，此正與荀卿「欲觀聖人之跡，則於其粲然者矣，後王是也。」（〈非相〉）的觀念相詮發。

（2）明分使群與群學：當時嚴復倡群學，以爲：「凡民相生相養，易事通功，推以至於刑政禮樂之大，皆能自群之性以生。」（〈原強〉），章氏則在發揮此一西學時稱述道：

> 故無逸之說興，而合群明分之義立。（〈讀管子書後〉）

「合群明分」是其提以抗衡西方兼弱攻昧行徑的觀念。章太炎雖然接受了達爾文的進化論，卻反對他「物競天擇」「優勝劣敗」的思想，因此他藉由荀學的「人何以能群？曰分；分何以能行？曰義。」（〈王制〉）推演出合群明分的觀念，用以抵禦外侮，並成爲進步的泉源。在章氏的主張下，荀學中有關「群」的理論正式開展，並形成荀學內部社會學範疇的開闢，這是荀學體系的一個新方向。先謙著重抉發明分的觀念，這在前儒而言是罕見的，雖然他嚴格地冠以階級思想，但是畢竟爲國粹派提供了一個立足點，從而引入西學，改良西教，先謙的梳理之功不可廢。

〔註18〕參見鄭師渠，《國粹、國學、國魂》，頁144。

〔註19〕高天梅〈甲辰年之新感情〉一詩的感懷，便涉及進化論的內容：

> 百年瞬息水如流　天最多情演不休
> 物類變遷急如許　原人初祖是猿猴

〔註20〕參見鄭師渠，《國粹、國學、國魂》，頁88。

（3）教育理論與競智說：赫胥黎以爲人群的進化，以民智爲根本，章太炎則推演此說，以爲「智」非指是非爭執之用，而在於生存鬥爭間競爭的條件：

> 自有花崗石以來，各種褫變，而至於人，則各種皆充其鼎俎，以人智於各種爾。（〈菌說〉）

因此，國粹派在保存舊有文化財產之餘，也不忘介紹新知，以廣開民智，更以報紙雜誌等媒體的傳播，行講授學問之實，其啓迪民智，較學堂講學之功，更勝百倍。荀子乃特重知識的教育論者，正好符應了國粹派競智的思想，無形中有互相開演的功能。再者，荀學智識心的理論，也成爲國粹啓迪民智的基礎。此一體系的完整輪廓，本是由先謙獨發，故而國粹派的競智說，得之於《集解》處多矣。

3、樸學的運用

國粹派既旨在保存國學，因此長期接觸古籍之餘，便不免在許多地方上運用了漢學的手腕，以詁釋其間意旨，修繕古籍中的舛誤，滿清滅亡後，國粹派的兩大宗旨其一，已失去其現實意義，是以民國後，國粹派的新秀，如黃侃、胡樸安等，固然相繼成了漢學的螟蛉，前期大師中如劉師培、鄭實等人，也大抵一頭栽入了故紙堆中，不論是思想、或是學術方法，都踵繼著清儒的腳步，企圖排拒進展太速、毀壞舊有美俗的新學繼續蝗蟲過境般吞噬著舊學的生存空間。荀學亦爲古學之一環，因此，在清末時著力揄揚荀學內涵的國粹學家，民國初年時則分心在荀書的訓詁上，只是此時的國粹派畢竟已失去原有的活力，加以觸手過廣，故多只是零星式的成果，談不上什麼全面性的建樹，像劉師培著有《荀子補釋》、《荀子詞例舉要》、《荀子斠補》，算是國粹派在荀學上較成就的一個，但也大抵仍停留在校詁的功夫上，其他人就不用說了。而類似工作的基礎，當然亦一以《集解》爲準。

四、小　結

綜上所述，《集解》不僅在荀書文理的爬梳上多所貢獻，總結了傳統荀學的校勘成果，使後儒得以擺脫校詁工作的繳繞；同時，其於學理上獨到詮發，也爲後學在研荀時開啓了新的面相，從而脫出舊議的泥淖，進而從事詮發荀書體系的特處。先謙對荀學的功勞，實不能等閒以視。

附　錄

王氏案語分析表（一）

凡　例：

1、此表乃純就《集解》內五百九十八條王氏案語加以分析，不包括其他單純的引述材料，以便計算王氏本人的創見。

2、表內姓氏指王氏案語中對諸家說法的取決與認同。

楊：楊　倞　　盧：盧文弨　　王：王念孫

郝：郝懿行　　俞：俞　樾

3、凡《集解》所從校釋，其著者不在上述五人及王氏本人之列，則列入「其他」項。

4、所從者眾，亦列入「其他」項。

5、所引校釋著者雖爲其他注家，然王氏復以己說證成之，則列爲「自證」項。

6、凡案語不依循其他注《荀》家，自爲新見者，列入「己說」項。

7、王氏於相同的注解下，爲免贅述，多以「詳見某某章」帶過，不再重複，此爲「詳他」項。

篇名	楊說	盧說	王說	郝說	俞說	己說	自證	其他	詳他	共計
勸學			3		2	15	5	2		27
修身			4			12	1		1	18
不苟			5			5	1	1	1	13
榮辱		1	2		3	18	2	3		29
非相			3			7	2			12
非十二子			3	1		9	2	1		16
仲尼			2			5	1			8
儒效			8			24	2	1	7	42

王　制	1		6	1		29	1	1	9	48
富　國			4		1	33	1	2	3	44
王　霸			9	1		25		2	5	42
君　道			4	1		30			5	40
臣　道						9		3	5	17
致　士		1	1	1	1	3				7
議　兵		1	3		2	24	1		5	36
彊　國			1			11			5	17
天　論						4				4
正　論		1	4	1		15	1		10	32
禮　論			1			28			2	31
樂　論			1			14			5	20
解　蔽			3			14	1	3		21
正　名		1	3		1	11			2	18
性　惡			4	1		4		1	2	12
君　子			1			4			2	7
成　相			1		2	5			1	9
賦　篇										0
大　略			1			10	1		2	14
宥　坐						1				1
子　道						4				4
法　行			1					1	1	3
哀　公						3			1	4
堯　問						2				2
總　計	1	5	78	7	12	378	22	21	74	598

除去依循諸家的校注，以及「詳他」項的複重後，王氏自出新意的創見，共計爲三百七十八條。

王氏案語分析表（二）

凡　例：

1、此表乃表（一）的後續分析。內容是針對王氏案語「己說」及「自證」的部份，計四百條整，依案語的注解形態約略加以分析之後，大致可分成「校勘」項一百五十八條，及「訓解」項二百四十二條。本表則是據「校勘」項分析而得的成果。

2、「校勘」項，又分「本校」、「對校」、「他校」、「理校」四項，此乃根據校勘資料的來源作爲分類的標準。

（1）「本校」指用本書資料互校。

（2）「對校」指運用不同的荀書版本互校。

（3）「他校」指資料的出處並非荀書本身的範疇。

（4）「理校」則是指據荀書的內容以文理推校得致的校注。

（5）「備說」是王氏在以異本或他書互校的過程中互有出入的部份，因相決不下，故以備案的方式呈現，不加論斷。

校　勘						
篇　名	本　校	對　校	他　校	理　校	備　說	共　計
勸　學		1	4	1	3	9
修　身		4				4
不　苟			1			1
榮　辱	1	1		2		4
非　相		1		1		2
非十二子	1	2		2		5
仲　尼		1			1	2
儒　效		3			2	5
王　制	1	2		2	4	9
富　國		2		5	10	17
王　霸	1	2	2	1	10	16
君　道	1		1		3	5
臣　道		1		1	5	7

致士			1			1
議兵		1		2	4	7
彊國	1	1		1	1	4
天論	1			1	2	4
正論	1	2		4		7
禮論	1	2	3	2	12	20
樂論		3		1	2	6
解蔽		1		5		6
正名				3		3
性惡				2		2
君子					2	2
成相		1			1	2
賦篇						0
大略				3	1	4
宥坐						0
子道					1	1
法行						0
哀公				2		2
堯問				1		1
總計	9	31	12	42	64	158

「校勘」項共計爲158條。

王氏案語分析表（三）

凡　例：

1、上表乃據「校勘」項分析得致的結果，本表則是依「訓解」項二百四十二條進行的雙重分類。

2、依訓解的方法分析，共計有「文字」、「聲韻」、「釋義」及「文法」四項。

(1)「文字」項，乃是運用通假字或形近而訛的文字，通貫文句的意義。

(2)「聲韻」項是就古音求古義，以回歸古籍的本旨。

(3)「釋義」項，不論是單純地解釋難字，或是對文句的完整闡釋，甚至是引申，都囊括在此項目中。

(4)「文法」項，當文句因段落不明，句讀錯誤，而導致不能解讀時，便依句法重新斷讀，以祈求得原本的意旨；引用荀書句式前後通釋，呈現荀書文例者，亦爲「文法」項的範疇。

3、依訓解的內容來分類，則有「文例」、「釋名」、「通義」、及「述旨」四項。

(1)「文例」項，指王氏從中發掘荀書行文的內部規律，並用以通貫文義的注文，這是王氏訓詁的一大成就。

(2)「釋名」項，是指注解內容特在說明形物、制度、解釋語詞的意義者。

(3)「通義」項特在通貫上下文義，釐清異說，更正句讀的錯誤，亦是在通貫文義，一併列此。

(4)「述旨」項則是用以說明荀文本旨，加以發皇，有提綱挈領之效，最能見出王氏對荀子學說的心得。

訓　解									
項　目	就方法上來分析					以內容加以析論			
篇　名	文　字	聲　韻	釋　義	文　法	共　計	文　例	釋　名	通　義	述　旨
勸　學	1	1	6	3	11	2	2	6	1
修　身	1	1	7		9		1	7	1
不　苟		1	3	1	5	1		4	
榮　辱	2	4	8	2	16	1	4	11	
非　相	2		5		7	1	1	4	1

非十二子		1	5		6	1	3	2	
仲　尼			2	2	4		1	3	
儒　效	3		15	3	21	1	2	14	4
王　制		4	7	10	21	6		14	1
富　國	2		10	5	17	1	3	11	2
王　霸	1	1	5	2	9	1	2	6	
君　道	1		22	2	25	2	1	21	1
臣　道			2		2		1	1	
致　士			2		2			1	1
議　兵		2	12	4	18	1		17	
彊　國			5	2	7	1	2	4	
天　論					0				
正　論		1	8		9			9	
禮　論	1		7		8		2	6	
樂　論		1	7		8		3	5	
解　蔽	1		4	4	9	1	1	7	
正　名		1	6	1	8			6	2
性　惡		1	1		2			2	
君　子			2		2			2	
成　相			3		3		1	1	1
賦　篇					0				
大　略			7		7		1	5	1
宥　坐			1		1			1	
子　道			3		3		2	1	
法　行					0				
哀　公			1		1				1
堯　問			1		1				1
總　計	15	19	167	41	242	20	33	171	18

參考書目

（依姓氏筆劃排列）

1. 小美川秀美撰，黃福慶、林明德合譯，《晚清政治思想研究》（台北：時報出版社，1985）。
2. 川路祥代，《荀學對日本的影響》（國立成功大學中國文學研究所碩士論文，1994）。
3. 尹建章，《先秦儒家與現代社會》（河南：中州古籍出版社，1992）。
4. 支偉成，《清代樸學大師列傳》（台北：藝文印書館，1970）。
5. 方立天，《中國古代哲學發展史》（台北：臺灣中華書局，1990）。
6. 方立天，《中國古代哲學問題發展史》（台北：洪業文化事業有限公司，1995）。
7. 方爾加，《荀子新論》（北京：中國和平書店，1993）。
8. 王文進，《文祿堂訪書記》（台北：廣文書局，1967）。
9. 王先謙，《荀子集解》（台北：藝文印書館，1988）。
10. 王先謙，《虛受堂文集》（台北：文海出版社，1966）。
11. 王先謙，《虛受堂詩存》（台北：文海出版社，1966）。
12. 王先謙，《虛受堂書札》（台北：文海出版社，1966）。
13. 王先謙，《清王葵園先生先謙自定年譜》（台北：臺灣商務印書館，1978）。
14. 王邦雄〈論荀子的心性關係及，《中國哲學論集》，1983，其價值根源〉，（台北：臺灣學生書局）。
15. 王忠林《荀子讀本》（台北：臺灣中華書局，1985）。
16. 王念孫，《讀書雜誌》（台北：臺灣商務印書館，1978）。
17. 王汎森，《章太炎的思想》（台北：時報出版社，1985）。
18. 王爾敏，《中國近代思想史論》（台北：臺灣商務印書館，1996）。
19. 王森，《荀子白話今釋》（北京：中國書店，1992）。

20. 皮錫瑞，《經學歷史》（北京：漢京文化事業有限公司，1983）。
21. 北大哲學系，《荀子新注》（台北：里仁書局，1983）。
22. 宇野精一撰，洪順隆譯，《中國思想（一）。儒家》（台北：幼獅出版社，1987）。
23. 朱熹，《四書集註》（台北：學海出版社，1988）。
24. 江藩著，周予同選註，《漢學師承記》（台北：華正書局，1982）。
25. 牟宗三，《心體與性體》（台北：正中書局，1968）。
26. 牟宗三，《名家與荀子》（台北：臺灣學生書局，1990）。
27. 何淑靜，《孟荀道德實踐理論之研究》（台北：文津出版社，1988）。
28. 余英時，《中國知識階層史論〈古代篇〉》（台北：聯經出版社，1980）。
29. 余英時，《歷史與思想》（台北：聯經出版社，1992）。
30. 吳乃恭，《儒家思想研究》（吉林：東北，1988）。
31. 吳文璋，《荀子樂論之研究》（台南：宏大書局，1992）。
32. 吳文璋，〈荀子哲學與權威主義〉（《孔孟月刊，第351卷》，1991）。
33. 吳茹寒，《荀子學說淺論》（台北：文津出版社，1989）。
34. 吳光，《儒家哲學片論》（台北：允晨出版社，1990）。
35. 吳康，《孔孟荀哲學》（台北：臺灣商務印書館，1987）。
36. 呂思勉，《經子解題》（台北：臺灣商務印書館，1968）。
37. 宋師鼎宗，〈徂徠與讀荀子〉，〈成大中文學報・第三期〉，1995
38. 宋師鼎宗，〈韓愈「揚孟抑荀」說〉，〈成大中文學報・第四期〉，1996
39. 宋仲福，《儒家與現代中國》（河南：中州古籍出版社，1990）。
40. 李亞明，〈訓詁學研究方法的繼承，《第二屆訓詁學學術研討會論，1994，與創新》文集〉
41. 李哲賢，《荀子之核心思想》（台北：文津出版社，1994）。
42. 李滌生，《荀子集釋》（台北：臺灣學生書局，1979）。
43. 李劍農，《先秦兩漢經史稿》（台北：華世出版社，1981）。
44. 李澤厚，《中國古代思想史論》（風雲時代出版公司，1990）。
45. 李澤厚，《中國近代思想史論》（風雲時代出版公司，1990）。
46. 杜維明，《儒家傳統與現代轉化》（北京：廣播，1992）。
47. 汪榮祖，《康章合論》（聯經出版事業公司，1988）。
48. 阮廷卓，〈宋本荀子考略〉，《大陸雜誌，第二十二，卷第十一期》
49. 阮廷卓，〈荀子書錄〉，《師大國文研究所集刊，第五期》
50. 周虎林，〈荀子學術淵源及其流衍〉，《師大國文研究所集刊第八期》
51. 周紹賢，《荀子要義》（台北：臺灣中華書局，1977）。

52. 周群振，《荀子思想研究》（台北：文津出版社，1987）。
53. 周駿富輯，《清儒學案小傳》（台北：明文出版社）。
54. 周駿富輯，《戊戌人物變法傳稿》（台北：明文出版社）。
55. 周駿富輯，《近世人物志．同光風雲錄》（台北：明文出版社）。
56. 周駿富輯，《今世說．新世說》（台北：明文出版社）。
57. 屈萬里、昌彼得撰，潘美月增訂，《圖書版本學要略》（台北：中國文化大學出版社，1986）。
58. 林尹，《中國學術思想大綱》（台北：臺灣商務印書館，1990）。
59. 林政華，《黃震及其諸子學》（嘉新水泥文化基金會研究論文，1975）。
60. 林聰舜，《明清之際儒家思想的變遷與發展》（台北：臺灣學生書局，1990）。
61. 侯外廬，《中國思想通史》（北京：人民，1957）。
62. 侯家駒，《中國經濟思想史》（台北：中央，1982）。
63. 《先秦儒家自由經濟思想》（台北：聯經出版事業公司，1983）。
64. 俞仁寰，《從類字透視荀子政治 1962，思想之體系》
65. 俞樾，《古書疑義舉例等七種》（台北：世界書局，1992）。
66. 俞樾，《春在堂雜文》，沈編《叢刊》四一二輯。
67. 俞樾，《賓萌集．集二》，春在堂全書本。
68. 俞樾，《詁經精舍文集》，沈編《叢刊》四一二輯
69. 俞樾，《諸子平議》（台北：臺灣商務印書館，1978）。
70. 姜尚賢，《荀子思想體系》（高雄：高雄復文出版社，1992）。
71. 姜亮夫，《歷代名人年里碑傳總表》（台北：臺灣商務印書館，1975）。
72. 姜義華，《章太炎》（台北：東大出版社，1991）。
73. 胡玉衡，《荀況思想研究》（河南：中州古籍出版社，1983）。
74. 胡楚生，《清代學術史研究》（台北：臺灣學生書局，1988）。
75. 胡楚生，《訓詁學大綱》（台北：華正書局，1990）。
76. 胡適，《中國古代哲學史》（台北：臺灣商務印書館，1978）。
77. 容若，〈談王先謙〉（中央日報，四十四年三月十三日）。
78. 韋日春，《荀子學述》（台北：蘭台書局，1973）。
79. 韋政通，《荀子與古代哲學》（台北：臺灣商務印書館，1966）。
80. 韋政通，《十九世紀思想史》（台北：東大圖書公司，1991）。
81. 韋政通，〈荀子導讀〉，《國學導讀叢編》（康橋出版事業公司，1989）。
82. 侯外廬主編，《中國思想通史》（北京：北京人民出版社，1958）。
83. 管錫華，《校勘學》（安徽省教育出版社，1991）。

84. 高正，《荀子版本源流考》（中國社會科學出版社，1992）。
85. 唐君毅，《中國哲學原論—原道篇》（台北：臺灣學生書局，1986）。
86. 唐君毅，《中國哲學原論—原性篇》（台北：臺灣學生書局，1989）。
87. 孫春在，《清末的公羊思想》（台北：臺灣商務印書館，1985）。
88. 徐平章，《荀子與兩漢儒學》（台北：文津出版社，1988）。
89. 徐復觀，《周秦漢政治社會結構之研究》（台北：臺灣學生書局，1974）。
90. 徐復觀，《中國人性論史》（台北：臺灣商務印書館，1988）。
91. 祝秀俠等編，《清文彙》（台北：臺灣中華書局，1960）。
92. 翁惠美，《荀子論人研究》（台北：正中書局，1988）。
93. 袁信愛，《荀子社會思想研究》（輔大哲學研究所碩士論文，1989）。
94. 張岱年等著，《國學今論》（遼寧省教育出版社，1992）。
95. 張柳雲，《孔孟與諸子》（台北：台灣中華書局，1980）。
96. 張惠慧，〈荀子的樂教思想〉，《中國古代樂教論集》（台北：文津出版社，1991）。
97. 張舜徽，《清人文集別錄》（台北：明文書局，1982）。
98. 張舜徽，《清儒學記》（大陸：齊魯書社，1991）。
99. 張舜徽，《舊學輯存》（大陸：齊魯書社，1988）。
100. 張壽安，《以禮代理—凌廷堪與清，中央研究院近代史研究所專刊，1994，中葉儒學思想之轉變》。
101. 張傳璽，《中國古代史綱》（北京：北大，1991）。
102. 張德勝，《儒家倫理與秩序情結》（台北：巨流出版社，1989）。
103. 張蔭麟，《中國上古史綱》（台北：華岡，1953）。
104. 張灝，〈宋明以來儒家經世思想，《近世中國經世思想研討會，1984，試釋》，論文集〉（中央研究院近，代史研究所編）。
105. 張亨，〈荀子的禮法思想試論〉，（《台大中文學報，第二輯》，1988）。
106. 梁啓超，《中國近三百年學術史》（台北：華正書局，1974）。
107. 梁啓超，《要籍解題及其讀法》（台北：華正書局，1974）。
108. 梁啓超，《飲冰室文集類編》（台北：華正書局，1974）。
109. 梁啓超，《飲冰室文集・四十四》（台北：臺灣中華書局，1978）。
110. 梁啓超，《儒家哲學》（台北：臺灣中華書局，1980）。
111. 梁啓超，《清代學術概論》（台北：華正書局，1984）。
112. 梁啓超，《先秦政治思想史》（台北：東大出版社，1987）。
113. 梁啓超，《中國學術思想變遷之大勢》（台北：華正書局，1981）。
114. 梁啓雄，《荀子柬釋》（台北：臺灣商務印書館，1979）。
115. 郭志坤，《荀學論稿》（上海：三聯書店，1991）。

116. 郭湛波，《近代中國思想史》（香港：香港龍門書店，1973）。
117. 陳大齊，《荀子學說》（台北：文化大學出版社，1989）。
118. 陳正雄，《荀子政治思想研究》（台北：文津出版社，1983）。
119. 陳祖武，《清初學術思辨錄》（北京：中國社會科學出版社，1992）。
120. 陳秋虹，《清代荀學研究》（國立高雄師範大學研究所碩士論文，1992）。
121. 陳飛龍，《荀子禮學之研究》（台北：文史哲出版社，1979）。
122. 陳捷先，《明清史》（台北：三民書局，1990）。
123. 陸寶千，《清代思想史》（台北：廣文書局，1983）。
124. 章太炎，《訄書》（台北：世界書局，1963）。
125. 章太炎，《膏蘭室札記》（台北：西南，1973）。
126. 章太炎，《菿漢微言》，《太炎文錄》（台北：西南，1973）。
127. 章太炎，《國故論衡》（台北：廣文書局，1977）。
128. 章太炎，《國學略說》（高雄：高雄復文出版社，1984）。
129. 章太炎，《民國章太炎先生炳麟自訂年譜》（台北：臺灣商務印書館，1987）。
130. 章學誠，《文史通義》（台北：華世出版社，1980）。
131. 麥仲貴，《明清儒學家著述生存年表》（台北：臺灣學生書局，1977）。
132. 傅山，《霜紅龕集》（台北：文史哲出版社，1986）。
133. 景海峰，《儒家思想與現代化》（台北：廣播，1992）。
134. 曾春海，《儒家哲學論集》（台北：文津出版社，1989）。
135. 曾春海，〈荀子思想中的「統類」，《輔大哲學論集，第十三輯》，1981，與「禮法」〉
136. 曾昭旭，《俞曲園學記》（台北：臺灣中華書局，1971）。
137. 焦循，《雕菰集》，文選樓叢書本。
138. 程發軔主編，《六十年來之國學》（台北：正中書局，1972）。
139. 程發軔主編，《國學概論》（台北：正中書局，1990）。
140. 程瑤田，《沅湘通藝錄》，藝文印書館據嘉慶八年本影印
141. 費密，《弘道書》，怡蘭堂校刊本。
142. 費正清，《劍橋中國晚清史》（中國社會科學出版社，1993）。
143. 賀長齡輯，魏源編，《皇朝經世文編》，沈編《叢刊》七十四輯
144. 湯志鈞，《近代經學與政治》（北京：中華書局，1995）。
145. 傅樂成，《漢唐史論集》（聯經出版事業公司，1977）。
146. 黃丕烈，《蕘圃藏書題識續錄》（台北：廣文書局，1967）。
147. 黃正宏，《荀子文學探驪》（臺灣師大研究所論文 1986）。

148. 黃光國，《儒家思想與東亞現代化》（台北：巨流出版社，1988）。
149. 黃式三，《周季編略》（台北陽明山國防研究院出版，1967）。
150. 黃宗義，《宋元學案》（台北：里仁書局，1987）。
151. 黃宗義，《明儒學案》（台北：里仁書局，1987）。
152. 黃承吉，《夢陔堂文集》（四部叢刊本）。
153. 黃俊傑，《春秋戰國時代尚賢政治的理論與實際》（台北：問學，1977）。
154. 黃聖旻，〈秩序情結與荀韓關係〉，〈雲漢學刊・第二期〉1995
155. 黃聖旻，〈論荀學的兩度黑暗期〉，〈雲漢學刊・第三期〉1996
156. 黃侃，《黃侃論學雜著》（台北：漢京文化事業公司，1984）。
157. 楊大膺，《荀子學說研究》（上海：中華書局，1936）。
158. 楊日然，〈荀子禮法思想的特色，《台大法學院社會科學論叢，1976，及其歷史意義》，第廿三輯〉。
159. 楊立誠、金步瀛等編，《中國文學藏書家考略》（台北：新文豐出版社，1978）。
160. 楊克己編，《民國康長素有爲、梁任公啓超師生合譜》（臺灣商務印書館，1982）。
161. 楊君實，《儒家倫理與政治發展》（台北：允晨出版社，1987）。
162. 楊柳橋，《荀子詁釋》（台北：仰哲，1987）。
163. 楊長鎮，《荀子類的存有論研究》（台北：文津出版社，1996）。
164. 楊承彬，《孔、孟、荀的道德思想》（台北：臺灣商務印書館，1978）。
165. 楊連生，〈荀子禮論之研究〉，《師大國文研究所集刊，1973，第十七期》
166. 楊渭生，〈從「疑孟」看司馬光的，《晉陽學刊一九八六年，1986，學術思想》，第五期〉。
167. 楊筠如，《荀子研究》（臺灣：臺灣商務印書館，1974）。
168. 楊鴻銘，《荀子文論研究》（台北：文史哲出版社，1981）。
169. 董承文，《孔孟荀教育思想》（高雄：復文發行，1982）。
170. 廖名春，《荀子新探》（台北：文津出版社，1994）。
171. 廖平，《今古學考》（台北：學海出版社，1985）。
172. 熊公哲，《荀卿學案》（台北：臺灣商務印書館，1967）。
173. 熊公哲，《荀子今註今譯》（台北：臺灣商務印書館，1975）。
174. 熊賜履，《學統》（台北：臺灣商務印書館，1967）。
175. 蒙培元，《中國心性論》（台北：臺灣學生書局，1990）。
176. 樊克政，《中國書院史》（台北：文津出版社，1995）。
177. 劉大杰，《中國文學發展史》（台北：華正書局，1988）。
178. 劉大槐，《海峰文集》，同治十三年孫繼重刊本
179. 劉子靜，《荀子哲學綱要》（台北：臺灣商務印書館，1969）。

180. 劉文起，《荀子成聖成治思想研究》（高雄：復文，1983）。
181. 劉文起，〈荀子研究參考用，《學粹第十八卷》，書目舉要〉
182. 劉光貴，《孟子性善備萬物圖說》（煙霞草堂遺書之六，思過齋鋟版）。
183. 劉宗賢、謝祥皓，《中國儒學》（水牛出版社，1995）。
184. 劉師培，《荀子斠補》，嚴氏《集成》本。
185. 劉師培，《國學發微》（廣文書局有限公司，1986）。
186. 劉道中，《荀況新研究》，自印本。
187. 劉聲木，《桐城文學淵源考》（台北：世界書局，1974）。
188. 潘景鄭，《著硯書樓書跋》，《書目類編，第七十七冊》
189. 蔣伯潛，《諸子通考》（台北：正中書局，1948）。
190. 蔡仁厚，《孔孟荀哲學》（台北：臺灣學生書局，1984）。
191. 蔡錦昌，《從中國古代思考方式論較荀子思想之本色》（台北：唐山，1989）。
192. 鄭卜五，《傅青主與其諸子學研究》（高師大研究所論文，1991）。
193. 鄭師渠，《國學、國粹、國魂》（台北：文津出版社，1995）。
194. 鄭貴美，《荀子的禮治思想》（台大政治學研究所碩士論文，1988）。
195. 鄭漢卿，《荀子繹評》（湖南：岳麓，1994）。
196. 盧文弨，《抱經堂文集》（四部叢刊本）。
197. 蕭公權著，汪榮祖譯，《康有爲思想研究》（台北：聯經出版社，1988）。
198. 錢大昕，《潛研堂文集》（四部叢刊本）。
199. 錢鍾書，《管錐篇》（香港：太平圖書公司，1980）。
200. 錢曾著，章鈺校證，《讀書敏求記校證》（台北：廣文書局，1967）。
201. 錢穆，《中國近三百年學術史》（台北：臺灣商務印書館，1937）。
202. 錢穆，《先秦諸子繫年》（台北：東大出版社，1986）。
203. 錢穆，《宋明理學概述》（台北：臺灣學生書局，1987）。
204. 錢穆，《中國思想史》（台北：臺灣學生書局，1988）。
205. 錢穆，《中國學術通義》（台北：臺灣學生書局，1988）。
206. 錢穆，《國學概論》（台北：臺灣商務印書館，1990）。
207. 鮑國順，《荀子學說析論》（台北：華正書局，1987）。
208. 鮑國順，〈荀卿非孟述評〉，（國際孔學會議，1987）。
209. 鮑國順，〈戴震與孟荀思想的，第一屆清代學術討論會，關係探究〉
210. 鮑國順，〈荀子的歷史評價〉，（先秦學術研討會）。
211. 龍宇純，《荀子論集》（台北：臺灣學生書局，1987）。
212. 儲欣，《在陸草堂文集》（光緒辛卯重刊本）。

213. 戴君仁，《梅園論學續集》（台北：藝文印書館，1974）。
214. 謝恆德，《孟子荀子性善性惡學說研究》（台灣：文源出版社，1982）。
215. 戴震，《孟子字義疏證》（台北：世界書局，1980）。
216. 戴震，《原善》（台北：世界書局，1980）。
217. 戴震，《戴東原全集》（四部備要本）。
218. 瞿鏞，《鐵琴銅劍樓藏書目錄》（台北：廣文書局，1967）。
219. 韓愈，《韓昌黎全集》（台灣：新興書局，1970）。
220. 顏元，《存性編》（台北：世界書局，1966）。
221. 魏元珪，《荀子哲學思想》（台北：谷風出版社，1987）。
222. 魏源，《古微堂外集》，沈編《叢刊》四十三輯。
223. 羅根澤，《諸子考索》（香港：學林，1977）。
224. 羅聯添、戴景賢等，《國學導讀》（台北：巨流出版社，1990）。
225. 譚訓聰，《清譚復生先生嗣同年譜》（台北：臺灣商務印書館，1980）。
226. 譚嗣同，《仁學》《譚瀏陽先生全集》，沈編《叢刊》二十九輯
227. 譚宇權，《荀子學說評論》（台北：文津出版社，1994）。
228. 蘇軾，《蘇東坡全集》（北京：中國書店，1992）。
229. 顧炎武，《日知錄》（台北：世界書局，1962）。
230. 顧頡剛等，《古史辨》（台北：藍燈出版社，1993）。
231. 龔鵬程，《近代思想史散論》（台北：東大出版社，1991）。
232. 龔鵬程，《晚明思潮》（台北：里仁書局，1994）。
233. 龔樂群，《孟荀異同》（高雄：黃埔出版社，1968）。
234. 酈士元，《中國學術思想史》（台北：里仁書局，1981）。
235. 不著編者，《中國歷代經籍典》（台北：臺灣中華書局，1985）。
236. 不著編者，《四庫全書文集篇目分類索引》（台北：臺灣商務印書館，1989）。
237. 不著編者，《四部要籍序跋大全（子部乙輯）。》（台北：華國，1952）。